JN409497

바람과 새들이 준 선물

바람과 새들이 준 선물

이진숙 수필집

수필과비평사

책머리에

내가 기억하기에 제대로 된 글을 처음 써 본 것은 아마도 중학교 다닐 때였을 것이다. 전교생을 대상으로 '독후감 발표회'가 있었다.

그때 내가 읽은 책은 프랑스 작가 '모파상'이 쓴 글이었다. 너무 오래되어 제목조차 가물가물한데 독후감 끝에 '여자의 허황된 허영심'을 지적 했었던 것 같다. 그것으로 일등상을 받은 기억이 나고 그런 일은 그때가 처음이자 끝이었다.

오랜 시간이 흐르며 너무 바쁘고 힘들게 살면서 가끔 일기에 나의 일상을 끄적거리곤 했다. 그러다가 매일 일기를 쓰기 시작 한 것은 아마 20여 년은 족히 되었을 것이다.

대학을 졸업 하고 학교에서 아이들 가르치며 결혼하고, 내 아이들을 키우고 맞벌이 하느라 20여 년을 붓을 놓고 지내다가 다시 그림을 그리기 시작했다.

그림을 그리면서 전시회를 하는 일이 가끔 있고, 그럴 때마다 '작업일지'라든가 개인전을 할 때 내가 쓰고 싶은 이야기들을 팜플릿에 올리고 싶었다. 이렇게 글을 쓸 일이 있을 때마다 가까이에 계시는 국어선생님들의 도움이 컸다. 그러다 퇴직을 하고 나니 나의 글에 도움을 줄 분들이 절실해졌고, 도심을 벗어나 한적한 곳에 나와 살다보니 주변이 너무 아름답고, 은퇴 뒤 삶에 여유가 생겼다. 사계절 변하는 모습, 또 그곳에서 해가 뜨고 해가 지는 모습, 봄에 무거운 땅을 들어 올리고 나오는 새싹들의 신비한 모양들을 그냥 보아 넘기기가 너무 아쉬웠다. 이런 여러 가지 이야기들을 글로 옮겨 보고 싶었다.

그래서 찾게 된 곳이 김 학 교수님이 수필을 강의 하는 곳이었다. 6~7년 동안 교수님의 꾸준한 지도를 받으며 쓰다 보니 어느 덧 곳간에 글들이 쌓이기 시작 했다. 곳간에 만 쌓여 있던 글들을 바깥 세상에 내놓기는 아직 많이 부족 하지만 용기를 내기로 마음먹었다.

난생 처음 책을 만든다는 생각에 왈칵 두려움이 솟았지만 매번 허술한 글을 갈고 다듬어 멋진 글이 되게 지도 해 주신 김학 교수님의 울타리 안에서 큰 용기를 얻게 되었다.

말도 안 되는 엉성한 글을 쓰고 나면 맨 먼저 읽어 보고 여기는 이렇게 써 보면 어떨까? 대단히 잘 썼는데, 하며 용기와 칭찬을 아끼지 않던 남편, 비록 멀리 떨어져 있지만 매번 엄마에게 '멋있다'는 말로 힘을 보태준 아들과 딸. 나의 가족이 든든한 버팀 목이 되어 주었습니다.

글 속에 많이 나오는 나의 손자들, 멋진 가온, 예쁜 루미, 귀여운 루나, 할머니가 많이 사랑 합니다.

(2020. 3. 정암길 2층 작업실에서)

차례

2부_ 그림을 그리며

3부_ 우리 집은 지금 축제 중

4부_ welcome to Korea

5부_ 삼시세끼 내 남편

6부_ 음력 정월 열 이튿날

1부
푸른 눈의 사위

보고 싶다

공항이 이렇게 슬픈 곳인 줄 이제야 처음 알았다.
매번 설렘을 가득 안고 출국하여 아름답고 소중한 추억을
가슴 한아름 안고 들어오곤 하는 곳인 줄만 알았는데….

이른 새벽부터 서둘렀다. 행여 공항에 가는 길이 막힐 새라, 세 녀석은 졸린 눈을 비비면서 식탁에 앉아 간단한 요기를 했다. 전날부터 가지고 갈 짐들을 차에 실어 놓은 터라 간단히 가방만 챙겨서 출발했다. 가는 내내 차속에서 삼남매는 엄마와 신나게 노래하며 마치 즐거운 가족여행을 떠나는 분위기였다. 일찍 서둔 덕분에 여유 있게 도착하여 수화물을 부치고 아이들 간식을 챙겨주고 나니 이제 들어가야 할 시간이란다. 갑자기 가슴이 탁 막히고 숨이 잘 쉬어 지질 않았다. 애써 웃으며 아이들과 사진을 찍고, 사위에게 잘 가라는 포옹을 하는 순간 눈시울이 뜨거워졌다. 애써 참고 또 참고 웃는 얼굴로 출국장으로 들어가는 아이들에게 손을 흔들었다. 주차장에 가는 내내 남편도 나도 남아있는 딸도 아무 말이 없었다. 서울로 돌아오는 차 속에서 속절없이 눈물이 흐른다. 닦고 또 닦았지만 걷잡을 수가 없다. 행여 딸이 바라볼까 애먼 창밖만 바라보고 왔다. 스쳐지나가는 가로수는 벌써 봄맞이 채비가 끝난 듯 벚나무가 막 꽃망울을 터뜨리며 나에게 살포시 웃음을 건네건만 뿌옇게 흐린 내 눈앞은 여전히 물기가 마르지 않는다. 집에 도착하여 아침에 집을 나서며 벗어 놓고 간 아이들의 옷가지를 세탁기에 넣고 돌렸다. 눈앞에 아이들의 흔적이 보이자 또 다시 눈시울이 뜨거워지며 볼을 타고 눈물이 흘렀다. 예정보다 빨리 집으로 내려가고 싶었다. 딸네 집에 있으면 아이들 생각이 더 간절할 것 같아서….

혼자 남아 있을 딸을 안아주니 또 다시 눈물이 난다. "엄마! 이젠 그만 울어, 못 볼 때나 우는 것이지 언제든 마음만 먹으면 볼 수 있잖아…."

돌아오는 내내 공항에서 씩씩하게 출국장으로 걸어가던 가온, 루미, 루나의 모습이 눈앞에 선하다. 이제 우리나이로 여섯 살 난 귀여운 루나는 그곳에 가면 눈사람을 만들 수 있다며 좋아라고 했다.

언젠가는 이런 날이 올 줄 알았었다. 딸이 외국인 신랑을 맞이했을 때…. 철없는 어미는 단지 시댁에 대한 마음고생 없이 사는 딸만 생각했었다. 그러나 아이들이 점점 크면서 가장 크게 닥친 문제가 교육이었다. 핀란드는 복지국가로도 교육수준으로도 우수한 선진국 중 하나이다. 교육환경이 좋은 나라에 유학을 보내고 싶어 야단인데, 좋은 조건을 갖춘 아빠의 나라에 가서 교육 받는 것이 당연하다는 생각을 해 왔었다. 그러나 사위는 아이들이 어렸을 적에는 교육문제의 심각성을 미처 깨닫지 못하고 있다가 큰 아들 기온이가 초등학교 고학년이 되면서 학원에 다니며 고생하는 것을 보고 결심을 하게 되었다. 그런 그의 결심에 나도 절대적으로 지지를 보냈다.

모든 것을 다 정리하고 훌쩍 떠날 수 있으면 좋겠지만, 여러 가지 사정으로 엄마는 일 년 뒤에 합류하기로 하고 먼저 세 아이를 데리고 아빠가 가기로 올해 초에 결정을 하고, 3개월 후에 떠날 예정으로 비행기표를 예매했다. 석 달 정도면 아직도 많은 시간이 남은 줄 알았다. 정해진 날은 빨리 다가온다더니 어느새 석 달이 훌쩍 지나고 떠나야 할 시간이 되었다. 십 여 년 간 살면서 있었던 일들이 영화처럼 내 머리 속을 채우고 지나갔다.

큰손자 멋진 가온이를 처음 받은 산부인과 의사선생님이 태어난 아기를 보자마자 '아이고 요놈 학교에 가도 되겠네….'하며 4kg이 넘는 아이를 보고 놀라워했었다. 이목구비가 훤칠한 녀석은 크면서 모델로도 활동하며 뭇 사람들의 시선을 사로잡기도 했었다. 둘째 예쁜 루미는 베이징 올림픽이 열리던 날에 태어났다. 얼마나 예쁜지 신생아실 모델이라는 별칭을 듣기도 했다. 천 상 천사 표라는 소리를 듣고 자란 속 깊은 숙녀이다. 언니와 다섯 살 터울, 늦둥이로 태어난 귀여운 루나는 위에 두 남매와는 사뭇 다르게 애교가 철철 넘친다.

세 녀석 모두 전주외가에서 산후 조리를 했다. 어느 조부모인들 손자들이 사랑스럽지 않을까. 나에게도 이 세 녀석들은 특별하다. 아이들 모두 그림 그리는 것을 좋아하여 전주에 내려오면 이층 할머니 작업실에 올라와 각자 그림을 그리곤 했었다. 셋째는 홍삼으로 만든 사탕을 좋아하여 늘 사탕을 준비해 놓기도 했다. 이런 저런 생각으로 눈시울이 뜨거워지기도 하고 나도 모르게 웃음 짓기도 하다 보니 어느새 버스가 전주에 도착했다. 집에 와서 안방 화장실에 들어가니 일주인 전에 내려와 있으면서 양치질하던 칫솔이 그대로 세면대위에 놓여있다. 다시 마음이 울컥 해진다. 이층에 올라가니 사탕이 들어있는 상자가 열려있고, 방바닥에 그리다 만 종이와 색연필 크레파스들이 널려있다. 마음속으로 '가온아! 루미야! 루나야!'하며 조용히 불러 본다.

마음이 피곤하니 몸도 덩달아 피곤한 듯 오한이 들고 온 몸이 쑤시고 아프다. 자리를 펴고 누워있으나 오히려 정신은 말똥말똥…. 잠 못 이루고 뒤척이고 있는 늦은 밤에 스마트폰에서 '카 톡 카 톡' 연신 소리가 나서 열어보니, 둘째 예쁜 루미가 잘 도착했다며 눈이 펄펄 날리고 있는 사진을 보내왔다. 장장 9시간, 어른도 힘든 비행을 무사히 끝내고 집에 들어갔다니 마음이 놓인다.

나도 모르게 두 손을 합장하고 '감사합니다'하며 연신 고개를 숙였다. 식혜나 약과를 좋아하는 멋진 가온이, 김치찌개와 매운 음식을 잘 먹는 예쁜 루미, 두부와 삶은 달걀의 흰자만 쏙쏙 골라 먹는 귀여운 루나, 이들 삼남매가 아빠의 나라 핀란드에서 하루 빨리 자리를 잡아 한국에서나 다름없는 사랑스럽고 행복한 어린이가 되기를 바란다. 그리고 십년 넘게 낯선 곳에 살면서 한국의 음식에 매료되어 떠나는 것을 아쉬워하던 사위. 기대에 부풀어 다시 찾아간 자신의 나라에서 자랑스러운 아빠의 모습으로 살았으면 좋겠다.

오늘도 눈가가 촉촉 해지면서 가온이, 루미, 루나의 이름을 불러본다. '할머니가 너희들 삼남매를 하늘만큼 땅 만큼 사랑 한다. 정말 많이 보고 싶다.'

(2018. 4. 5.)

손자들의 여름방학

"어? 아이들이 벌써 왔어요.
큰일 났네, 아직 저녁 준비도 안했는데…."

작은 녀석의 방학에 맞춰 외가에 온다고 손꼽아 기다렸단다. 오후 3시 넘어 출발한다는 문자 메시지를 받았는데 6시 조금 넘으니 도착한 것이다. 반가운 마음에 마당으로 뛰어나가니 큰 녀석과 작은 녀석은 벌써 마당에 들어와 메뚜기를 잡겠다고 여기저기 두리번거린다. 곧이어 셋째 아기를 안고 딸이 나온다. "루나야!"하고 부르니 엊그제 백일을 지난 녀석이 방긋 웃는다. 집안으로 들어가 부랴부랴 저녁을 준비하고 저녁상에 둘러앉았다. 늘 둘이만 먹던 식탁이 그득하니 부자가 되어버린 기분이다. 이어 사위와 장인은 갓 삶아 놓은 씨암탉 한 마리를 가운데 두고 서로 서로 술잔이 오고간다. 한 병, 두 병, 서로 오고가는 술잔에 기분들이 좋아진다. 모처럼 남편의 목소리도 한 톤 높아진다. 밤늦도록 딸, 사위와 나누는 이야기로 시간가는 줄 몰랐다.

남편은 손자들이 내려온다고 며칠 전부터 들떠 있었다. 고무튜브로 된 간이 수영장을 내 놓고 바람을 넣기 위해 펌프질을 하느라 온 몸이 땀으로 절어있었다. 그리고 그것을 놓을 장소를 만드느라 원래 있던 커다란 화분을 다른 곳으로 낑낑대면서 옮겼다. 말로는 '할머니는 손자들만 온다고 하면 너무 흥분하다.'며 핀잔이더니 오히려 남편이 더 난리다. 오랜 시간 공들여 바람을 다 넣고 물을 받기 시작했다. 기다란 고무호스를 수도꼭지에 끼워 물을 틀어 놓은 지 두어 시간이 지나자 한가득 물이 넘실댄다. 드디어 간이 수영장이 완성되었다. 또 아이들이 오면 밭에 나가 수박, 참외를 같이 따겠다면서 다 익은 것들을 따지 않고 기다렸다. 이렇게 기다리던 녀석들이 집에 오니 시끌벅적하여 모처럼 사람 사는 소리가 난다.

늘 나이 먹은 두 사람만 사는 곳에 웃는 소리가 난들 얼마나 오래 나겠으며, 이야기소리가 난다고 또 얼마나 떠들썩했을까. 손자들이 오니 목소리도 커지고 말도 많아지고….

아침이 되자 녀석들은 마당에 나와 잠자리를 잡아 달라, 메뚜기를 잡아 달라며 할아버지를 졸졸 따라 다닌다. 할아버지는 그 말에 신이 나서 무거운 몸으로 이리 뛰고 저리 뛰며 어릴 적 솜씨를 발휘하여 잠자리와 메뚜기를 잡아준다. 그리곤 이내 밭으로 손자들 손을 잡고 가더니 커다란 수박과 참외를 소쿠리 한 가득 따 가지고 온다. 마당에 있는 의자에 앉아 갓 따온 참외를 깎아주니 큰 손자가 엄지손가락을 들어 보인다. 그리고 아이들 얼굴에 한 가득 웃음이 퍼진다. 곧이어 전 날 힘들게 만들어 놓은 간이 수영장으로 아이들이 풍덩 들어간다. 두 녀석이 신나게 노는 소리에 온 집안이 들썩들썩하다. 시간 가는 줄 모르고 물놀이에 빠져있는 녀석들을 보니 참 부럽다. 어렸을 적 시골에 있는 외가에 대한 추억은 언제나 아련한 향수를 불러 오곤 한다.

내 어릴 때가 생각이 났다. 겨울 방학을 맞아 어머니와 함께 외가에 갔었는데 어찌나 눈이 많이 왔던지 버스도 다니 질 않고, 개학날은 다 가오고, 눈은 녹을 것 같지 않아서 어머니와 함께 기차가 다니는 도시까지 아주 먼 길을 걸어왔던 생각이 났다. 그땐 미끄러운 눈길도 마냥 즐겁기만 했었는데, 이젠 까마득한 옛날이야기가 되어버리고 그때 곁에서 같이 걷던 어머니도 지금은 내 곁에 계시지 않는다. 외갓집에 대한 생각은 아무리 나이가 먹어도 잊혀 지지 않고 아련하게 떠오르곤 한다.

그러나 요즈음에는 모두가 도시화 되다시피 하여 '외갓집체험'이라는 프로그램을 따로 운영할 정도로 시골에 외갓집을 가지고 있는 사람이 드물다. 그리고 옛날처럼 냇가에 가서 헤엄치고 물고기잡고 여기저기 몰려다니며 수박서리 참외서리 하는 일은 좀처럼 보기 어려운 일이 되어버렸다. 또한 사회가 각박해지다보니 수박, 참외서리는 감히 상상도 할 수가 없게 되었다. 다행스럽게도 우리내외가 도시근교 한적한 곳에 나와 살게 되었으니 우리 손자들에게는 옛날 우리가 어린 시절 가졌던 추억을 만들 수 있게 되었다.

녀석들이 장성하여 오랜 시간이 흐른 뒤 어렸을 적 외가에 대한 추억을 간직하며 행복하게 살았으면 좋겠다. 일주일간의 여름방학을 손자들과 보내면서 우리도 덩달아 유년기의 맑고 순수한 모습으로 지낼 수 있어 참 좋았다. 이런 즐거움을 누리기위해서라도 오래오래 건강하게 살아가고 싶다.

(2013. 7. 28.)

고장 난 TV

“가온아! 슬픈 소식이 있는데!‘

“뭔데요 할머니?”

“TV가 고장이 났어!”

“에잉~~~~”

얼마 전부터 깜빡거리며 갑자기 화면이 꺼졌다 켜졌다 를 반복했었다. 그러다가 또 며칠은 언제 그랬냐는 듯이 화면이 아주 잘 나왔다. 그러더니 급기야 지난 주말에 TV를 보고 있는데 갑자기 뚝하며 화면이 시커멓게 변하는 것이었다. 그리곤 소리도 나지 않고 그대로 잠이 들어 버렸다. 그런데 하필이면 그날이 서울에서 딸내식구들이 내려온 날이었다. 딸내 집에는 TV가 있긴 한데 단지 주말에 아빠가 인터넷으로 복사한 영화나 만화영화를 볼 수 있을 뿐 TV방송은 볼 수가 없다. 그러니 가끔 내려오는 외가에서는 저녁시간이면 마음대로 TV에서 어린이 방송을 볼 수 있는 것이 커다란 기쁨 중 하나였는데, TV가 고장 난 것은 외

손자들에게는 아주 슬픈 소식일 수밖에 없는 노릇이었다.

그래도 집에 있는 내내 날씨가 너무 좋아서 아이들은 마당에서 실컷 놀 수가 있어서 다행이었다. 서울로 올라가면서 큰 녀석은 할머니에게 다음에 내려오면 TV를 볼 수 있게 해달라는 당부를 잊지 않았다.

새집을 지어 이사 오면서 딴에는 큰마음 먹고 50인치 벽걸이 TV를 장만 했었다. 아파트에 살면서 24인치 TV를 보다가 그렇게 큰 화면을 보니 마치 영화관에 있는 것처럼 좋았었다. 한 때는 뭐든지 큰 것을 최고로 여긴 적도 있었다. 냉장고도 양문형 냉장고라야 되고, 세탁기는 12~3kg의 용량을 가지고 있어야 했고, 심지어 아파트마저 적어도 40평대는 되어야 한다며 작은 평수보단 큰 평수가 주가를 날리던 때가 있었다. 우리도 거기에 발맞추어 제법 큰 TV를 장만 했었는데….

서비스 센터에 전화하니 친절한 서비스 기술자가 곧 바로 달려왔다. 보더니 TV가 크게 고장이 났단다. 수리비가 족히 50만 원은 넘겠다며 액정이 고장이 나서 그렇단다. 한 7년을 썼는데 그나마 부속품이 있어서 수리는 가능하겠단다.

언젠가 뉴스시간에 가전제품의 수리기간이 너무 짧다는 보도를 본 적이 있다. 아주 간단한 부품이 고장 났어도 수리보증기간이 끝나면 부품 생산이 중단되기에 새 것으로 다시 사야 한다니, 선진국에서는 제품 생산은 중단이 되어도 부품생산을 계속한다는데….

우리나라의 가전제품은 언제부터인가 보증기간이 7년으로 바뀌었다고 한다. 그 기간이 지나면 부품생산도 중단 되어버린다.

50만원이란 거금을 들여도 오래 쓴 다는 보장을 할 수 없다는 기사의 말을 들으니 과연 고쳐야 될까하고 심각하게 생각 되었다. 그래서 고심한 끝에 차라리 TV를 새로 사자고 생각했다. 요즈음 젊은 사람들은 인터넷을 통해 가격비교도 해보고 좋은 제품을 보다 저렴한 가격에 산다는데, 우리는 무작정 전에 다니던 대리점으로 갔다. 오랜만에 매장에 진열되어 있는 여러 종류의 TV를 구경하니 얼떨떨했다. 가격이 천만원대가 넘는 TV도 있다. 그냥 입이 딱 벌어질 뿐…. 7년 전에 샀던 TV도 그때는 최신형이었는데, 지금은 그런 TV는 구경 할 수도 없었다. TV에 다양한 기능이 첨가되어 가격이 천정부지로 높아졌다. 이것저것 구경하다 우리에게 가장 적합한 것으로 골라 거금을 들여 TV를 새로 장만했다.

집에 돌아와서 이런 저런 가전제품들을 보니 제일 최근의 것이 7년 전에 산 세탁기였다. 냉장고는 무려 13년이 넘었으니 또 언제 고장이 나서 우리에게 손을 벌릴지.

문명의 혜택 속에서 살다보니 이제는 그런 가전제품들이 없으면 한시도 살수 가 없게 되었다. 그렇다고 과거로 돌아가서 살 수는 없는 노릇.

한때는 소비가 미덕이라고 했던 적도 있었다. 물론 지갑을 열어서 적당한 소비를 해야 순리인데 소비와 더불어 절약하는 습관도 몸에 배여야 하지 않을까? 멀쩡한 가전제품이 단지 부품이 없다는 이유로 다시 사야 되는 불합리한 일이 없어야 할 것 같다.

방학을 맞아 외가에 와서 새로 산 TV를 보며 즐거워할 손자들 생각에 나도 덩달아 녀석들이 기다려진다. 빨리 방학이 왔으면….

(2015. 5. 20.)

루미와 생선가시

"루미야! 많이 아파?"

"으응~"

밥을 먹다 손녀딸이 갑자기 자지러지게 운다. "할머니 목에 가시가 걸렸어!" 하는 말에 할아버지가 옛날 방식으로 밥을 한 숟가락 떠서 손녀에게 먹이니 울음소리가 더 커지면서 달기 똥 만 한 눈물이 줄줄 쏟아지며 금세 얼굴이 눈물범벅이 된다.

"루미야! 빨리 옷 입어, 가온이도…."

"여보! 빨리 병원에 가게 자동차 시동 걸어 놓으세요!"

학기 말 방학을 맞아 외가에 온 손주 녀석들 밥을 먹이다가 둘째아이 목에 그만 생선가시가 걸린 것이다. 부랴부랴 챙겨 동네 이비인후과에 갔다. 의사선생님이 우는 아이를 겨우 달래 목을 보더니 가시가 보이지 않는단다. 아이는 계속 울고…. 목안을 사진 찍어보더니 한쪽에 작은 가시가 수평으로 박혀있다. '울면 목구멍이 작아져서 가시를 뽑을 수 없으니 할머니가 달래보세요.' 한다. 진찰실을 나와 우는 아이를 달래고, 현 상황을 잘 알아 듣도록 설명하고 울지 않기로 새끼손가락을 걸고 다시 진찰실로 들어갔다. 다행히 아이는 침착하게 울지 않고 입을 벌려 목안에 박힌 가시를 뽑을 수가 있었다. '할머니! 이것 보세요' 하며 의사가 핀셋으로 뽑은 아주 작은 가시를 보여 준다. 어른 목구멍 같으면 그냥 넘어갔을 법한 가시이다. 그러나 이제 겨우 여섯 살 난 아이에겐 넘기기 힘든 생선가시인 것이다. 내 속이 시원하게 뻥 뚫린 기분이다.

"루미야! 잘 했어 우리 루미 최고! 울지 않고 잘 참아서 가시를 뺄 수 있었네. 할머니가 미안해." 그리곤 아이를 꼭 안아주고 집으로 돌아왔다.

"루미야! 이제 괜찮아?" "으응!!!" 남매간에 주고받는 대화가 정말 정겨웠다. 두 살 위인 오빠가 동생을 애틋하게 바라본다.

오랜 시간이 지난 뒤 딸 내 집에 갔다. 이제 막 초등학교에 입학한 큰 손주도 보고 싶고 이것저것 궁금해서….

"가온아! 오늘 급식에 무슨 반찬이 나왔어?" 엄마가 물으니 "응, 이것저것 많이 나왔는데 생선은 먹지 않았어!" 한다. "왜? 메워서?" 하니 "아니 가시 때문에…"

아뿔싸! 외가에 와서 제 동생 목에 가시가 걸려 많이 걱정했던 기억이 아직도 남아 있는 모양이다. 순간 다시 한 번 그때의 모습이 떠오르고, 이젠 늙어서 눈이 잘 보이지 않는 내 초라한 모습이 싫었다.

대단해요 우리 루나

명절을 앞두고 미리 준비할 것들이 있어 재래시장에 가기로 했다.

외출 준비를 하고 막 현관문을 나서려고 하는 데 '카 톡'하며 전화기가 울린다. 친구들이 단체로 만들어 놓은 '카 톡 방'이 한참 시끄럽게 울렸었다. 당연히 그러려니 하며 귀찮아 하다가 '혹시'하는 마음에 열어 보았다.

서울에 사는 딸이 급하게 올라 올 수 없느냐며 보낸 글이었다. 4살박이 손녀가 '수족구병'에 걸렸다고 한다. 순간 머릿속이 수세미 속처럼 복잡하게 얽혀버렸다. 회사에 반차를 냈으니 서두르지 말고 오후에 오면 된단다. 명절에 차례를 지내야 되는데, 이것저것 준비 할 것들이 많은데, 온갖 생각이 순식간에 머릿속으로 지나갔다.

남편과 서로 눈이 마주쳤다. 똑같은 생각을 한 것이다. "그럼 엄마가 올라가야지! 아무 걱정 말고 기다려"

모든 것을 남편에게 미룬 채 곧바로 서울행 버스에 올랐다. 차 속에서도 내 마음은 달음질을 하고 있었다. 다행히 평일인지라 고속도로마저도 나를 돕는 듯 한가했다. 딸내 집에 도착하니 우리 귀염둥이 '루나'가 '할머니'하며 달려와 안긴다.

'수족구병'은 이름그대로 입, 손, 발에 물집이 생기는 급성 바이러스 질환으로 전염성이 있기에 격리해야 되는 전염병이다, 그러니 어린이집 같은 곳에는 갈수가 없다. 열흘 정도면 전염성도 없어지고 병세가 호전된다고 한다.

이번 명절은 이틀 정도 휴가를 내면 직장인으로서는 다시없는 기나긴 휴가가 주어지는 황금의 시간이다. 지난 봄, 딸은 이런 황금의 시간을 가족여행을 계획하고 비행기 표도 예매 해 놓았었다. 덕분에 우리 내외도 조촐하게 둘만의 시간을 갖기로 했었다. 물론 북적북적 많은 식구들이 모여 명절을 보내는 것이 가장 좋지만 때로는 조용하고 단출하게 보내고 싶은 마음도 있었다. 그런데 뜻밖의 변수가 생긴 것이다.

서울에서 며칠을 지내고 다시 병원에 갔는데 의사선생님이 고개를 강하게 흔든다. '여행 절대 불가!'

순간 내 머릿속은 서울에 올라 올 때보다 더 복잡해졌다. 회사에 있는 딸에게 카카오 톡으로 소식을 전하고 집에 돌아와서 어린 루나를 어떻게 설득할까하고 고민에 빠졌다. 어린 것이 비행기타고 여행을 간다며 아주 작은 캐리어를 끌고 다니며 좋아 했었다고 했다. 또한 전주에 간다고 해도 버스를 탈 수도 없었다. 다음 날이면 나머지 식구들은 비행기를 타고 여행을 가야 하는데….

'루나'는 엄마가 설득하기로 하고 나는 전주에 홀로 남아 있는 남편에게 전화를 했다. 전화 속으로 들리는 남편의 목소리는 며칠간 혼자 있느라 지쳐있는 모습이 역력했다. 한참을 망설이는 것 같더니 '나도 어떻게 할지 모르겠어.' 하며 전화를 끊었다. 내심 걱정이 되었다. 걱정스러운 마음에 밤잠을 설치고 조금 늦게 일어났는데, 초인종 소리가 들렸다. 나가 보니 남편이 문 앞에 와있었다. 얼마나 반갑고 고마운 지 말로는 다 표현 할 수가 없었다. 새벽 4시에 일어나서 달려왔단다. 어린 '루나'를 어떻게 설득했는지 전주에 가는 것에 대해 큰 무리 없이 차에 올랐다.

며칠 동안 언니, 오빠에게 가까이 가지도 못하고 어린이 집은 물론 집밖 외출도 못한 채 오로지 할머니와 둘이 지냈지만 얼굴에는 언제나 웃음기가 떠나지 않던 천사가 바로 우리 '루나'였다.

그렇게 '루나'의 전주 생활이 시작 되었다. 그 사이 딸네 식구들은 6박7일의 오키나와 여행을 하고 있었다.

저녁이 되어 잠자리에 들 시간이면 가끔 '엄마가 보고 싶다. 아빠가 보고 싶다'며 칭얼대는 모습에 마음이 짠하기도 했었다. 그래도 변함없이 잘 지내며 마당에 나가 공놀이도 하고 강아지와 놀기도 하며 약도 열심히 챙겨 먹었다. 내 몸은 이미 내 몸이 아니었다. 명절 준비에, 또 올해는 무슨 바람이 불었는 지 다른 해엔 심지도 않던 마늘을 심기위해 동분서주 바쁘게 움직였다.

아파트에서는 어린 아이가 마음대로 뛰지도 못하는 것이 요즈음의 모습이다. 그러다 보니 걸을 때마저도 까치발을 하고 걷는 모습을 종종 보게 된다. 그리고 '할머니! 점프 점프해도 되요?'하고 내게 묻곤 했다.

아파트가 요즘 생긴 주거 공간도 아니고 그렇다고 옛날에는 아파트에서 어린 아이를 키우지 않은 것도 아닌데, 왜 그리도 층간 소음 때문에 이제 40여 개월 밖에 되지 않은 어린아이조차도 실내에서 걷는 것 까지 마음 놓고 걷지 못하게 되었을까. 녀석의 그러한 물음에 나의 대답은 항상 '그럼! 집이 무너지도록 뛰어도 괜찮아!'였다. 마당에서도 뛰고 1층 2층을 오르내리며 뛰어 밤에는 군말 없이 잠이 들어 다음날 아침까지 꿀잠을 잤다. 배시시 웃으며 일어나 부엌에 있는 나에게 다가와서 그때부터 잠자리에 들 때까지 마치 내 옷에 껌이 붙어 있는 것처럼 찰싹 붙어 다녔다. 심지어 화장실에 가도 같이 들어와서 곁에 서 있다 나오곤 했다.

서울에서 가지고 온 약을 다 먹고 병원에 가는 날이 되었다. 언젠가 전주에 며칠 머물렀을 때 감기가 걸려 한 번 갔던 적이 있는 병원에 갔다. 다행스럽게도 의사선생님이 진찰을 하시더니 이젠 거의 다 나았으니 걱정 말라 했다. 명절 후엔 어린이집에 갈 수도 있단다. 그러면서 사흘 동안 먹을 약을 처방해 주었다. 그 말을 들으니 어리 디 어린 녀석이 참 대견했다. 이제 서울에 가면 어린이집에도 갈 수 있다는 말을 해 주었더니 그때부터 친구들의 이름을 들먹이며 선생님도 보고 싶단다.

명절 날 이른 아침에 부산을 떨며 그와 함께 이야기를 하고 있는데 갑자기 '루나'가 침대에서 나오더니 '우리 언니다. 우리 언니 목소리가 들렸는데, 언니 어디 있어요?' 한다. 그 말을 듣는 순간 어린 것이 혼자 한 일주일 떨어져 있더니 얼마나 보고 싶었으면 저럴까 하는 생각에 달려가 와락 끌어안았다.

차례를 지내기 위해 많은 일가친척들이 모이니 어리둥절했는지 말

없이 지내더니 같이 산소에 성묘도 다녀오고 여러 식구들과 하루를 즐겁게 보냈다. 아침에 언제 언니 생각을 했느냐 하는 듯이 예전의 모습으로 돌아와 밥도 잘 먹고 저녁에는 TV도 보다 잠이 들었다.

그간 여행에서 돌아 온 딸이 아이를 데리러 오겠다는 연락이 왔다. 피곤 할 텐데 보고 싶은 마음에 오빠 언니를 대동하고 한 달음에 달려왔다.

엄마를 보는 순간 뛰어가 안기더니 볼에 대고 연신 뽀뽀를 하고 엄마를 계속 부르고 마치 몇 십 년 헤어졌던 가족을 보는 것 마냥 나도 모르게 눈시울이 붉어졌다. 그러더니 언니 오빠를 차례로 부르며 이리 안기고 저리 안기고 한동안 떨어질 줄을 모르고 있었다.

이렇게 혈육 간에 정이 뜨거운 데 얼마 전 TV에서 보았던 충격적인 장면이 떠올랐다. 어린 남매를 데리고 음식점에 들어 온 젊은 부부가 두 아이를 그대로 방치 한 채 따로 따로 음식점을 나가 아이를 찾지 않았는데도 아이들은 아무런 감정도 없이 앉아 있었던 장면을 보는 내내 분노의 감정이 북 받쳤었다. 더욱이 수소문해서 찾은 부모들이 모르는 아이라고 했다는 말에 너무 기가 막혔다. 한시 한때만 눈에 보이지 않아도 곧바로 울음을 터트리며 찾고 야단인데 평소에 어떻게 했으면 저럴까.

부모 연습을 하고 부모가 되는 사람은 없을 것이다. 아이가 태어나면서 자연스레 부모가 되고 또 그 아이를 키우면서 부모가 되는 법을 배우는 것이 아닌가 생각한다. 꼭 부유한 가정이라야 아이를 잘 키우는 것도 아니고, 부모가 자식에게 온 마음으로 사랑을 하고 또 형제간에 서로 의지하며 조금은 부족한 것이 있어도 서로 채워가며 사는 것이 행복한 삶이 아닌가 생각한다.

우리 손녀를 비롯한 세상의 모든 어린이들이 사랑받고, 자유를 누리며 행복한 생활을 했으면 좋겠다.

그간 '수족구병'이란 전염병 때문에 울안에 만 갇혀 지내던 귀염둥이 '루나'도 이제부턴 마음껏 활개를 치며 지낼 것이다.

엄마에게 빨리 자유를 주어야 한다며 당일 밤에 태풍의 영향으로 비가 쏟아지는 데도 아이들을 데리고 올라간 딸이 새벽녘에야 잘 도착했다는 소식을 보내왔다. 비로소 편안한 마음으로 아침 늦도록 오래 만에 단잠을 잤다.

늦은 아침을 준비하기 위해 부엌으로 갔는데 뒤쪽을 돌아보며 '어! 우리 루나가 안 보이네?' 나도 모르게 '루나'를 찾고 있었다. 당분간 내 눈앞에 '루나'의 모습이 아른 거릴 것 같다.

(2016. 9. 21.)

푸른 눈의 사위

"아니? 왜 자네 혼자 들어왔는가? 장인 양반은 어떻게 하고?"

"그냥, 술이 먹기 싫어서 들어왔어요."

어눌한 발음으로 내뱉는 말이다. 너무 황당하여 말이 나오지 않았다. 푸른 눈의 사위는 이렇게 한국생활을 시작했다.

대학 때 해외 봉사활동에 다녀온 딸아이가 나에게 한 장의 사진을 내 밀었다. 그 속에는 활짝 웃고 있는 내 딸과 낯선 외국 남자가 있었다.

"엄마, 어때요?"

나는 한눈에 그 남자아이가 참 괜찮다는 생각이 들었다. "으음! 괜찮은데…."

대학교 이학년 무렵 해외봉사활동 학생을 모집한다는 광고를 보고 신청을 해서 폴란드에 봉사활동을 떠났다. 조금 일찍 유럽여행을 위해, 유레일패스를 사서 기차여행을 하는 중 독일 어느 마을의 선로 위 기차 속에서 서로 첫 눈에 반했단다. 이렇게 시작된 그들의 만남은 서울, 미국, 핀란드 등에서 아주 비싼 값을 치루며 무르익어갔다. 그러더니 급기야 그 녀석은 한국에 교환학생으로 들어와 서울대학교 한국어학당에 입학하여 일 년을 보냈다. 오랜 만남 끝에 드디어 핀란드 부모님을 모시고 한국에서 전통혼례를 치루고 신접살림을 시작했다. 달라도 참 많이 달랐다. 하긴 같은 한국사람 끼리의 결혼생활도 살아온 풍습이나 환경이 달라서 신혼 초에는 갈등도 많이 겪으며 점점 익숙해지는데 하물며 다른 나라 사람이니….

그래도 딸과 사위는 별 어려움 없이 행복하게 신혼생활을 시작했고 지금까지도 잘 지내고 있다. 그러나 우리 내외는 너무 다른 문화권에서 온 사위가 때론 당황스러웠다.

가끔 딸 내 집에 가서 술을 좋아하는 장인이 하나밖에 없는 사위와 술 한 잔 같이 먹자고 하면 '저는 오늘 피곤해요.'라며 거절하기 일쑤였다. 그러다가 첫아이, 둘째아이를 낳고 또 회사생활을 하면서 점점 한국생활에 익숙해지기 시작했다. 언젠가 우리내외가 딸 내 집에 갔더니 낮에 회사근처로 나오란다. 점심을 사드리겠다며…. 이제는 딸 내 집에 간다고 하면 소주를 사다 냉장고에 넣어 두고 퇴근 후 먼저 술 한 잔 하자며 장인을 부른다.

주말이 되면 가장 바쁜 사람은 사위이다. 밀린 빨래며 집안 청소, 쓰레기분리수거까지 모두 그의 몫이다. 그리곤 점심때가 되면 온 식구에게 맛있는 식사까지 챙긴다.

가끔 회사에서 회식이 있어 늦는 날에는 아내에게 절절맨다. 들어와서는 '미안해, 미안해. 그리고 수고했어, 아이들 돌보느라.'라고 하면서 현관에 들어오자마자 중얼거린다. 반면 딸은 친구모임이나 회사에서 회식이 있을 때는 의례 밤늦은 시각이나 새벽에 들어오곤 한다. 그래도 딸아이는 당당하다.

큰아이가 초등학교에 입학하니 걱정이 하나 생겼다. 혹 다르게 생겼다는 이유로 차별 받지나 않을까하고…. 그러나 다행인 것은 요즈음 다문화 가정이 늘어나고 있고, 또 손자가 너무나 의연하게 자기 아빠는 외국인이며 내가 남들과 다르다는 것을 잘 알고 있다. 그리고 친구들과도 잘 지내고 있으니 한 시름 놓았다.

이제 세계는 하나라고 한다. 그럼에도 불구하고 편견을 가지고 있는 사람들도 더러는 있다. 특히 우리나라보다 뒤떨어진 나라에서 온 사람에게 차별이 심하다. 단지 못사는 나라에서 왔다는 이유로, 그리고 우리와 피부색이 다르다는 이유로…. 그러나 그들도 우리와 한 식구라는 생각으로 따뜻하게 보듬어야겠다.

다른 문화권에서 한국으로와 많은 어려움이 있었으나 차츰 우리문화에 대한 이해와 적응으로 행복한 가정을 꾸려 나가는 푸른 눈의 사위가 대견하다.

(2013. 5. 25.)

아이에게서 배운다

'할머니! '돌돌이'는 내가 전주에 내려와야지 볼 수 있지만 책은 다시 빌려 보면 되잖아요.'

여름방학이 되어 외가에 내려온 큰 손자 가온이의 당찬 한마디에 편견과 아집에 사로 잡혀 말을 한 내가 순간 퍼뜩 정신이 들었다.

다른 때 같으면 집근처 도서관에서 빌려온 책들을 한 아름 가지고 내려와서 오자마자 책을 읽곤 했었다. 책을 읽기 시작하면 완전히 귀를 닫아 버린 것처럼 곁에서 전쟁이 일어나도 모를 만큼 집중하던 녀석이었다. 이번에도 옷 가방 외에 책 보따리가 어김없이 같이 따라 왔건만, 책을 읽기는커녕 거들 떠 보지도 않고 날 만 새면 마당 한 쪽에 있는 '돌돌이'에게 달려가는 것이었다. 그래서 내가 한 소리 했더니 우리 나이로 11살 밖에 먹지 않은 녀석의 속 깊은 생각과 넓은 안목에 놀라지 않을 수 없었다.

평수 같으면 아침 7시가 넘어도 깨워야 겨우 일어나는 녀석들이 이번 방학에는 6시만 되면 오히려 나를 깨우곤 했다.

'할머니! 빨리 산책가요.'하면서.

나도 주섬주섬 옷을 챙겨 입고 마당 한쪽에 있는 '돌돌이'에게 가서 묶여 있는 목줄 대신 손잡이가 달린 목줄에 '돌돌이'를 옮겨주고, 오른편엔 '예쁜 루미' 왼편에 '멋진가온'이를 대동하고 의기양양하게 산책길에 나섰다. '돌돌이'도 뒤에 호위 군사를 거느린 냥 앞장서서 이리 뛰고 저리 뛰면서 나아갔다. 누가 수컷 아니랄까 여기저기 영역 표시하는 것도 빼놓지 않았다.

'가온아! 내일 부터는 너희 둘이 '돌돌이'와 산책해야 돼.' 하니 좋아하며 '당연하죠.'한다. '돌돌이'는 여러 차례 다녔던 길이라서 산책길을 앞장서서 안내한다.

이른 아침이라고는 하지만 올 여름의 무더위는 시간에 관계없이 뜨겁게 내리쬐는 태양열로 인해 아이들의 얼굴이 벌겋게 달아올랐다. '돌돌이'도 더운 지 연신 헉헉 거리며 가쁜 숨을 몰아쉰다. 산책을 끝내고 돌아와서는 '돌돌이' 목욕을 시켜야 되는데 샴푸가 필요하단다. 다음 날 마트에 가서 내 생전 처음으로 개가 쓰는 샴푸를 샀다.

외가에 일주일 머무는 동안 하루도 빠짐없이 누가 먼저랄 것도 없이 오누이가 다정하게 '돌돌이'와 함께 아침 산책을 다녔다. 그리고 수돗가에서 '돌돌이' 목욕을 시켰다. 하루는 '할머니 다음에는 '돌돌이' 목욕을 할아버지에게 맡기지 마셔요.' 한다. 너무 세게 문질러 '돌돌이'가 아파한다면서.

요즈음에 애완동물이란 말을 쓰면 안 되고 반려동물이라고 해야 된단다. '살아 움직이는 것이 어떻게 인형이 될 수 있느냐.' 하며 연신 우리를 가르친다. 녀석의 하는 말이 하나도 틀린 구석이 없다.

옛날에는 개도 가축으로 생각 했었다. 그래서 그냥 집에서 기르는 동물에 지나지 않았었고, 또 어려운 시절에 몸 보신에 큰 역할을 했던 적도 있었다. 북한은 지금도 '단고기'라고 해서 아주 소중한 보양식으로 생각하고 있다고 한다. 이제는 시대가 변했다. 그리고 변한 그 시대를 온 마음과 몸으로 받아 들여야겠다.

사람에게만 권리가 있는 것이 아니다. 동물에게도 권리가 있다.

이번 여름 폭염에 우리 고장에서 유독 가축 피해가 컸다는 뉴스를 본 적이 있다. 폭염은 우리 지역에만 심했던 것은 아니다. 단지 축사에 문제가 더 심각했던 것이다. 양계장의 시설이 노후 되었고 마릿수를 적정하게 유지하지 못했던 탓도 크다고 본다. 이제는 동물에게도 대우 받아야 되는 당연한 권리가 있다는 생각을 해야 된다.

또 다른 가족이라며 온갖 치장과 호사를 시키며, '엄마한테 와!, 아빠한테 와!'하며 호들갑을 떨 다가도 마음에 들지 않거나 병에라도 걸리면 아무런 미련도 없이 버리는 사람들이 있다. 그것도 휴가철에 한적한 시골에 데리고 가서 그냥 두고 온다니 사람으로서 못할 일들을 아무런 거리낌 없이 하고 있다. 그렇게 버려지는 유기견이 한 해 평균 6만 마리가 넘는다고 한다. 특히 여름휴가철에는 23%나 증가한다고 한다. 올 여름 휴가 때는 얼마나 많은 또 다른 가족이 유기되어 사라졌을까.

그러한 개들이 로드 킬을 당하거나 아니면 유기 견 센터에서 주인이 나타나기를 애절한 눈빛으로 기다리다가 일주일 정도 지나면 대부분 안락사를 시킨다니 사람으로서 할 일은 아닌듯하다.

올 여름 방학 때 외가에 온 어린 손자들 덕분에 참 많은 것을 배우고 생각하게 되었다.

우리에게 온갖 재롱과 애교를 부리며 우리를 즐겁게 해주는 귀염둥이 '돌돌이'와 대문 밖을 든든하게 지켜주고 있는 우리 집 지킴이 '우리'에게 정말 한 가족으로 대우하고 잘 지내야겠다는 생각을 한다.

(2016. 8. 27.)

김장을 끝냈지만

드디어 김장이 끝났다. 몸은 말할 수 없이 개운하다.
하지만 마음 한 쪽이 허전함은 왜 일까!

해마다 이 맘 때쯤이면 어디를 가나 인사말이 '김장 하셨어요?'이다. 그 만큼 김장은 예나 지금이나 중요하고도 크나큰 연중행사이기 때문이다. 옛날에는 겨울 양식이라고 할 만큼 중요한 일이었다. 보통 가정에서 김장은 배추 한 접(100포기)을 하는 것이 다반사였다. 시대가 변하고 세월이 흐르면서 김장을 직접 담그는 집 보다는 전문으로 하는 곳에 맡기거나, 아니면 그때그때 필요에 따라 사 먹는 집이 많아 졌다. 또 간편하게 '절인배추'를 사다하는 집들도 많아졌다.

나도 직장생활을 할 때는 더러 '절인배추'를 사다 김장을 한 때도 있었다. 식성이 예민한 편이 아닌데도 반찬만은 직접 해 먹어야 된다는 생각을 하고 있어 아무리 귀찮고 몸이 아파도 꼭 집에서 반찬을 만들어 먹곤 했다. 물론 대부분의 주부들도 예외 없이 다 그렇게 살고 있다.

더욱이 김치를 사 먹을 생각은 한 번도 해 본적이 없었다. 퇴직한 다음 아파트가 아닌 한적한 곳에 집을 마련하여 살게 된 뒤로는 텃밭에 채소를 가꾸게 되었고 대부분의 반찬을 우리 텃밭에서 나는 것으로 만들어 먹고 있다.

올해는 유난히 배추 농사가 잘 되었다. 십 여 년 넘게 배추농사를 지었는데 올해처럼 잘 된 적은 없었다. 밭에서 배추를 뽑으면서 '배추 장사를 해도 되겠는 걸~,' 하며 서로 농담을 건네며 즐거워했다. 우리가 농사를 잘 지은 것이 아니라 종자가 좋아서였을 것으로 생각한다.

해마다 4~50포기 정도는 김장을 했었다. 올해는 30여포기만 해도 충분 할 것 같았다. 그래도 혹시나 모자라지 않을까 해서 40포기를 뽑아 손수레에 싣고, 그는 앞에서 끌고 나는 뒤에서 밀며 수돗가에 있는 평상으로 옮겨 놓았다.

남편이 칼로 배추를 반으로 자르기 시작했다. 속이 노랗고 튼실하게 꽉 찬 것이 초록색 잎도 적당히 있어 김치가 맛있게 생겼다. 그가 넷 쪽으로 배추를 잘라 주면 나는 물에 소금을 풀어 만들어 놓은 커다란 통에 푹 담갔다가 또 다른 통으로 옮겨 배추위에 적당히 굵은소금을 뿌려 주었다. 통속에 배추가 쌓여 갈수록 허리는 점점 굽어지고 손놀림은 더욱 더디어 졌다. 배추가 커다란 통에 가득 차게 되자 배추를 절이는 작업이 끝이 났다. 이제는 밤새 저희들끼리 통 속에서 적당히 숨을 죽이기를 기다리면 된다.

김장은 단 하루 만에 할 수가 없는 일이다. 적어도 이틀 아니면 한 사나흘은 해야 맛있는 김장 김치가 담가진다.

미처 해가 솟아오르기 전에 수돗가에 나가 어제 절여 놓은 배추를 뒤적뒤적 자리를 바꾸어 주었다. 그래야만 골고루 숨이 잘 죽어 간이 딱 맞게 절여진다.

김장하기로 마음먹었던 날에 날씨가 추워진다는 예보가 있어 예정된 날짜보다 며칠을 앞당겼다. 그러니 김장김치에 들어갈 재료들이 준비가 덜될 수밖에. 아침 일찍 부랴부랴 서둘러 시장에 가니, 김장철임을 실감할 수 있었다. 산더미처럼 쌓인 배추와 무들, 시장 한가운데 대파가 열을 맞추어 소복이 쌓여 있다. 총각무도 매무새를 곱게 다듬고 주인을 기다리고 있었다. 김장을 하지 않는 집들도 많다는데 그래도 김장하는 집이 더 많은 가보다, 이렇게 많은 김장꺼리들이 나와 있는 것을 보니, 그런데 이렇게 많은 것들을 누가 다 사갈까, 괜한 걱정을 하였다. 이런 채소들은 우리 밭에 있으니 나는 내가 살 것을 둘러 봐야 했다. 마침 깨끗하게 몸단장을 한 미나리가 눈에 띄었다. 그런데 그 보다 먼저 때깔이 아주 좋은 표고버섯이 눈에 들어왔다. 해마다 표고버섯을 사다 말려서 음식을 해 먹었었는데 올해는 그 시기를 놓친 것 같아 서운했었는데, ' 떡본 김에 제사 지낸다' 고 표고버섯을 두 상자나 덥석 샀다. 젓갈 시장에 가서 액 젓도 사고 생선가게에서 생새우와 낙지도 샀다. 이것들을 차에 싣고 집으로 오니 해야 될 일들이 산더미처럼 쌓여 일꾼이 오기만을 기다리고 있었다. 이런 철딱서니하곤 이렇게 많은 일들이 있는데 생각지도 않던 버섯을 덜컥 사버렸으니, 버섯을 말리려면 지금 바로 손질해야만 했다. 아직도 내가 초보 주부인가! 생각해도 참 한심했다. 서둘러 버섯을 손질해서 채반에 널어 햇볕아래 놓았다. 남편은 대파와 갓을 뽑으러 나는 쪽파를 뽑으러 밭으로 가서 손발을 열심히 놀렸다.

뱃속에서는 밥 달라고 아우성이지만 평상 귀퉁이에 있는 홍시로 뱃속을 달래 주고 소금에 잘 절여진 배추를 씻었다.

가까이 사는 친척도 없고 동기간들도 모두 직장일로 바쁘고 더욱이 우리 집 자식들은 멀리 살고 있으니 오로지 우리 둘이 손발을 맞추어 일을 해야 했다. 잘 씻어진 배추를 남편이 커다란 소쿠리에 물이 잘 빠지도록 정리를 해 놓았다. 배추가 몸에서 물을 빼는 동안 나는 손에 칼을 잡고 양념거리를 썰고 남편은 그 사이 다른 재료들을 손질해 주었다. 한두 해 해본 것이 아니니 우리는 손발이 척척 잘도 맞았다. 어느 덧 해가 저 산 너머로 꼴깍 넘어가고 집 앞 가로등에 불이 켜졌다. 하루 종일 일에 치어 더 이상 기운이 남아 있질 않는 나를 대신하여 먼저 들어간 남편이 하얀 쌀밥을 해 놓고 기다리고 있었다. 아침에 서둘러 밥을 먹고 처음 먹은 밥이었다. 역시 남편 밖에 없다.

밥숟가락 놓기가 무섭게 잠이 들었다. 잠깐 잔 것 같은데 밖에는 새들이 아침을 먹으려고 우리 집 감나무에 덕지덕지 앉아서 서로 먼저 먹겠다고 울어대는 소리에 잠에서 깼다. 몸이 침대에 딱 붙은 양 일어나려는데 침대가 놓아 주질 않았다. 온몸이 마치 몽둥이로 두드려 맞은 듯 아프다. 아예 아침커피까지 끓여 마시고 해가 솟아올라 마당에 내린 서리도 녹은 다음에야 마당으로 나왔다. 둘이 마주보며 손바닥을 부딪치고 '힘냅시다!'하면서 평상에 커다란 함지박을 놓고 전날 열심히 쑤어서 준비한 찹쌀 죽을 부었다. 이제부터는 남편이 제대로 실력을 발휘할 때가 되었다. 손에는 크기가 제일 큰 분홍색 고무장갑을 야무지게 끼고

두 손으로 있는 힘껏 고춧가루, 액젓, 마늘 갈아 놓은 것과 생강 등 갖은 양념을 넣고 주무르기 시작했다. 고춧가루 색이 빨갛게 우러나기 시작하면 어제 힘들게 준비해 놓은 온갖 채소를 넣어 살살 버무리면 김치를 담글 양념 준비가 끝이 났다.

그가 손가락으로 양념을 찍어 나에게 내밀며 간을 보란다. 간이 딱 맞다

"이번 김장은 참 맛이 있겠는데!"라고 하자 "그럼 누가 했는데?"하며 남편이 활짝 웃었다.

평상 앞에 의자를 두 개 놓고 나란히 앉아 소금간이 적당히 밴 배추에 영념을 묻히며 조금 덜 발랐다느니, 그렇게 많이 발라 메워 어디 먹겠느냐며, 서로 주거니 받거니 시간 가는 줄 모르고 김치를 담갔다. 날씨마저 우리를 도와주는 냥 등이 따뜻하니 이마에는 약간 땀도 비칠 정도였다. 김치 냉장고에 넣을 통에 김치를 가득 담아 꼭꼭 누른 다음 뚜껑을 덮고 차례차례 늘어놓았다.

습관처럼 김장 김치용 비닐 봉투를 찾았다. 시댁에 보낼 20여포기의 김치를 넣기 위해서, 그러다가 '아차! 이번 김장 김치를 더 이상 보낼 곳이 없구나!' 하는 생각이 들고 이내 기분이 가라앉았다. 해마다 시부모님께 김치와 배추 시래기를 가지고 가면 시어머니는 봉투를 열고 그 속에 있는 김치를 손으로 한 가닥 쭉 찢어 입에 넣으시면서 '너희들 김치가 훨씬 맛있더라, 수고 했다.'라고 하시곤 했었는데…. 사십년 넘게 고부간으로 살았지만 그다지 살 가운 분은 아니셨다. 그러나 매번 시부모의 빈자리가 생각이 나곤 했다. 김장을 하다 보니 언 듯 언 듯 생각이 났

다. 설상가상 해마다 김치 한 두통은 가져가던 딸네 집에도 이젠 김치가 필요가 없게 되었다. 모두들 아빠의 나라인 핀란드로 갔으니까. 이래저래 기뻐야 할 김장을 하는 날에 허전한 마음만 커졌다.

이왕에 챙겨 놓은 봉투이니 그 속에 김치를 넣고 오래 전 혼자되신 작은어머니 댁에 보내 드렸다. 시댁 쪽으로 제일 큰 어른이 되신 작은어머니라도 보살펴 드려야겠다는 생각으로 작년부터 조금씩 보내 드렸었는데 앞으로 더 자주 찾아뵈어야겠다.

몸은 피곤 하지만 김장을 끝내서 개운했는데 허전한 마음은 좀처럼 가라앉지 않았다.

(2018. 11. 28.)

크리스마스 카드

큰 손자 가온이가 크리스마스카드를 보내왔다. 태어나서 처음으로….

이렇게 손으로 글씨를 쓴 카드를 받아본지가 언제인지 까마득했다. 마음을 써 준 딸내미가 고맙다. 그리고 연필로 또박또박 쓰고 있는 가온이의 모습이 눈앞에 그려지면서 커다란 행복을 느꼈다. 그런데 별안간 눈가에 물방울이 살짝 맺히는 것이다. 딸은 녀석을 뱃속에 넣고 수원에서 서울까지 버스로 출퇴근을 했었다. 만삭이 될 때까지…. 가온이를 갖고 처음으로 내 집 장만을 해서 수원까지 내려가 살았고, 또 사위도 좋은 직장을 구해서 지금까지 안정적인 직장 생활을 하고 있다. 모든 것의 시작이 큰 손자부터인 것을 생각하면 이 녀석은 정말 복덩어리이다. 녀석이 보낸 카드를 몇 번이고 읽고 또 읽었다. 말미末尾에 '겨울동안 건강하세요. 사랑해요.'라는 말이 얼마나 반가운지, 어느새 나이를 먹어 손자가 보내는 카드 한 장에 큰 감동을 받고 눈시울을 붉히는 나이가 되다니….

카드를 받은 지 며칠이 지났는데 지금도 책상에 올려놓고 책을 읽거나, 글을 쓸 때, 일기를 쓸 때까지도 주책없이 읽고 또 읽게 된다. 마치 세상에서 나 혼자만이 손자에게 카드를 받은 것처럼….

예전에 근무 할 때가 생각났다. 미술부 아이들과 함께 11월이면 벌써 카드를 만들기 시작했었다. 열심히 그림을 그려 미술실에 철사로 줄을 만들어 그곳에 그려진 카드를 내 걸고 교실 문에 광고를 했다. '크리스마스카드를 판매합니다. 첨부 판매된 수익금은 이웃돕기에….'

남자고등학생들이었지만 학생들이 구름처럼 몰려 그날 그려 놓은 카드들이 모두 동이 났다. 매일 그려서 팔고 또 팔고 그때의 뿌듯함이란….

그러나 이젠 옛이야기가 되어버렸다. 지금은 손으로 그려서 만든 카드는 물론 손으로 직접 쓴 편지조차도 보기 힘든 세상이 되어버린 것 같아 마음이 씁쓸하다.

빠르고 편리한 세상이 되다보니 모든 것은 스마트폰이 대신하게 되었다. 그러나 어쩌랴 세상은 이렇게 변해 가는 것을,

내년에는 내가 먼저 큰 손자 가온이게 카드를 보내야겠다. 내가 직접 그린 그림으로 카드를 만들어서….

(2013. 11. 26.)

핀란드 사부인

"시어머니 잘 도착 하셨대?"

"응!"

"그래 가시기 전에 괜찮았어?"

"괜찮긴 이번에도 어김없이 눈물바다였지."

나에게는 아들과 딸이 있다. 둘 다 결혼을 하였으니 자연스레 사돈이 양쪽에 있다. 아들은 결혼하여 내외가 외국에 유학을 갔다. 그렇지 않아도 결혼한 아들은 내 자식이 아니라 해외동포라는 우스갯소리가 있는데 내 아들은 정말 해외동포가 된지 오래다. 그러다보니 사돈을 만나는 일이 가뭄에 콩이 나는 것 보다 더 어려운 일이 되었다. 그것도 가까운 곳에 살면 어쩌다 마주치겠지만 그분들은 서울에, 우리는 전주에 사니 더욱 만날 기회가 없다. 물론 딸도 국제결혼을 하여 그 댁 사돈과도 만날 일이 별로 없이 지낸다.

딸아이는 멀리 핀란드 총각을 만나 결혼하여 삼남매를 두고 서울에서 살고 있다. 그런데 그분들이 아들내외가 신혼 일 때는 오시지 않았었는데, 손자들이 생기고 나서부터는 왕래가 잦아졌다.

몇 년 전까지만 해도 핀란드와 한국을 오고가는 직항노선 비행기가 없었다. 꼭 독일의 프랑크프르트나 러시아 모스크바 같은 곳에서 환승을 해야만 했다. 비행시간만 무려 13시간, 물론 더 먼 곳에 있는 나라도 많지만…. 그래도 다행인 것은 지금은 서울과 헬싱키 간 직항노선이 개설되어 10시간이면 오는 거리가 되었다.

이렇게 멀다 면 머나먼 나라인데 한국에 일 년이면 꼭 두 차례씩은 오신다. 5월 어린이 날 즈음하여 한번, 또 12월 크리스마스에 맞춰 한 번.

철없는 손자들은 손자가 목메게 그리워서 오시는 할머니 보다는 할머니가 가지고 오시는 커다란 가방을 더 반가워한다. 그 가방 속에는 거리를 오고 가며, 또는 손자들이 생각 날 때마다 사서 모아 놓은 선물꾸러미가 한 가득 들어있다는 것을 이미 알고 있기 때문이다. 특히 핀란드 글자로 되어 있는 동화책이나 놀이기구 또는 노트, 연필 등 등, 미처 생각지도 못한 물건들을 내놓곤 한단다.

우리나라도 영어로는 'Korea'라고 하지만 우리말로는 '대한민국'이라고 하듯이, 그곳 핀란드도 그 나라말로는 'Suomi'라고 부른단다. 그 나라이름이 새겨진 T셔츠 등 핀란드에 대해 알려주려고 노력하는 모습이 역력하다. 사위 또한 아기가 갓 태어나면서부터 아이들에게 오로지 핀란드 말만 사용하여 대화를 했다. 물론 내외간에는 영어로 소통을 하고, 우리들과는 한국말로 대화하지만, 그러니 아이들이 자연스럽게 핀란드 말을 알아듣고 할머니가 오셔도 서로 의사소통에는 별 불편을 느끼지 않는다. 그러나 방자한 며느리는 간단한 대화 밖에 되지 않아 아이들이 중간에서 의사를 전달하는 역할을 하고 있다. 또 시아버지는 며느리와 이야기가 하고 싶어 영어공부를 했다니, 그곳이나 우리나라나 며느리 사랑은 시아버지라는 말이 맞는 모양이다.

시어머니는 한국에 오시면 줄 곧 집에만 계시면서 직장 생활하는 아들, 며느리를 위해 아기보기, 집안 살림하기 등으로 많은 시간을 보내신단다. 주말을 맞이하여 나들이에 나가면 아들내외가 쓰는 돈을 마다하고 본인이 직접 모든 돈을 쓰신다고 한다. 미처 계산을 못하면 집에 와서라도 돈을 내 놓으신단다. 우리나라도 이렇게 하시는 분이 계시기도 하지만 대부분은 자식들이 부모님을 대접 하는데…. 그러니 딸아이는 시어머니가 오시면 부담이 되기는커녕 육아와 집안 살림에서 자유롭게 되는 것이다. 그러한 딸을 볼 때마다 '너는 참 복이 많은 사람이다. 그분들께 따뜻하게 잘 해드려라.' 는 말을 꼭 하게 된다.

그 분은 젊어서 직장생활을 하셨고 이제는 정년퇴직을 하셨다. 직장에 다니 실 때는 휴가를 온통 한국에 오는데 쓰는 것 같았다. 그리고 돈을 버는 것도 오로지 한국에 오기위해 하는 것처럼 보였다.

한국에 오시면 짧게는 보름정도 길게는 한 달 정도 계신다. 이렇게 있다 다시 핀란드에 가게 되는 날이 가까워지면 연신 눈물 짓는 일이 잦아진다고 한다. 그러다가 귀국하기 전날에는 아이들 앞에서 눈물바다를 이룬던다. 철없는 손사들은 그저 멍하니 할머니만 바라보고 있을 뿐….

벌써 10여년이 가까워 오는데 오고 갈 때마다 계속 되는 애틋한 이별, 말만 들어도 가슴이 찡하다.

우리네 민족이 정이 많아서 눈물도 많다고 들 한다. 그러나 이기적이고 개인주의가 팽배한 사람들이라고만 생각했던 서양 사람이 이렇게 정이 많다는 것은 미처 몰랐던 일이다. 손자를 사랑하는 마음, 자식을 사랑하는 마음은 동 · 서양은 물론 예나 지금이나 변함이 없는 것 같다.

금년 5월에도 어김없이 핀란드사부인이 오셨다. 약 3주후면 다시 핀란드에 가신다.

또 그때는 얼마나 많은 눈물을 흘리실까.

(2014. 5. 11.)

취학통지서

딸이 핀란드로 가기 전에

식구들 주소를 이곳 전주 집에 옮겨 놓고 갔다.

"지은아! 루나 취학 통지서가 나왔네."

"그것 그냥 무시하세요!"

"그러면 엄마가 경찰서에 가야 된다는데~"

이렇게 무식한 모녀의 대화가 오고 갔다.

부랴부랴 지정된 초등학교에 갔다. 몇 십 년 만에 들어가 본 초등학교는 우리 아이들이 다닐 때하고는 하늘과 땅 만큼이나 많이 달라져 있다. 먼저 엘리베이터가 눈에 띄고 바닥은 모두 시멘트로 되어 있었다. 옛날에 나무로 된 바닥에 아이들이 앉아 양초를 바르고 걸레로 문질렀던 시대는 까마득한 이야기가 되었다.

주민 센터에 전화를 했을 때 먼저 배정된 초등학교에 가야 된다고 해서 찾아 왔는데, 담당 선생님은 주민 센터에서 '취학통지서'를 받아 와야 된다고 알려 준다. 그리고 준비해야 될 서류가 많이 있었다. '거주사실증명서' '재원증명서' '출입국사실증명서' 등. 이런 서류들을 금년이 가기 전에 준비해서 제출해야 된다고 한다.

그런데 문제는 그 나라가 크리스마스와 신년 연휴가 막 시작 되었던 때이다. 이것저것 필요한 서류를 메모지에 적어 주어 받아 들고 나왔다. 딸에게 전화하니 그렇게 많은 것이 필요하냐며 놀란다. 그런데 서류를 반드시 영어나 한국어로 만들어야 된다는 말을 덧 붙였다. 그 말에 딸은 '그런 서류들은 파일로 보내면 어떨까?' 해서 학교에 문의 하니, 반드시 원문으로 서류를 만들어야 된다는 연락이 왔다. 첨단 IT회사에 다니는 딸은 그것을 이해하지 못하겠다고 했지만 우리나라 방침이 그렇다고 하는데 어쩔 수 없다며 연휴가 끝나면 바로 준비해서 보내겠다고 한다.

우리나라의 의무교육은 초등학교 6년, 중학교 3년 이렇게 9년이다. 어느 선진국과 비교해도 뒤지지 않는 나라가 되었다. 그럼에도 간혹 초등학교 취학통지서가 나와 학교에서 예비소집을 하면 아무런 연락도 없이 나오지 않는 어린이가 있다. 그런 아이들에 대한 조사를 시작하게 되었고, 그 아이들 대부분이 아동학대 또는 가난 때문에 오지 않는 것이 밝혀졌다. 그 아이들의 보호자에게 무거운 책임을 묻게 된 것이다.

그런 것에 대해 아무런 생각도 없이 있었으니 그 일을 담당하는 학교 선생님이나, 주민 센터 직원들이 얼마나 한심하게 생각했을까.

딸이 살고 있는 곳은 12월 20일경부터 다음 해 1월 6일까지가 연휴이고 그 기간에는 모든 업무도 더불어 휴식에 들어간다고 한다.

다행히 이곳 학교에서도 유럽의 긴 연휴에 대해 알고 있는지라 담당 선생님이 할머니와 상담해서 내용을 알고 있으니 걱정 말라 고 나를 안심 시킨다.

딸을 통해서 간혹 들은 핀란드의 일상생활은 우리와는 많이 달랐다. '우편배달부'들이 임금이 적다고 파업을 해도, 그곳 사람들은 그들에게 불평하지 않고 버스기사들이 동조 파업을 한시적으로 하기 도 했단다. 또 집수리를 할 때도 전문업체가 광고를 하고 가게를 운영하기보다 수리할 사람이 인터넷에 올리면 여러 곳에서 연락을 하고 그들을 상대로 입찰을 해서 일을 시작할 수 있단다. 직장에서는 아이들에게 무슨 일이 생기면 언제 어느 때나 아이를 돌 볼 수가 있고, 그 날들은 휴가 기간과는 관계가 없는 날들이라고 한다. 학교에서 부모와 상담을 할 때도 언어를 선택해서 미리 연락을 하면 부모가 원하는 언어로 상담을 할 수가 있다니 참 바람직한 일이고 부럽기도 하다. 그렇다고 모든 것이 편리하고 좋은 것만은 아니다. 겨울은 아침 8시가 되어도 마치 깜깜한 밤 같이 어둡고 오후 서너 시만 되면 이미 해가 떨어져 온 동네가 밤이 찾아온다. 어둡고 춥고 긴 겨울을 보내느라 술 소비가 많아서 술로 인한 사고가 많다고 한다. 옛날에 우리나라가 담배나 인삼 같은 것들을 전매 사업하듯이 술이 국가가 관리하는 전매사업이기도 하다.

드디어 긴 연휴가 끝나고 서류를 준비하여 보냈다는 연락을 받고 나는 바로 주민 센터에 갔다. '출입국사실증명서'를 떼기 위해서, 몇 가지 적어야 될 것들을 쓰고 나니 주민등록상에 나와 있는 취학 아동의 어머니가 와야 된다고 한다. 속으로는 어이가 없었지만 '존중 해 주세요.'라는 팻말을 보고 이미 엄마도 핀란드로 갔는데 어떻게 하느냐는 말에, 직원이 망설이더니 그러면 할머니가 직접 서류를 떼어가는 것으로 하겠단다. 원리 원칙도 좋지만 때에 따라서는 현실에 맞는 업무를 해야 되지 않을까하는 생각을 했다.

어렵게 뗀 서류와 '취학통지서'를 가지고 초등학교에 갔다. 방학 중인데도 많은 아이들이 학교에 나와 놀고 있다. 교무실에 올라가니 우리 아이의 이름을 기억하며 'ㅇㅇ할머니 아니세요.'한다. 반갑고 기분이 좋았다. 간혹 TV에서 한국에 여행을 온 외국인들이 한국 사람들의 친절함에 대해 아주 감동 받았다는 말을 하는 것을 본다. 비록 말은 통하지 않아도 그들이 알고자 하는 것에 대해 최선을 다하는 모습에 많은 외국인들이 한국을 친절한 나라라고 기억하고 있다.

학교에서도 주민 센터에서도 어느 곳을 가나 요즈음은 참 친절하다. 오랜만에 서류를 만들어 갔는데도 아이 이름을 기억하며 반갑게 맞이해 주는 선생님에게 아이들이 학교에서 존중 받으며 생활 하겠구나 하는 생각이 들었다. 비록 나의 손녀가 이 초등학교에 다닐 수는 없지만 그 곳에 다니는 많은 어린이들이 행복한 학교생활하기를 바라며 가뿐한 마음으로 교문을 나섰다.

(2020. 1. 13.)

가온이에게

가온아!

지금 전주 외갓집에 구절초가 만발이란다. 언젠가 할머니가 카카오톡에 구절초 사진을 보내준 적이 있는데, 가을에 피는 꽃으로 향기가 좋고 꽃과 잎으로 맛있는 차도 만들어 먹을 수 있단다. 가을이면 산에 지천으로 피는 꽃이란다. 그 예쁜 꽃을 화단에 심기 위해 할머니와 할아버지는 멀리 정읍이라는 곳에까지 가서 구해다가 심었는데, 작년에는 꽃이 조금밖에 피지 않았는데 올해는 아주 많이 피었구나. 그리고 봄에 취나물이라는 아주 맛있는 채소가 있는데 그것도 역시 가을에 하얀색 꽃을 피우는 식물이다. 그 꽃은 특히 밤에 보면 하얀색이 아주 아름답게 빛이 난단다. 또 쑥부쟁이라는 식물도 하얀색 꽃을 피워서 할머니네 집은 온통 하얀 꽃 세상이 되었다. 이렇게 예쁜 꽃들을 보니 우리 가온이가 식물과 곤충에 각별한 관심을 가지고 있기에 더욱 생각이 난다. 밭에는 가을 김장 때 쓸 배추가 아주 튼튼하게 자라고 있고 무와 대파, 그리고 쪽파도 심어서 무럭무럭 크고 있단다. 배추 모종을 가온이와 함께 심었는데 조금 있으면 아주 맛있는 김치가 만들어지겠지? 겨울 방학을 해서 전주에 내려오면 맛있게 먹을 가온이 모습이 상상이 된다. 빨리 방학이 되어 가온이와 함께 수영장에도 가고, 또 모악산에 있는 도립미술관에도 가서 그림 구경도 하고 싶다.

네가 세상에 태어난 지 벌써 만9년이 되었네, 할머니는 가온이가 이 세상에 나올 때 의사선생님을 빼곤 제일 먼저 본 사람이란다. 그땐 정말 튼튼하고 체구가 커서 너를 받은 의사선생님이 학교에 가도 되겠단 농담을 다 했었는데, 지금은 몸이 너무 날씬하고 멋있는 소년이 되었구나. 엄마 아빠의 첫째 아이로 태어나서 많은 기쁨을 선사하고 너로 인해 모든 식구들이 행복해 하는 모습을 보면 할머니는 가온이가 참 자랑스럽고 사랑스럽다.

가온아 학교에 재미있게 다니는 네 모습을 보면 할머니는 흐뭇하단다. 엄마와 아빠가 모두 직장에 다니니까 살뜰한 보살핌을 받는 것은 어려워도 캠핑도 자주 다니고 여행도 자주 다니면서 여러 가지 경험을 하며 지내고 있으니 가온인 행복한 사람이라는 생각이 드는데, 네 생각은 어떤지……

가온아! 너에게는 동생이 둘이나 있으니 얼마나 좋니!

요즈음에는 외 동이들이 많아서 형제간에 정도 잘 모르며 외롭게 크는데 남들이 갖지 못한 예쁜 여동생이 있어서 항상 집에는 사람소리가 많이 나고 또 식구가 많으니 서로 여러 가지 이야기를 할 수도 있고 특히 아빠는 가온이의 일이라면 무엇이든 열심히 도와주고 챙겨주니 우리 가온인 정말 복이 많은 사람이란다.

가온아! 9번째 생일을 맞이한 것을 축하한다.

가온이는 어떤 꿈을 가지고 있을까? 그리고 장래 어떤 사람이 되고 싶을까? 제일 좋아하는 것은? 학교에서 누구와 가장 친하게 지낼까? 어떤 운동을 제일 좋아할까? 가장 가고 싶은 곳은 어디일까? 어떤 음식을 가장 좋아하는지, 할머니는 궁금한 것이 너무 많단다. 언제나 지금처럼 밝고 튼튼하고 멋있는 소년으로 자라주기를 바란다.

가온이를 사랑하는 할머니가 가온이의 생일을 축하하며!!!!

(2015. 10. 15.)

2부
그림을 그리며

혼자서도 잘 해요

남편에게 모처럼 영화를 보러가자고 했는데 혼자 다녀오란다.
집에서 편히 쉬고 쉽다고 하면서.

땀이 많은 그는 여름에 버스를 타고 외출하는 것을 별로 반기지 않는다. 오전 11시쯤 부랴부랴 챙겨서 외출을 했다. 뜨거운 햇살을 양산 하나로 받아 내면서 대문을 나서니 우리 집 지킴이 '우리'가 꼬리를 흔들고 길길이 뛰며 반가워한다. 녀석을 뒤로하고 걷기 시작했다. 비포장도로에서는 그간의 가뭄을 일리는 듯 먼지가 풀풀 날린다. 그래도 오늘은 미세먼지 걱정을 할 필요가 없다는 예보가 있어 다행이었다. 그새 감나무에는 엄지손톱만큼 큰 감이 주렁주렁 매달려 있다. 근처 뽕나무에는 아직도 새카만 오디가 눈에 띈다. 지나가는 어느 누구도 관심을 가져 주지 않은 양 길바닥에도 여기저기 떨어져 나 뒹굴고 있다. 주인에게 간택받지 못한 매실은 누렇게 변색되고 자동차 바퀴에 짓 눌려 뭉그러진 채 버려져 있다. 비포장도로를 지나 드디어 깔끔한 신작로에 들어섰다. 뜨거운 햇볕으로 등에는 이미 땀이 배기 시작했다. 양산을 이손 저손으로 번갈아 받으며 여기 저기 해찰하면서 걷는 재미도 참 좋았다. 그것도 어느 누구의 방해도 받지 않고 혼자 걸어가니 더욱 재미가 있다. 길옆 비닐하우스 안에 있는 포도나무는 벌써 포도송이에 종이 봉지가 씌워 있었다. 그런가 하면 노지에 심은 포도나무는 좁쌀 만 한 포도 열매를 달고 있다. 맞은 편 도라지 밭에 있는 도라지는 똑같은 크기로 잘라 준 모습이 마치 병사들이 연병장에 줄 맞춰 도열해 있는 것처럼 질서가 잡혀 있다. 그런가하면 바로 곁에는 농사를 포기한 넓디넓은 밭에 방금 함박눈이라도 쏟아진 듯 개 망초 꽃이 바람에 흩날리며 오고 가는 사람들의 눈길과 발걸음을 멈추게 하고 있다. 한갓 잡초에 불과한 이것들이 이렇게도 아름다운 꽃을 피워 많은 사람들의 마음을 꼬드기고 있었다. 여기 저기 두리번거리며 걷다 보니 어느새 시내버스 승강장에 도착했다. 4차선 도로변에 있는 이곳은 시원한 바람이 연신 불어 걸어오면서 흘렸던 땀이 금세 식어 버렸다. 우리 동네 버스 승강장은 시내버스도착 알림 서비스가 있어서 참 편리하다. 버스가 떠난 지 얼마 되지 않는 듯 안내판에는 아무런 표시가 없다. 한참을 왔다 갔다 하고 있자니 근처 아파트에 사는 분이 무거운 보따리를 들고 승강장으로 걸어오고 있었다. 곧 버스가 올 시간이 된 모양이었다.

이내 버스가 도착하고 문이 열리자 버스에 오르니 시원한 에어컨 바람이 온 몸에 흐른 땀을 날려 버렸다. 평일 늦은 오전 시간이라 버스 안은 두어 사람밖에 없었다. 자리를 잡고 앉으니 천국이 따로 없다. 한 여름 피서 치고는 아주 고급이다. 차창 밖으로 보이는 풍경도 나쁘

지 않았다.

근처에는 신도시개발 공사가 한창인 듯 커다란 덤프트럭들이 뿌연 먼지를 일으키며 공사장으로 연신 빨려 들어간다. 저렇게 많이 지어지는 아파트에는 어떤 사람들이 들어가 살게 될까. 우리 고장 인구는 자꾸 줄어드는데 여기 저기 신도시라는 이름으로 개발이 한창이다. 그래도 어찌 된 일인지 서민들의 내 집 마련은 시간이 흐를수록 더욱 어려워지고 있으니 걱정이다.

이런 저런 생각과 걱정을 하며 상념에 젖어 있는 사이 버스는 내가 가고자 하는 곳에 도착했음을 알리는 안내방송이 나왔다. 버스에서 내리자마자 콧구멍으로 뜨거운 바람이 쑥 들어오며 숨이 턱 막힌다.

행여 버스 속에서 말끔하게 식은땀이 다시 날까 가만가만 걸어서 영화관에 들어갔다. 그곳 역시 한산했다. 나는 이런 느낌을 좋아한다. 퇴직하기 전에는 도저히 상상 할 수 없었던 이 기분, 남들 모두 일터에 나간 평일의 한가함을 처음 맛보았을 때의 그 기분을 지금도 잊을 수 없다. 그래서 가끔 이런 시간에 혼자 나들이를 하곤 한다. 보고 싶은 영화표를 사고 보니 시간이 많이 남아있었다. 마침 살 것도 있고 구경도 할 겸 아래층 백화점으로 내려갔다. 혼자서 쇼핑하는 것도 내가 즐기는 일 중 하나이다.

나이가 먹으니 손에 드는 가방의 무게도 부담을 느낄 때가 종종 있다. 그래서 아주 가볍고 마음에 드는 가방을 골라 기분 좋게 신용카드를 긁었다. 직원이 친절하게도 스마트폰에 백화점 어플리케이션을 깔아 주며 집에 가기 전에 선물도 받아 가란다. 공짜로 선물도 받고 가방도 사고 시원한 에어컨 바람만큼이나 기분도 상쾌했다. 지하 1층에 있는 식당가에서 평소 즐겨먹는 맛있는 메밀국수로 배를 든든하게 채우고 다시 영화관으로 올라갔다.

내가 보고자 했던 영화는 올해 많은 사람들의 입에 오르내리고 세계적으로 유명한 영화제인 '칸영화제'에서 기립박수를 받은 만큼 평이 좋은 영화였다. 안타깝게도 수상의 기회는 없었지만, 무척 기대하고 궁금해 했던 영화였다. 영화 시작 시간이 많이 남긴 했어도 설레는 마음으로 상영관으로 들어갔다. 예상대로 내가 맨 처음으로 입장한 관객이 되었다. 옛날의 극장과는 달리 요즈음 영화관은 좌석도 편안하고 실내 공기도 쾌적했다. 특히 상영시간이 긴 영화이기때문인지는 몰라도 들어오는 입구에 휴대할 수 있는 발판이 있어 하나를 가지고 들어왔다. 신발을 벗어 발을 올려놓으니 참 편했다. 극장 안은 평일인 점을 생각한다 해도 사람들이 제법 많이 들어왔다. 연인들, 부부들, 또는 친구들이 모두 삼삼오오 짝을 맞추어 들어왔다. 혼자 이곳에 온 사람은 나 밖에는 없는 모양이었다. 나는 이렇게 영화관에도 혼자 오는 것을 즐긴다. 너무 자유스럽고 편안하다. 특히 영화가 끝나고 그 영화의 여운을 길게 음미할 수 있어서 혼자 영화 보는 것이 좋다.

영화를 보는 내내 우리나라의 문화수준이 높음에 기분이 좋았다. 그리고 예술적 표현의 자유가 이 정도 일까 하는 생각으로 무척 놀라웠다. 물론 영화는 개인적 취향에 따라 좋고 나쁜 것이 극명하게 차이가 나는 영화가 있고, 누구나 다 좋아 하는 영화가 있고, 특히 어느 특별한 계층의 사람들만이 좋아 할 수 있는 영화가 있다고 생각한다. 영화를 보는 내내 마음으로 흥분과 설렘을 맛보며 모처럼 좋은 영화를 볼 수 있어서 참 기뻤다.

집으로 오는 버스를 기다리며 새로 산 가방을 어깨에 둘러매고 한 손에 백화점에서 받은 선물을 들고 방금 보고 나온 영화의 여운에 깊게 빠져있었다.

사람은 누구나 언젠가는 혼자 남게 마련이다. 어린이집이나 유치원에 가면 '혼자서도 잘 해요'라고 쓰여 있는 문구를 흔하게 볼 수가 있다. 어린아이만 '혼자서 잘해요' 할 것이 아니라 어느 누구든 언제 어디서나 혼자서도 잘 할 수 있는 연습이 필요 할 것 같다. 절대 떨어지지 말고 천년만년 살자고 맹세했던 부부라 할지라도 언젠가는 혼자 남게 될 것이고, 나도 언젠가는 그런 날이 올 것이다. 그러니 미리미리 혼자 남은 것에 익숙할 수 있도록 연습을 해야 할 것이라는 생각을 한다.

오늘 하루 혼자 걸어 나가서 버스를 타고 음식점에서 밥도 사 먹고 쇼핑도 하고 영화도 보았으니, 혼자서도 잘 할 수 있는 기초 공사를 해 둔 것 같아 마음이 흐뭇했다.

(2016. 6. 19.)

나를 지켜주는 여인

그녀는 장정 한사람이 낑낑대며 들어야 할 만큼의 무게가 나가는 묵직한 여인이다.

그녀는 40여년의 세월이 흘러도 화내는 일도 없이 변함없는 미소를 지니고 있다.
그녀는 언제나 그 자리에 그대로 한 결 같이 나를 지켜주고 있는 여인이다.

내 작업실 한 쪽에 있는 장식장 위에 묵묵히 자리를 차지하고, 비가 오나 눈이오나, 더울 때나 추울 때나, 내 곁을 떠나지 않고 나를 지켜주는 그녀가 나는 좋다. 이러한 그녀를 내 곁에 둔지도 어언 40여년의 세월이 훌쩍 넘었다.

대학교 4학년 여름방학 때 희망자에 한하여 조소과목특강이 있었다. 학구열과 창작열에 불타던 그 시절 한 달 남짓한 방학에 있었던 특강은 나에게는 단비였다. 특히 전공이 한국화인 나에게 흙을 가지고 하는 작업은 새로운 의욕을 갖기에 충분 했었다.

정해진 시간에만 할 수 있는 모델과의 수업은 짧게만 느껴졌다. 대부분의 시간을 모델이 없는 상태에서 작업을 해야 했다. 밤새워 만들어 놓은 작품이 다음 날 모델을 보면 너무 틀려 완전히 뭉개 버리기 일쑤였다. 그래도 처음부터 또 다시 만들고, 부수고 또 다시 만들기를 여러 차례 반복해야 만하는 작업은 오히려 커다란 즐거움이었다.

그러다 보니 하숙집 담을 넘는 것은 다반사茶飯事였다. 그리고 날밤을 세우는 일은 너무 익숙한 일이 되어 버렸다.

이렇게 하여 어렵게 흙으로 만든 작품이 완성되었다. 다음으로는 그 흙으로 만든 작품에 석고로 형을 뜨는 일이 남았다. 그래도 석고형 뜨기는 흙으로 만드는 작업에 비하면 누워서 떡 먹기 만큼 수월한 일이었다. 흙으로 만든 작품에 흙을 긁어 낼 곳을 미리 필름조각으로 표시를 해 놓고, 석고 가루에 물을 부어 석고 반죽을 만들고, 그 반죽을 골고루 흙 작품 표면에 바른다. 석고가 완전히 굳기를 기다렸다가 필름조각을 빼내고, 그 곳으로 흙을 모두 긁어낸다. 그리고 안쪽에 비눗물을 골고루 발라준다. 이번에는 석고 반죽에 동아줄을 만들 때 쓰는 실을 섞어서 비눗물을 바른 곳에 두툼하게 바르고 마르기를 기다린다. 다 마르고 나면 겉에 있는 석고형을 나무망치를 이용하여 깨트린다. 그러면 흙으로 만든 것과 똑같은 모양의 석고상이 나타난다. 이때 잘못하여 힘을 너무 주어서 깨트리면 안에 있는 석고상이 깨지기 일쑤이고, 또 비눗물이 고르게 발라지지 않으면 겉과 속이 한 살이 되어 힘들게 만든 작품을 버리기 십상이다.

그러면 처음 흙으로 만드는 작업부터 다시 해야 된다. 그러나 다행스럽게도 내가 만든 그 여인은 고운 자태로 내 앞에 나타나 주었다. 콧날이 우뚝하고 풍만한 가슴을 갖고 있는 당당한 모습의 흉상으로……

이렇게 태어난 그녀는 내가 대학을 졸업하고 병아리 교사 시절 나에게 큰 용기를 주었다. 졸업 후 처음으로 집을 떠나, 낯선 환경에서 아이들을 가르치는 일로 힘들어 하다가도, 주말에 집에 오면 변함없는 모습으로 있는 그녀를 보면서 그것을 만들 때의 일을 회상하곤 했다. 어렵게 작업하여 만들어진 이 작품은 어떤 어려움도 이겨 내게 하는 마력魔力을 가지고 있다.

그리고 막 결혼하여 방 두 칸짜리 전셋집에서 신혼살림을 차렸을 때에도 변함없이 내 곁에 있어 주었다. 그 후 수없이 많은 이사를 다녔는데 그때마다 그녀는 이삿짐 중에서도 가장 상석을 차지하고 나를 따라다녔다. 자주 이사 다녀서 귀찮다는 불평한마디 없이.

그리고 집이 너무 좁아서 구석진 곳에 먼지를 잔뜩 뒤집어쓰고 누구한 사람 보아 주는 이가 없어도 미소를 잃지 않고 있었다.

그러다가 결혼 몇 년 후 처음으로 마련한 내 집에서는 당당하게 거실 중앙에 떡 하니 자리를 잡고 온 집안을 다 감싸 안 듯 포근한 미소를 보내기도 했었다.

이제는 나도 나이가 들어 사회생활을 접고 교외 한적한 곳에 작업실이 딸린 내 집을 갖게 되었다. 이층 작업실 문을 열면 처음 눈에 띄는 것이 그녀다. 그녀는 예나 지금이나 똑같은 모습으로 나를 보며 그윽한 미소를 보낸다. 모든 것이 흥이 나질 않고 귀찮아 지려고 할 때마다 '그러지마! 나를 만들 때를 생각해봐.'하는 듯이 나에게 말을 걸어오곤 한다. 그녀의 그 한마디가 나의 모든 뼈마디마디에 새로운 힘을 솟아나게 하고 나른해진 신경 줄을 팽팽하게 당겨준다. 그러면 다시 마음을 잡고 그간 내 팽개치다시피 놓았던 화구를 정리한다. 물통에 깨끗한 물을 받고 접시에 새로운 물감을 짜놓는다. 그리곤 방안 가득 먹 향을 풍기며 벼루에 천천히 먹을 간다.

이어서 새로운 종이에 그동안 미루고 미루었던 나의 이야기를 펴 놓기 시작한다.

아마도 그녀는 언제나 내 곁에서 나를 지켜주며 나에게 용기를 주고, 혹여 내가 세상에 없어 질 때도 남아서 모든 사람들에게 나를 기억하게 해줄 것이다.

말없이 나를 지켜주는 그녀가 곁에 있어 나는 참 행복하다.

(2014. 4. 23.)

나 어떻게 해

오늘 아침 날씨가 차다는 말에 문득
'월요일인데 지은이가 출근하려면 춥겠네~'라는 생각이 들었다.

지난 토요일 베트남 하노이에 잘 도착했다는 카카오 톡도 보았고, 또 인 스타 그램에 올라온 사진들도 보았는데….

그러다가 또 시계를 보며 오전 9시가 되니 마음속으로 '전화 올 때가 넘었는데, 오늘 출근이 늦었나.' 했다.

큰일이다. 알면서도 문득 문득 생각이 나니….

창가에 앉아 멀리 고속도로에 차들이 부산하게 달리는 것을 바라보며 '이 땅에 우리 둘만 있구나!'하는 생각이 들며 허전했다.

이제부터 진짜 씩씩하게 지내는 연습을 해야겠다는 생각이 들었다. 며칠 전 핀란드에 보낼 짐 들을 모두 배편으로 부치고 그간 살았던 아파트도 다른 사람이 들와와 살게 되었다. 혼자 남아 몇 달을 지내다가, 오는 9월 3일이면 남편과 아이들이 있는 핀란드로 아주 갈 계획이다.

10여 년 전 아들 내외가 무작정 '에딘버러'로 유학을 떠날 때보다는 여러 가지로 좋은 조건으로 가는 것이다. 사위가 먼저 아이 셋을 데리고 핀란드 제2의 도시인 '에스뽀'라는 도시에 자리를 잡아 취직도 했다. 그리고 큰 아이들 둘은 그곳 초등학교에 잘 다니고 있고, 셋째 막내는 어린이집에서 재미있게 친구들과 어울리며 지내고 있다. 그렇게 그곳에 정착한지 일 년이 지난 뒤에 가게 되었으니 큰 어려움이 없으리란 것을 알면서도 문득 문득 '어떻게 하지? 지은이가 가고 나면 외롭고 허전해서.'하는 생각을 하며 혼자 힘들어 하는 내 모습을 보곤 한다.

아들내외가 무모 하리 만큼 용감하게 그곳으로 유학을 간다고 할 땐 나도 직장 생활로 바빠서 그랬는지 아들 내외가 곁에 없다고 해서 허전하거나 쓸쓸하다는 생각 없이 잘 지내 왔었다. 물론 딸이 가까이 있어서 그랬는지도 모르겠다.

그렇게 우리 내외에게 큰 위로가 되어 주고 버팀 목이 되어 주었던 딸인데….

그래도 한편으로 생각하면 부모가 곁에 있어도 본인이 건사해야 되는 자식들을 멀리 떼어 놓고 지낸다는 것이 얼마나 힘든 일일까 하는 마음도 모르는 바는 아니다. 평소에 녀석은 '식구란 한 지붕 아래 살아야 되는 것'이라며 직장 생활을 하면서도 아이 셋을 한 번도 떼어 놓고 살지 않았었다. 그런 아이들과 일 년 넘게 떨어져 살고 있으니 어미 된 마음이 오죽 할까!

보송보송한 피부에 아직도 어린 아이 같았던 큰 손자 가온이는 벌써 얼굴에 여드름이 나기 시작했고, 아무 짬도 모르고 그곳에 눈이 많이 온

다니 눈사람을 만들면 좋겠다며 떠난 막내 손녀 루나는 벌써 아랫니가 둘씩이나 빠졌다고 한다.

가끔 '아이들을 직접 안아 줄 수 없어서 그것이 제일 서운하다'고 했었다. 그 한마디가 얼마나 절절한지….

아무도 없이 부모님 둘만 지내야 하는 것이 마음에 걸리는지 지난 설에도 며칠 묵고 갔었는데, 이틀 뒤 주말에 다시 내려와 하룻밤을 같이 지내고 올라갔다. 그렇게 전주에 내려 올 일이 앞으로 얼마나 남았을까.

매일 아침 출근하면서 전화를 걸었다. '엄마~'하며 한 톤 높은 소리로 전 날에 있었던 일을 시시콜콜 마치 한집에 살면서 눈으로 보는 듯 이야기 해 주곤 했었는데…. 전화로 소식을 전해 주던 세월이 자그마치 십년도 더 넘었다. 처음 직장에 다니고 휴대폰이 생기면서부터 시작 했었으니까.

그런 딸이 평소 해외 출장이 잦아 외국에 나갈 때 소식을 알 수 없으면 궁금해 했었다. 출장이니 길어야 일주일 또는 열흘 정도인데도, 이제 몇 달 후면 아예 핀란드에 가서 살게 되었으니 그 허전함을 어떻게 견딜지 벌써 걱정이 앞선다.

그래도 다행인 것은 요즈음 인터넷의 발달로 세계 어느 나라, 어느 곳에 있든지 얼굴을 보며 서로 소식을 주고 받을 수 있으니 그나마 위로가 된다.

또 교통이 발달되어 마음만 먹으면 아무리 먼 곳이라도 다녀 올 수가 있으니 얼마나 좋은가.

하지만 진주에서 서울에 가듯이 훌쩍 다녀 올 수도 없고, 우리내외가 항상 지금의 나이에 머물러 있는 것도 아니니, 차츰 먼 거리 비행도 어려울 텐데….

어른들이 '세월이 약이다.'라는 말씀을 하시듯 지난 해 외손자들이 훌쩍 핀란드로 갔을 땐 보고 싶은 마음에 견디기 가 무척 힘이 들었다, 그럼에도 시간이 지나고 나니 차츰 떨어져 사는 것에 익숙해지고 화상 통화로 서운함을 달래며 지낼 수 있게 되었다.

아마 딸이 핀란드에 갈 때도 견디기 어려울 만큼 힘들겠지만 시간이 지나다 보면 또 견디며 살아 갈 수 있으리라.

자식들 대신 든든하게 내 곁을 지켜 주는 남편이 있으니, 둘이 살며 서로의 건강을 챙겨주고 믿고 의지하며 건강하게 지내야겠다.

또한 나이 들어가면서 친구가 재산이라고 하니, 그 재산들도 잘 챙기며 외롭지 않은 노년을 보내리라 마음먹는다.

(2019. 2. 19.)

아침 8시

"관광버스가 아침 8시에 출발한데, 그러니 서둘러야 되요…."

며칠 전 함평 용천 사에 상사화를 구경하러 가자며 약속을 했었다.

당일 관광이지만 미리미리 다음 날 입고 나갈 옷이며 가방, 그리고 약간의 간식거리를 챙겼다. 아침 일찍 일어나 다른 날보다 이른 아침을 먹고 부랴부랴 나갈 채비를 했다. 늦어도 7시 반에는 집에서 나가야 버스 시간에 댈 수가 있다.

너무 이른 시간이라 정신이 없다. 불과 몇 년 전만 해도 이 시간이면 이미 출근해서 아이들 맞을 준비를 하는 시간이었는데…. 몇 년 사이에 이렇게 허둥대는 내 모습이 참 우습다. 예전에 나는 아직도 밖이 캄캄할 때 일어나 도시락을 무려 너 댓개씩이나 싸느라 분주 했었고, 아침 밥상을 차려 온 식구들을 깨워 식탁으로 불러냈었다. 남편도 아이들도 잠에서 한참 헤매고 있을 시간인데 그 시간에 아침을 먹어야 했었다.

큰 아이는 조능학교에 갓 입학하여 아직도 학교를 낯설어 하고 있었는데 녀석을 이른 시간에 학교에 바래다주며 잠겨있는 교실 문의 열쇠를 교무실에 가서 가지고 와 열어주곤 했다. 그러면 녀석은 아무도 없는 텅 빈 교실에 덩그러니 혼자 앉아 가방을 여는 모습을 보고 나는 정신없이 스쿨버스를 타러 뛰어가곤 했다. 그 시간에 아직 집에 남아 있는 남편은 작은 아이를 챙겨 어린이 집에 데려다 주고 출근을 했다. 이렇게 아침 8시쯤이면 나의 출근 전쟁이 얼추 막을 내리고 조금은 느긋한 마음으로 교실에서 막 교실 문을 열고 들어오는 아이들에게 반가운 인사를 나누기 시작하는 시간이었는데….

약속된 장소에 10분 일찍 도착해서 빨리 왔다 생각했는데 대부분의 사람들이 이미 버스에 앉아 있었다. 그들도 젊은 시절에는 나와 똑같은 출근 전쟁을 치르고 살았을 것이다.

버스는 약속시간에 맞춰 목적지를 향해 출발했다. 고속도로를 한참 달리다 휴게소에서 내려 커피한잔을 시켰는데 마침 딸아이가 전화를 했다. "대단하십니다. 이 시간에 ㅇㅇ휴게소에 오고…." "그러게, 옛날에는 어떻게 이 시간에 출근 했는지 모르겠다." 커피를 만들고 있던 직원이 이 소리를 듣고는 빙그레 웃는다. 그이도 아마 같은 생각을 하는 모양이다.

아침 8시쯤이면 출근하는 사람 대부분은 이미 직장에 도착했거나 길위에서 아니면 자동차나 전철, 또는 버스 속에 있을 것이다. 그 시간에 출근하기 위해 얼마나 빨리 잠자리에서 일어났을까.

요즈음 나의 아침 8시는 참 한가하다. 아침산책에서 막 돌아와 밭에 나가 채소를 뜯거나 화단에 물을 주거나 아니면 잔디밭에 있는 잡초를 뽑을 시간이다. 그리고 한참 여기저기 둘러보고 막 집안으로 들어가 솥에 아침 밥 할 쌀을 안치는 시간이다. 때론 그 시간에 아직도 밭에 쭈그리고 앉아 있을 때도 있다. 그러다가 가끔씩 오늘 같은 약속이 있으면 며칠 전부터 긴장이 된다. 행여 늦잠을 자면 어떻게 하나. 약속장소에 늦게 나가면 어쩌지? 아침밥을 먹지 못하고 나가면? 등등 쓸데없는 걱정이 물밀 듯이 밀려오곤 한다.

일을 그만둔 뒤에도 한 동안은 나의 아침 8시는 괜히 부산 했다. 이러다 출근이 늦으면 어떻게 하지? 내가 이 시간에 집에 있어도 되나? 등등. 여유 있는 아침이 나에게 주어졌지만 그것들은 내 것이 아닌 것으로 생각하며 지냈다. 그러다가 언제부터인지 여유 있는 아침을 즐기는 나를 발견한 것이다.

이제는 객관적인 시각으로 다른 이들의 바쁜 일상을 지켜볼 수가 있게 되었다. 그리고 이런 시간이 나에게 주어진 것에 대해 한없는 고마움을 느낀다. 또한 이런 시간을 즐길 수 있는 건강이 나에게 있음에 감사한다. 아침에 같이 눈 떠서 여유 있는 시간을 같이 지내 줄 사람이 곁에 있음도 한없이 감사 할 따름이다.

오늘은 부산을 떨며 아침 8시를 맞이했지만 내일은 나에게 또 다시 한가한 아침 8시가 되겠지.

(2013. 9. 29.)

혼자 걷는 것

'휴~ 다행이다.'
어제 일기예보에 오늘 오후부터 내일 오전까지
제법 많은 비가 내리겠다고 했다.

아침에 일어나 보니 해가 살포시 나와 있다. 이런 날 무슨 비가 올까? 하면서도 혹시나 하는 마음으로 가방에 우산을 챙겨서 나왔다.

매주 수요일 맛있는 점심을 먹으러 수업시간에 나온다는 어느 문우님 말마따나 참으로 맛깔나고 소박하여, 마치 집에서 어머니가 직접 해주시는 밥처럼 온기가 넘치는 밥을 푸짐하게 먹고 나왔다.

일주일에 한 번씩 만나는데도 헤어질 때는 섭섭함에 차마 발길이 떨어지지 않는 듯 뒤돌아보고 또 돌아보며 정다운 인사를 나누고 돌아 서서 막 혼자 걷기 시작했다. 바로 그때 후드득 빗방울이 내 어깨를 두드렸다. 걸어가던 사람들이 당황한 듯 뛰어가기도 하고, 주변 상점 앞으로 가서 잠시 서 있는 모습을 보며 나는 자랑스럽게 우산을 펴서 손에 들고 당당하게 빗속을 걸었다. 우산 위로 떨어지는 빗방울 소리가 듣기 좋은 노래 같아 신이 났다.

겨우내 눈 같은 눈도 없었고 또 그렇다고 비다운 비가 내린 것도 아니었다. 미세먼지만 가득 쌓인 뿌연 하늘을 보며 답답한 숨을 몰아 쉴 뿐이었다.

봄을 맞아 텃밭에 완두콩을 심으려고 호미로 땅을 톡톡 두드리니 마치 모래를 만지는 듯 스르르 흘러내리며 먼지만 날릴 뿐이었다.

그러더니 신통하게 일기예보에서 말한 대로 오후에 딱 비가 시작되었다.

이런 날 나는 복도 많지, 우산을 받고 한적한 천변을 혼자 걸을 수 있는 행운을 누리다니.

아주 오래 전에 '류마티스 관절염'이란 병을 얻었다. 열심히 진료하던 의사 선생님이 마지막으로 내린 처방은 '살이 찌지 않도록 먹는 것을 조심하고, 열심히 걸어야 된다.'라고 했다. 그때부터 나의 혼자 걷기가 시작 되었다.

걸을 때마다 나의 길동무가 되어 준 것은 라디오와 귀에 꽂는 이어폰이었다. 귓속을 통해 들려오는 클래식 음악은 나에게 큰 위안이 되었다. 그렇게 걷는 것은 언제 어디서나 계속 되었다. 외국에 여행을 갈 때도 이른 아침에 잠깐이라도 꼭 걸었다.

음악을 들으면서 걷다 보니 주변에 눈길을 줄 틈이 없었다. 이어 폰을 빼고 보니 주변의 모든 것들이 내 품으로 들어오고 있음을 느꼈다. 혼자 걸으면서 듣는 자동차 경적소리마저 내가 그곳에 있음을 실감나게 했다. 세상의 소리는 내가 건강하게 살아 있다는 것을 느끼게 해주는 힘이었다.

특히 천변을 혼자 걸을 때 지나가는 사람들의 말소리, 흐르는 물소리, 온갖 풀꽃들의 재잘거림, 머리 위를 나르는 새들의 날개 짓 하는 소리, 이 모든 것들이 아름다운 세상의 소리이고 내 본래 모습을 볼 수 있게 해 주었다.

때로는 도심을 혼자 걸을 때도 있다. 사람들 틈에 끼어 바쁘게 걷고 있으면 나도 그들처럼 젊은 시절이 있었다는 것을 새삼 느끼며 그 시절로 돌아 간 냥 즐겁다.

비가 더 세차게 내렸다. 천변에 띄엄띄엄 걷던 사람들도 모두 어디 간 것일까, 나 혼자 천변을 다 차지하고 우산을 뱅글뱅글 돌리며 즐겁게 걸었다. 어느새 쑥이 새끼손가락만큼 올라 와 있다. 냉이는 이제 할 일을 다 하고 다음을 준비하는 듯 머리에 하얀 화관을 얹고 목을 기다랗게 빼고 먼 곳을 바라 보고 있다. 흐르는 물소리가 세차게 내리는 빗소리에 맞춰 웅장한 관현악 연주인 듯 멋진 소리를 내며 흐르고 흘러가고 있다. 마치 온갖 부정과 부패 억울함 등을 내가 모두 가지고 가겠다는 듯이 흘러 내려갔다.

이제 사람 사는 세상으로 나아가 듯 천변 계단을 밟고 물소리를 내 뒤통수에 묶어 놓은 채 올라갔다.

늘 사람들로 붐비는 시내버스 정류장에 도착했다. 버스를 타고 한참을 가다 내리니 그곳에도 내 발자국을 기다리는 반가운 길이 기다리고 있다.

십년 넘게 걷는 이 길, 얼마 전까지 새까만 지붕을 뒤집어 쓴 채 인삼을 키워 내던 인삼 밭은 어느새 초록이 짙은 대파 모종이 심어져 있다. 지난겨울까지 도라지를 품고 있던 밭은 하얀 냉이 꽃 천지가 되어있다. 그것들 모두에게 고개를 돌리며 일일이 눈인사를 하고 지나다 보면 어느새 주인의 발자국 소리를 알아 챈 듯 멀리서 '멍 멍' 우리 집 개 짖는 소리가 나를 반기며 기다리고 있다.

사람살이도 결국은 혼자 걷는 것이 아닐까! 걷는 동안 많은 사람과 부대끼고 또 돌 뿌리에 채어 넘어지기도 하고, 때론 예쁜 꽃들을 보고 좋아하면서 이 아름다운 세상을 사랑하며 살아가리라 마음먹는다.

(2019. 3. 21.)

그림을 그리며

이번 전시에는 100호 크기의 그림을 내는 것으로 결정했다.

그동안의 전시는 거의 50호에 소품을 한 점씩 냈었는데 뭔가 새로운 것을 보여주어야겠다는 회원들의 의견이 모아 진 것이다.

머릿속으로 밑그림을 그리고 이내 붓을 잡고 그리기 시작했다. 하늘 높이 쭉쭉 곧게 뻗은 소나무를 그릴 예정이다. 낮 기온이 연일 30℃를 넘어 최고 기온을 갈아치우고 있다. 20여 그루가 넘는 소나무를 초벌 그리기를 하고 붓질을 수십 번씩하며 그리기에 매달리다 보면 한 낮 기온 30℃정도의 더위쯤은 가벼이 넘길 수가 있다. 힘에 부쳐 잠시 붓을 놓고 쉬고 있으려니 오래 전 일이 새삼스럽게 떠오른다. 대학 졸업 후 곧바로 교직에 들어와 아이들을 가르치고 또 결혼하여 내 아이를 키우느라 그림을 그리지 못하고 늘 숙제를 미루고 있는 학생처럼 불안한 마음으로 지내고 있었다.

그러다가 우연한 기회에 대학 동창인 ㄱ의 개인전을 보러 갔다가

ㄱ을 만난 것이다. 그는 나를 보더니 죽었던 사람이 살아 돌아온 듯이 깜짝 반겼다. 그러면서 대뜸 내년에 개인전을 준비하라는 것이다. 할 수 없다, 못한다며 수차례 거절 했지만 대학 때 유달리 친하게 지냈던 그는 끝까지 고집을 꺾지 않고 개인전 날짜와 장소를 예약 해 버렸다. 물론 그 사이 그림에 대한 미련을 버리지 못하고 남 몰래 미술학원에 다니면서 기초부터 차근차근 다시 배우고 있는 상태였다. 그 뒤로 부터 일 년 간 정말 많은 노력을 했다. 개인전에 내 놓을 소나무 그림을 위해서 고창에 있는 동호해수욕장에 수십 차례 다녀오기도 했고, 소금을 뿌린 듯 피어있는 메밀꽃을 그리기 위하여 산자락에 메밀밭이 있는 곳은 여기저기 뒤지며 다니기 수십 차례, 또 ㄱ은 자주 내 작업실에 들려 격려 해주기도 여려 차례, 일 년 간 50여점이 넘는 크고 작은 작품을 놓고 ㄱ과 나는 좋은 작품을 골라 전시 팜플릿을 만들고 액자를 끼워 완성을 했다. 드디어 전시가 열리는 날 많은 대학 동창들이 축하해주고 신문과 방송에서도 크게 보도를 해주었다. 20여년이 넘는 세월을 묻혀 살다 과감하게 세상에 나온 작가이니 왜 아니겠는가!

이렇게 다시 시작한 그림 그리기 작업도 어언 십 수 년이 되어간다. 대학 때 과감했던 필체를 찾기가 여간 힘들지 않았다. 수많은 시행착오와 좌절을 겪으면서도 희망을 잃지 않고 작업을 계속했다. 이제 겨우 한창 열정적이던 시절의 필채가 조금씩 보이기 시작했다.

쭉쭉 뻗은 소나무 한그루 한그루에 수십 차례, 아니 수백 차례의 붓질로 내가 생각한 소나무가 화면에 나타나는 순간이 그렇게 행복 할 수 기 없다. 밖에 날씨가 너워서 온 세상이 다 녹아내릴 것 같아도 내 손끝에서 태어나는 소나무를 보면 시원한 청량음료를 마신 듯했다. 몸이 피곤하여 이층 작업실에 오르는 계단이 힘들어도 손에 붓만 잡으면 언제 그랬냐는 듯이 새로운 힘이 솟구친다. 누군가 예술은 마치 마약과도 같다고 했다는데, 하지 않고는 견딜 수 없는 무엇인가가 오늘도 이층 작업실로 나를 이끈다. 한평생을 살아가면서 어찌 좋아하는 일만 하고 살 수가 있겠는가, 때론 좋아하는 일보다는 마지못해 해야 되는 일이 더 많다. 그러나 아직도 나에게는 좋아하는 일을 해낼 수 있는 건강과 약간의 재주와 노력이 남아 있음에 감사한다. 오늘도 낮 최고 기온이 34℃가 넘는단다. 그러나 나에게 주어진 이 행복한 시간을 더위 때문에 그만들 수가 있겠는가. 내 가슴과 손끝에서 나를 만나러 오는 나의 분신들을 위해 오늘도, 내일도, 아니 아직 남아있는 모든 시간들을 쓸 것이다. 그래서 오랜 세월이 흐른 뒤 지나온 시간을 되돌아볼 때 절대 후회하는 일을 만들지 않도록 열심히 노력하며 살아가야겠다.

(2013. 6. 30.)

하루, 짧은 것 같은 긴 시간

남편은 이른 아침에 모임에서 야유회를 간다면서 나갔다.

커다란 집에 덩그러니 나 혼자 남은 것이다. 아침을 먹으려니 혼자라서 싫다. 대충 아침을 때우고 밭으로 나갈 채비를 했다. 뜨거운 햇볕을 가리기 위해 모자를 쓰고 행여 벌레에 물릴까 장화에 장갑까지 챙겼다. 기다란 호스를 수도꼭지에 연결하고 그것을 끌고 텃밭으로 나갔다. 뜨거운 햇살아래 작물이 모두 목마름을 호소한다. 먼저 야 콘을 심은 밭에 물을 주기 시작했다. 어느 핸가 우연히 알게 되어 심은 것인데 늦가을쯤에 캐보니 마치 고구마처럼 생긴 것이 주렁주렁 달려 나오는 모습이 무척 신기했었다. 당분이 많고 아삭거리는 것이 참 맛있었다. 또 당뇨에도 아주 좋단다. 그리곤 바로 위 쪽 밭에 심은 콜라 비에게 물을 주었다. 이것 역시 작년에 처음 심어 보았는데 신기하게도 뿌리 바로 위 가지가 두툼하게 부풀어 오르며 둥근 무처럼 커졌다. 무와 양배추를 결합시켜 만든 채소란다. 주먹만큼 큰 놈을 따서 깍두기를 담으니 무 깍

두기와는 또 다른 맛이 있다. 그래서 올해도 기대를 하고 심었는데 처음 심은 것은 좋지 않은 날씨 탓에 여물지도 않은 것이 꽃을 피워서 못쓰게 되었다. 그래서 모두 뽑아 버리고 다시 심은 것이다. 물을 주며 자세히 보니 이번에는 제대로 심은 것 같아 마음이 놓인다. 풍족하게 물기를 먹은 콜라비가 나에게 감사하다고 인사하는 양 점점 실하게 부풀어 오르고 있는 것 같았다. 무거운 호스를 낑낑대며 끌고 올라와 땅콩 밭에 물을 주기 시작했다. 이 녀석들은 모양도 예쁘고 노랗게 피는 꽃도 보기에 좋다. 그리고 가을에 뿌리에 주렁주렁 달린 땅콩을 보면 절로 흥이 난다. 이렇게 목마름을 호소하는 녀석들에게 골고루 빠짐없이 물을 주고 호미를 들었다. 도라지 밭에 있는 잡초를 뽑기 시작했다. 어느새 해는 머리 꼭대기에 앉아있다. 얼굴이 달아오르고 등에서는 땀이 줄줄 흐른다. 잡초는 거름을 주지 않아도, 모든 사람들이 싫어해도, 꿋꿋이 자란다. 이 녀석들은 가뭄도 아랑곳하지 않는다. 그러다가 비라도 오게 되면 어떤 작물보다 더 푸르고 싱싱하게 크는 녀석들이다. 있는 힘껏 호미질을 하니 팔목도 어깨도 아프다. 다 된 것 같아 일어서려고 하면 또 다른 곳에 풀이 보이고 또 일어서려면 또 다른 곳에서 나를 부른다. 이렇게 한참을 풀을 메고 수돗가에서 대충 땀을 훔치고 일어났다. 속옷이며 겉옷이 온통 땀으로 범벅이 되었다. 빨리 들어가 샤워를 해야지 생각하고 호미를 제 자리에 놓고 장갑을 막 벗으면서 주변을 둘러보니 밖에 내 놓은 문주란 화분에 잡초가 한 가득이다. 다시 호미를 들고 화분에 있는 풀을 메 주었다. 눈 딱 감고 집안에 들어와 시원하게 샤워를 하고 나오니 점심시간이 되려면 아직도 멀었다. 내 딴에는 혼자 참 오랜 시간 일을 했는데 두어 시간밖에 지나지 않은 것이다. 왜 이리도 시간이 가지 않고 지루한지, 위 층 아래층으로 오르락내리락, 창문도 열고, 창틀의 먼지도 닦아 보고, 비와 걸레를 들고 청소도 했다. 동네는 가끔씩 개 짖는 소리밖엔 아무소리도 들리지 않는다. 다른 때는 과수원 아저씨, 이웃집 김씨 아저씨내외, 건너편 법무사내외가 나와 여기저기에서 일하느라 제법 시끌벅적 했는데….

책도 보고 라디오도 켰다 껐다, TV도 보고…. 이제 겨우 점심때가 되었다. 또 혼자 점심을 먹으려니 영 생각이 없다. 대충 건너뛰었다.

다시 마당에 나갔다. 연못도 들여다보고 화단도 보고 괜히 이리저리 왔다 갔다 하면서 우리 집 수문장 '복순이'에게 말도 걸어보았다. 녀석은 내말을 알아듣는 양 꼬리를 사정없이 흔들어댄다. 친구에게 전화하니 신호만 가고 받질 않는다. '도대체 다들 어디를 간 거야….' 혼잣말로 중얼거린다. 다시 들어와 손톱도 깎고 현관에 있는 신발도 정리해보고…. '그는 왜 전화 한 통도 없는 거야!' 속으로 괜히 부아가 치밀어 오른다.

언제나 같이 했던 남편이 나가고 혼자 집에 있으니 말벗이 그립다. 사람은 어차피 혼자인데 평소에는 혼자서도 잘 할 수 있다고 큰소리 꽤나 쳤었다. 단 하루인데도 혼자 있는 시간이 이렇게 지루하니 혹여 나중에 정말 혼자가 된다면 어떻게 할까, 생각하니 큰일이다. 정말 혼자가 되면 그때는 하루가 아니고 몇 날 아니 몇 년이 될지도 모르는데….

늘 곁에 있어 소중함을 모르고 당연히 같이 있는 사람으로 생각했던 내가 얼마나 오만한지, 하루를 지내면서 참 많은 생각을 했었다. 얼마나 많은 시간을 같이 할지 모르지만 정말 서로 소중하게 생각하고 많이 사랑하며 살아야겠다. 맛있는 술안주를 준비해서 평소에 술을 좋아하는 남편에게 한 잔 건네야겠다.

(2013. 6. 6.)

그 시절을 추억하며

까마득한 어린 시절이 생각났다.

오늘 동창모임이 있어 오게 된 'ㅈ회관'이 있는 이 골목이 내 어린 시절 우리 동네에서 아주 유명한 골목이었는데….

골목 끄트머리 사거리에 그 당시 가장 용하다는 'ㅂ소아과'가 있었다. 그 병원은 지금으로 말하자면 SNS에서 떠들썩하게 소문이 난 'ㅇㅇ맛 집'처럼 너무 유명해서 언제나 아이를 업은 엄마들이 늘 북적대곤 했었다. 마침 그때 화폐개혁이 있었는데 그 집에는 돈이 얼마나 많이 있었는지 가마니에 담아 가지고 가서 돈을 바꿨다는 둥, 미처 바꾸지 못한 돈이 땅 속에 묻혀 있었다는 둥, 참 소문이 무성했었다. 그 소아과 집 딸과는 초등학교 동기인데 감히 얼굴 한번 제대로 처다 볼 수 없는 부잣집 딸이었다. 물론 그녀의 소식을 들을 기회는 전혀 없었다.

한 15~6년 전 한참 남편과 둘이 골프를 치러 다닐 때 나이 많은 할머니 한 분이 꼭 혼자 골프를 하러 오시는 것이었다. 우연히 그 분과 셋이 공을 치게 되었다. 폼은 영 엉성했지만 샷도 정확하고 장타도 잘 날렸었다. 나중에 들은 이야기이지만 그 소아과 집 안주인이라고 했다. 그 뒤로도 여러 차례 그 분과 한 팀이 되어 공을 치기도 했었다. 마음속으로야 무척 반가 왔지만 어린 시절 이야기를 꺼내질 않았다. 곧 죽어도 자존심은 있어서 못 살았던 시절 감히 바라보지도 못했던 부잣집 안방 마님에게 가난한 내 어린 시절을 들키기 싫어서….

그 골목 중간쯤에는 'ㅈ목욕탕'이 있었다. 아쉽게도 지금은 없어지고 그 자리에 'ㅇㅇ패션'이라는 세련되고 비싸 보이는 옷 가게가 자리를 잡았다. 그 시절에는 지금처럼 집에서 날마다 목욕을 하는 집은 거의 없었다. 어쩌다 한번 목욕탕에 가려면 날이 채 밝기도 전 어두컴컴한 새벽에 집을 나서 목욕탕에 가곤 했다. 그래야 물이 깨끗했으니까. 조금 늦게 가면 탕 속에 때가 둥둥 떠 다녔었다. 그러면 주인이 뜰채를 들고 와서 물속에 떠다니는 때를 걷어 내곤 했었는데, 지금은 감히 상상 할 수도 없는 일이지만.

그 목욕탕에서 조금 만 걸어가면 유명한 'ㅅ다방'이 있었다. 그 다방은 목욕탕이나 소아과보단 훨씬 뒤에 생겼던 것 같다. 그곳은 그 당시 주먹깨나 쓰던 사람들이 모이는 장소이기도 했었다. 또한 젊은이들의 meeting장소로도 많이 찾았던 곳이었다. 이 다방도 지금은 없어지고 내 추억 속에만 자리 잡고 있는 곳이 되었다.

그리고 오늘 동창 모임이 있어 오게 된 'ㅈ회관'은 그때도 비빔밥으로 아주 유명한 곳이었다. 내 기억에 그 시절에는 지금보다 더 규모가 컸었던 것 같다. 아마도 어린 아이의 눈으로 보아서 일까?

그때 식구들끼리 외식을 한다는 것은 지금처럼 흔한 일은 아니었다. 관청에 다니는 사람들에게 접대 할 일이 있거나, 사업하는 사람들, 아니면 부유하게 사는 사람들이나 드나들었던 곳이었다. 그러니 청빈하게 사시는 부모님 아래서 어린 시절을 보낸 나에게는 특별하게 기억되는 일이 없다. 단지 그 골목이 우리 집 근처에 있었기에 자주 지나다니는 곳이었을 뿐이었다.

우리 집이 있었던 바로 위에 있는 골목이기에, 또 오랜만에 이곳에 오게 되니 새삼스럽게 어린 시절이 떠올랐다.

그때 우리 집은 제법 큰길가에 있었는데 그 길이 비포장도로 여서 여름에 차가 지나가면 뿌옇게 흙먼지를 일으키기도 했었다. 그리고 우리 집과 담을 같이 쓰는 곳에 '경찰학교'가 있어서 순경들이 보초를 서곤 했었다. 그러니 우리 집은 철통 보호를 받고 있는 셈이었다. 그럼에도 종종 좀도둑이 들어서 빨랫줄에 깨끗하게 빨아 널어놓은 옷가지들이 없어지곤 했었다. 또한 허술한 대문 덕분에 가끔 장독대에 있는 항아리에서 고추장이나 된장을 퍼가는 도둑도 있었다. 때로는 경찰관의 손에 잡혀 가져갔던 물건을 도로 가지고 오는 수도 종종 있었다. 그때는 누구나 할 것 없이 가난한 시절이었으니까.

내가 어린 시절을 보냈던 우리 집은 지금은 도로계획에 따라 헐리고 대신 왕복 4차선도로가 시원하게 뚫려서 많은 차량들이 지나 다니는 도로가 되어 버렸다. 그나마 다행스럽게 철없이 뛰어 놀았던 골목이 남아 있어 가끔 아련한 그 시절을 떠 올릴 수 있어 좋다.

지금은 도로에 포함되어 없어졌지만 우리 집 바로 옆 골목 입구에 빨간 벽돌집이 있었다. 그 집은 딸 부잣집이었다. 그 중 셋째 딸이 나의 소꿉동무였다. 그녀의 쌍둥이 여동생은 얼굴이 예뻐서 동네의 또래 남자들에게 인기가 최고였었다. 평생을 전도사로 봉사하던 그녀가 올해에는 목사 임직을 받은 열혈 여성이 되었다. 그 집 바로 옆에 구멍가게의 딸도 내 친구였다. 아버지가 노름에 빠져 늘 엄마를 괴롭혔는데 유난히 영특한 그녀였지만 집안 사정이 좋지 못해 중학교에 진학을 하지 못했었다. 지금은 어디에서 살고 있는지 무척 궁금하다. 이사를 자주 다닌 탓에 어렸을 적 친구가 별로 없었는데 그녀들 둘이 나의 소중한 소꿉친구였다.

그 유일하게 남아있는 골목이 바로 오늘 내가 온 'ㅈ회관' 골목이다. 지금이야 '전주비빔밥'을 전문으로 하는 음식점이 많이 생기고 인터넷의 발달과 스마트폰을 많이 사용하는 시대가 되다 보니 맛있는 집은 스마트폰에 사진과 함께 올려 더욱 유명세를 타는 집들이 많아졌다. 그런대도 'ㅈ회관'은 그때나 지금이나 사람들의 입에 많이 오르내리고 있다. 어린 시절을 보냈던 동네에 유명한 음식점이 예전의 모습 그대로 있으니 얼마나 다행인지….

여자 셋이 모이면 남아나는 접시가 없을 만큼 시끄럽고 수다를 떤다는 말은 젊으나 늙으나 매한가지인 모양이다. 15명이나 되는 늙수그레한 여자들이 모였으니….

모임이 끝나고 나오면서 또 다시 어린 시절로 돌아갔다. 우체국 사거리에 '공보관'이란 커다란(?) 건물이 있었다. 이름은 바뀌었지만 지금도 그 건물은 여전히 그 자리에 그대로 있다. 그렇게 크게 보였던 건물이었는데 지금은 초라하기 짝이 없는 건물이 되어 버렸다. 그 당시 '공보관'에서는 유명한 영화들이 비교적 싼 값에 상영이 되곤 했었다. 그래서 주머니가 가벼운 학생들이 많이 드나 들곤 했다.

언젠가는 통도 크게 '연소자 입장불가'라고 쓰여 있는 안내판을 지나 극장에 들어가 영화를 신나게 보고 있는데 그만 훈육주임 선생님에게 들켜 다음날 교무실에 불려갔던 기억이 문득 떠올랐다. 겁을 잔뜩 먹고 선생님 앞에서 '고양이 앞의 쥐' 신세가 되어 고개를 푹 숙이고 있는데 선생님의 너그러운 아량으로 사면이 되었던 적도 있었다. 지금은 그곳에 널찍한 coffee shop이 생겨 그때를 기억하며 몇몇 친구들과 함께 커피를 시켜 먹으며 또 다시 옛 추억을 꺼내들고 하하 호호 웃으며 시간을 보냈다.

아무리 어렵고 힘들어서 내가 가장 불행했었다고 생각하는 시절일지라도 지나간 그 시절은 소중하고도 아름답게 느껴진다. 그리고 그 때를 이야기 할 때는 웃으면서 이야기하게 된다. 그것도 내가 지금 살아있기에 추억할 수 있고 소중하게 생각하고 그리워하는 것이 아닌가 생각한다.

또 힘들고 어려웠던 시절을 보냈기에 지금 이 순간이 고맙고 행복하게 느껴지는 것 아닐까!

항상 더도 말고 덜도 말고 지금처럼만 지낼 수 있기를 나의 신에게 간절한 마음으로 기도하며 감사한 마음으로 살아가고 싶다.

(2016. 6. 30.)

오늘 나는

오늘은 일요일이다.

대부분의 사람들이 느지감치 일어나도 되는 날이다. 그런데 우리 내외는 여느 날 보다 일찍 일어났다. 그리고 다른 때 같으면 일어나서 한 시간 정도는 마당으로 텃밭으로 돌아다니는데 오늘 만큼은 모든 일들을 생략해야 되는 날이다. 나는 곧 바로 부엌으로 들어가 아침밥을 짓는다. 남편은 빠른 걸음으로 닭장으로 또 개집으로 돌아다니며 그들에게 아침을 주고 들어왔다.

누군가 나이 들면 꼭 종교생활을 할 것을 권한다는 이야기를 들은 적이 있다. 그런데 젊어서는 맞벌이를 해야 하기에, 또 주부이자 직장인인 나로서는 일주일에 한번 쉬는 날을 다른 곳에 쓸 여유가 없었다. 남편 역시 황금 같은 일요일에 그간 못했던 취미인 낚시를 해야 되니 그런 생각을 할 새를이 없이 지냈었다. 아니 종교생활을 한다는 것은 우리와는 전혀 상관없는 일들로 생각하며 살아왔다고 하는 것이 옳을 것이다. 오히려 열심히 종교생활을 하는 이들을 이해하지 못하고 지냈었다.

하루 24시간이 모자랄 만큼 이리 뛰고 저리 뛰며 살았던 시기도 지나고, 또 엄마 손이 가지 않으면 큰일 날 것 같았던 우리 아이들도 모두 둥지를 떠나 새로운 둥지를 틀고 살게 되었다. 그리고 나도 나이를 먹으니 다니던 직장을 퇴직하게 되었다. 한동안은 퇴직을 했는지 지금도 직장에 다니는지 모를 만큼 바쁘게 보냈었다. 퇴직하기 전에 하루 종일 남는 시간을 어떻게 보낼까 하는 걱정을 하였던 것을 비웃기라도 하듯이…. 언제까지나 그렇게 바쁘게 생활하며 시간을 보낼 줄 알았다. 그러나 퇴직한 뒤 오랜 세월이 흐르니 뻔질나게 우체통을 두드리던 경조사마저도 거짓말처럼 줄어들었다.

그렇게 한가하게 생활을 하다 보니 출근 할 때처럼 제대로 격식을 갖추어 차려 입고 나갈 일들이 없고, 겨우 시장에 간다거나 친구들 모임에 어쩌다 나가는 일이 전부였다. 자연스럽게 옷차림도 편한 옷을 입게 되고 신발도 걷기 좋은 신발이면 충분했다. 얼굴에는 굳이 화장을 하며 꾸밀 일도 없이 지냈다. 나의 모습은 부스스하게 생긴 것이 초라하기 짝이 없는 모습으로 변해 가는 것이었다. 그러면서 자연스럽게 노후에 정신적 안정을 찾을 수 있는 길을 찾게 되었고 가장 좋은 길이 종교생활이라는 생각을 하게 되었다.

물론 그간 나의 심중에는 확고한 종교관이 있었다. 어느 날 남편에게 내 마음속에 자리하고 있던 종교에 대한 이야기를 진중하게 꺼냈고 남편도 나의 생각에 흔쾌히 동감을 표현해주었다. 그간 남편은 종교에 대한 생각을 심각하게 해본 적은 없었던 것으로 알고 있었는데 나의 의견에 동참해준 것에 대해 고마운 마음이 들었다.

내가 다니고자하는 곳은 집 가까운 곳에도 있긴 했지만 다 늦게 시작하는 종교생활이니 기왕이면 평소에 친하게 지내는 남편 친구가 있는 곳으로 다니는 것이 좋겠다며 집에서 조금 먼 거리에 있지만 친구가 다니는 곳으로 가기로 결정을 했다.

처음에 그곳에 다닐 때에는 매주 일요일마다 다니는 것은 조금은 어려울 것 같으니 한 달에 두 번 정도는 다니자는 생각으로 다니기 시작했다.

일요일에 법회에 참석하여 교무님의 설법을 듣고 나면 마음이 정화되는 느낌을 받았다. 그리고 많은 사람들이 반갑게 맞이해 주고 특히 좋아하는 사람들을 일주일에 한번 씩 만난다는 것도 큰 기쁨이 되었다. 그러다 보니 이젠 일요일에 아주 중요한 일이 아니면 빠지지 않고 법회에 참석하게 되었다. 아직은 마음 깊은 곳으로부터 우러나오는 신심이 있는 종교인은 아니다. 그리고 이제 겨우 2년 정도 되는 아주 어린 햇병아리에 지나지 않았지만, 매주 일요일 정성을 다하여 깨끗하게 차리고 집을 나서는 우리의 모습이 상상만으로도 너무 행복하게 보였다. 언젠가는 '가랑비에 속옷이 젖는다'는 이야기처럼 열심히 다니다 보면 모든 생활들이 신앙심과 연결 될 날이 있으리란 생각을 한다.

그리고 매사에 남을 이해하고 또 나보나 어려운 이들을 위해 기도하는 마음이 생기기 시작했다. 또한 언제나 모든 일에 원망하는 마음보다는 감사하는 마음이 생기는 것을 보며 종교의 힘이 얼마나 위대한 것인가를 새삼 생각하게 되었다.

어떠한 종교가 되었든 참다운 신앙을 가지고 생활한다면 어려운 주변을 돌아보고 또 나를 다스릴 줄 알고 아집에 사로잡히지 않는 균형잡힌 생각을 하게 되지 않을까 하는 생각을 하면서 오늘 나는 즐거운 마음으로 남편과 함께 대문을 나섰다.

(2016. 10. 16.)

이렇게 비가 내리는 날에는

이른 아침에 지붕을 세차게 때리는 빗소리에 잠에서 깼다.

엊그제 첫눈이 내려 소복이 쌓였었는데, 그리고 어제는 아침부터 눈발이 날리고 몹시 추위가 심했는데, 이 무슨 변덕스러운 날씨인지….

그래도 나는 이 빗소리가 참 좋다.

특히 양철지붕 위에 후드득 박자에 맞춰 떨어지는 소리는 더욱 아름답다. 마치 '쇼팽'의 '빗방울 전주곡'을 듣는 것 마냥 기분이 들뜨기도 한다. (물론 '쇼팽'은 이 곡을 만들었을 때 건강이 극도로 악화되고 정신적으로 매우 우울한 상태였으며 무척 힘든 나날을 보냈지만….)

그리고 한 여름 비오는 날 창가에 앉아 마당에 떨어지며 톡톡 위로 튕기는 빗방울을 보는 것을 좋아한다. 오늘이 바로 그런 날인 것 같았다.

습기를 머금은 듯 주위는 안개가 희뿌옇게 드리워 마당 한쪽에 있는 강아지의 숨소리까지 들릴 듯이 고요했다.

이런 날이면 나는 작업실로 올라와 먼저 벽에 붙어 있는 스위치를 올려 불을 켠다. 언제나 그랬듯이 라디오를 켜고 FM방송의 클래식 채널에 맞춘다. 때맞추어 내가 좋아하는 '슈베르트'의 '미완성 교향곡'이 흘러 나왔다. 그리고 차분한 마음으로 화구들을 정리하기 시작했다. 쓰고 남은 물감이 잔뜩 굳은 상태로 지저분해진 접시를 깨끗하게 씻고 닦아 놓았다. 자주 쓰는 붓들을 크기에 맞게 늘어놓고 미술용 연필인 4B연필을 깎아 준비하고, 이젤 앞에 세워 놓은 하얀 요철 지를 바라보며 마치 기도하는 마음으로 자리를 잡았다.

지금 이 순간 나는 망망대해에 홀로 떠 있는 아주 작은 조각배가 된 것 같은 심정이 된다. 이 커다랗고 하얀 우주에 내가 어떤 방법으로 안길까 하는 깊은 생각에 빠져 버린다. 한참을 똑 같은 자세로 발이 저리도록 앉아 있다가 드디어 그 우주에 내가 들어가기 시작했다. 거리낌 없이 내 속으로 우주를 받아들이며 4B연필을 잡았다. 하얀 요철 지에 연필 지나는 소리만 들릴 뿐, 주위는 내 숨소리조차 삼킬 듯이 고요하다.

이렇게 비가 내리는 날이면 오래도록 작업실에서 나만의 세계에 빠져 들며 모처럼 행복으로 가득한 시간을 보내곤 한다.

(2017. 12. 7.)

두둥실 꽃구름을 타고

수필 반에서 올해도 봄 소풍을 다녀왔다.

충남 서천에 있는 '국립 생태 원'과 장항의 명소로 떠오르고 있는 '스카이워크'를 구경했다.

다시 학생시절로 돌아 간 냥 마음이 설레고 들떴다.

어렸을 적에는 소풍 전 날이면 장을 보아다가 이른 아침부터 김밥을 싸는 엄마의 턱 밑에 바싹 쪼그리고 앉아서 나무도시락에 김밥을 썰어 담고 양쪽 끄트머리 남는 부분을 먼저 집어 먹느라 야단이었었다. 자식들이 다 먹어도 남을 만큼 넉넉하게 김밥을 말아 놓았지만 언제나 서로 많이 먹으려고 다투었던 생각이 난다. 나도 장성하여 시집을 가서 두 아이를 키우면서 일 년에 두 번은 꼭 친정어머니가 하던 것처럼 김밥을 말아서 오누이가 하루 종일 먹을 만큼 쟁반 가득 높게 쌓아 올려놓곤 했었다. 그러면 우리 아이들도 내 턱밑에 바싹 쪼그리고 앉아서 썰어 놓는 족족 입속으로 집어넣곤 했었는데…. 이렇게 만들어 놓은 김밥을 아침에도, 점심에는 소풍을 가서, 저녁에 설령 엄마가 직장에서 늦게 들어와도 두 녀석이 밥 때를 기다리지 않고 배부르게 먹을 수가 있었다. 직장생활로 바쁘게 지냈지만 그때는 지금처럼 김밥전문점이 없었다. 아마 있었어도 그때 엄마들은 대부분 직접 김밥을 준비해서 도시락을 쌌을 것이다.

내가 현직에 있을 때도 봄 · 가을 소풍을 갔었다. 소풍 때가 되면 학부모님들의 정성이 가득한 도시락으로 잔치판이 벌어지곤 했었다. 지금이야 '김영란 법'으로 스승의 날마저도 카네이션 정도의 선물만 가능하다고 하지만…. 이제는 먼 옛날이야기가 되어버렸다. 그러고 보니 나도 근 50여 년을 봄이면 꽃놀이 가을이면 단풍놀이를 빠짐없이 했다. 직장생활도 교직에 있었으니 학생 때나 마찬가지로 때맞추어 소풍을 다녔었다. 때론 수학여행이라는 이름으로 전국 방방곡곡의 명소를 며칠씩 다니는 호사(?)도 누렸었다. 그러다가 현직에서 물러나 은퇴를 하게 되니 때맞춰 하던 꽃놀이 단풍놀이는 먼 이웃집 이야기가 되어버렸다.

더욱이 퇴직 후 교외에 집을 마련하여 살게 되니 봄이면 주변에 꽃들이 넘쳐나고 가을이면 온통 붉은 단풍으로 온 천지가 붉게 물 드는 풍경을 흔하게 볼 수가 있다. 몇 년 동안은 주변의 아름다운 풍경에서 신선한 기분을 느끼며 스스로 만족해하면서 지냈었다. 그러다가 수필 반에 적을 두게 되면서 다시 학생이 되어 소풍을 가게 되니 얼마나 즐거운지. 작년 이맘때는 소양 송광사의 벚꽃 길을 난생 처음으로 걸어 보았다. 마치 꽃잎이 바람에 하늘거리며 하늘로 하늘로 날아오르듯 내 마음도 그 꽃잎을 따라 자꾸자꾸 올라만 가고 있었다. 벗 꽃 터널의 아름

다음에 홀딱 반해버렸었다. 그리고 흐드러지게 핀 벚 꽃이 이렇게 예쁜 줄 미처 모르고 지냈다. 이 예쁜 모습을 보려고 벚 꽃보다 더 많은 사람들이 모이는구나하는 생각이 들었다.

올해는 지구온난화가 더욱 기승을 부렸는지 아니면 봄 소풍 날짜를 조금 늦게 잡았는지 꽃들이 한꺼번에 무슨 시합이라도 하듯이 모두 밖으로 나가버려서 꽃은 보지 못했지만 꽃만큼 싱그럽고 아름다운 연한 녹색의 나뭇잎들을 실컷 보는 봄 소풍을 하게 되었다.

서천에 있는 '국립 생태 원'은 여러 차례 다녀 온 곳이긴 하지만 매번 새로움을 느끼게 해 주는 곳이었다. 특히 에코리움에는 약 5가지의 기후를 느낄 수 있는 기후관이 있어서 여러 가지 기후를 직접 체험할 수 있었다. 노약자들을 위한 전기자동차를 운행하여 거리가 멀어도 불편없이 관람할 수 있었다. 특히 올 한해 '개미 기획 전시'가 열리고 있는 전시장은 흥미진진했다.

그중 '잎 꾼 개미'가 저마다 제 몸보다 더 큰 나뭇잎 조각을 입에 문 체 기어가는 행렬은 장관이었다. 1984년 코스타리카에서 잎 꾼 개미가 발견되었고 최초로 농경문화를 만든 것은 사람이 아니라 바로 개미라는 사실에 놀라웠다. 5000만 년 전부터 농사를 지었다니…. 이런 잎 꾼 개미가 입에 물고 온 나뭇잎을 잘게 부수어서 버섯농사를 짓는 모습을 실제 눈으로 볼 수 있게 전시되어있어 정말 흥미로웠다.

금강산도 식후경이라고 일행 중 한 분의 추천으로 들어간 음식점에서 푸짐하게 차려진 밥상은 눈으로 한 번 맛을 보고, 한 잔술을 곁들여 입으로 맛을 보니 꿀맛이었다. 비록 얼굴은 복숭아 빛으로 물들어 부끄러웠지만….

배도 든든하게 채우고 술 한 잔에 기분까지 하늘로 둥둥 뜬 것 같은 마음으로 바로 이웃에 있는 '장항 스카이워크'에 갔다. 15m높이에 올라가 장항 재련소의 높이 솟은 굴뚝을 보고, 시원하게 펼쳐진 바다와 솔향 그윽한 솔숲을 거닐었다. 평일에 한가하게 다녀온 봄 소풍은 오랜만에 옛날 학교 다니던 시절로 돌아 간 듯 발걸음도 가볍고 마음도 한껏 부풀어 올랐다.

지금도 봄 소풍이라는 말에 마음이 설레는 것을 보니 아직도 마음속에 소녀가 남아 있는 듯 두둥실 꽃구름을 탄 것 같은 하루였다.

(2017. 4. 19.)

다시 살아난 금낭화

오래 전 완주군 동상면에 있는 '대아수목원'에 갔었다.

입구에서 약 20여km정도의 임도를 따라 주변에 있는 나무들과 온갖 꽃들을 보며 거닐 다 보면 우리나라에서 몇 군데 되지 않는 '금낭화 자생 군락지'를 볼 수가 있었다.

4월이면 수목원 전체가 붉은 색 철쭉꽃으로 만발 한 가운데 '당신을 따르겠습니다.'라며 다소 곳이 고개를 숙이고 피어 있는 금낭화군락지를 만나게 된다. 빨간 꽃 아래 하얗고 조그마한 주머니를 달고 있는 모습이 새 각시가 이제 막 혼례 청에 들어설 때 머리에 족두리를 쓰고 사뿐 사뿐 걸어오는 모습 같다. 금낭화의 아름다운 모습을 우리 집 화단에 옮기고 싶어 봄에 열리는 꽃 시장에서 마침 예쁜 꽃을 달고 있는 자그마한 화분을 몇 개 샀다. 화단 한 가운데 정성스레 심어 놓고 아침저녁 금낭화를 들여다보며 초롱초롱한 꽃의 매력에 듬뿍 빠져 있었다. 여리 디 여린 가지 어디에서 그런 강단이 나오는지 오랜 시간 예쁜 방울을 매달고 있다. 그렇게 두어 해 봄이면 예쁜 꽃을 피우던 금낭화가 어느 봄에는 새싹조차 나올 기미를 보이지 않았다. 그럭저럭 시간이 흐르고 예쁘다고 호들갑을 떨어대며 여기저기 자랑을 했었는데, 그 자리에 천리향을 심어 버렸다. 그리고는 까맣게 잊어버리고 천리향의 향기에 그만 취해버렸다. 그렇게 시간이 훌쩍 지나가 버렸다.

그런데 금년 봄, 봄비가 촉촉이 내린 어느 날, 아침에 무심코 꽃밭을 보다 나도 모르게 소리를 질렀다.

"여보! 여기 금낭화가 나왔어요!"

생각지도 않던 아니 죽은 줄로만 알았던 금낭화가 제법 굵은 가지를 쑥 내밀고 있었다. 그리고 조금 떨어진 곳에서는 아기 손톱 만하게 잎이 올라오고 있었다. 자세히 보니 그 때 심었던 금낭화가 모두 그 자리에 그대로 올라 온 것이다.

까마득하게 잊고 있었는데, 2년이나 죽은 듯이 지내다가 힘차게 솟아 올라왔다. 어디에서 그렇게 강한 힘이 나왔을까, 몇 년을 꼼짝 하지 않고 있다가 나오다니 기적이나 다름이 없었다. 그러더니 주렁주렁 빨강 꽃 아래 하얀 주머니를 메 달고 한들한들 가지에 달려 흔들거리고 있는 것이었다. 정말 놀랍다 그 끈질긴 생명력이, 더욱이 없는 줄 알고 바로 그 자리에 다른 꽃을 심었는데, 영리하게도 조금 비켜 선 곳에 다소곳이 올라와 꽃까지 피운 것이다.

며칠째 초여름 같은 더위가 계속 되었다. 설상가상 바람까지 부니 온 대지가 푸석푸석 말라가고 미세먼지로 인하여 공기는 그야말로 최

악으로 숨쉬기조차 힘이 들었다. 불행히도 강원도 강릉과 삼척에 산불이 나서 겨우 몸만 빠져 나온 이재민들의 한숨과, 경상북도 성주에서까지 산불이 나 온 국민의 마음을 새카맣게 태우고 있었다.

5월 9일, 바로 그 날 아침부터 비가 오락가락하더니 점점 세차게 내리기 시작했다. '이 비로 새까맣게 타들어가는 강원도와 경상북도 성주군 산불 이재민들의 마음을 씻어 주십시오.' 라고 기도하는 마음으로 우산을 쓰고 동네입구에 마련된 투표소로 향하였다. 그런 비가 대수인가 우리는 동네 투표소에까지 우산을 쓰고 걸어갔다. 그리곤 떨리는 손으로 행여 칸이 벗어날까 조심스럽게 투표도장을 힘껏 눌러 찍었다. 투표소에서 나와 집으로 가는 발걸음이 상쾌했다. 미세먼지로 숨도 제대로 쉴 수 없었던 답답함이 일시에 사라지는 것 같았다.

오랜 시간 우리는 암흑 같은 세상에 갇혀 살았다. 두꺼운 인의 장벽에 갇혀 많은 사람들의 아픔을 보듬어 주고, 모든 사람의 생명과 재산을 보호하고, 모두가 행복하게 살 권리를 보장해주어야 하는 책임을 가지고 있는 사람의 후안무치厚顔無恥로 인하여 가슴앓이를 하면서 지냈던 시간들이었다.

그런 날들이 비로소 막을 내릴 수 있을 것인지 그날 저녁 8시 아마 모든 국민들이 TV앞에 모여서 온통 시선을 집중하고 있었을 것이다. 드디어 방송 3사에서 출구조사 결과를 발표했다. 절대다수의 지지를 받은 것은 아니지만 모든 국민들이 염원하던 정권교체가 이루어지는 순간이었다. 그리고 오래지 않아 당선 확정이라는 보도가 나왔다.

아침부터 내린 단비가 가슴 졸이며 산불진화 작업을 지켜보던 그곳

주민에게는 물론, 그간 오로지 촛불 하나 의지하며 혹한의 추위에도 아랑곳하지 않았던 수많은 국민들의 염원이 이루어진 것이다. 아직도 좌파정부라며 정권교체를 인정하지 않는 일부 세력들이 있긴 하지마는 광화문광장에 모여든 많은 사람들의 간절한 소망이 이루어 졌음을 우리에게 전해 준 것이다.

죽은 줄 알았던 금낭화가 어렵게 어렵게 단단한 땅을 뚫고 나와 어여쁜 꽃을 피워, 보는 이의 마음을 설레게 하고 행복하게 하듯, 꺼져가는 대한민국인 줄 알았는데 과연 오천년 역사를 가진 민족답게 깨지지 않을 것 같았던 단단한 벽을 뚫고 정권교체를 이루어냈다.

5월이면 곳곳에 화려한 장미가 진한 향기를 뿜으며 뭇 사람들을 유혹 하듯이, 장미의 계절에 바뀐 정권이 많은 사람들에게 사람의 향기를 느끼며 인간답게 살 수 있는, 나라다운 나라에서 당당하게 자기주장을 펼치며 살아가는 나라가 되어 주기를 간절히 소망한다.

(2017. 5. 11.)

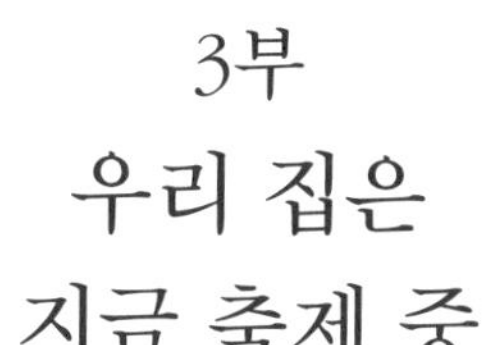

3부
우리 집은 지금 축제 중

기적 같은 하루

"여보! 나 지금 급하니까 그냥 나와요."

"응."

변기에서 물을 내리는 소리가 내 뒤통수를 때렸다. 마구 화를 내는 나에게 남편이 빨리 옷을 갈아입고 나가자며 서둘렀다. 이내 차를 타고 근처 마트에 갔다, '빨리 다녀와! 나 여기 있을 테니까.' 후다닥 뛰어 화장실에 들어갔다. 너무 이른 시간이라 청소하는 아주머니가 한 참 청소를 하는 중이었다. 마음은 급한데…. 기왕 간 김에 양치까지 개운하게 하고 나왔다. 그와 함께 생수를 큰 것으로 넉넉하게 사고 지하수 설비 기술자에게 찾아가서 지금 상황을 설명하니, 바로 뒤 따라 갈 테니까 집에 가서 기다리라고 했다.

지난여름에도 한 차례 말썽이 있었다. 그때는 워낙 가뭄이 심한 때라 물이 달려서 그런가 보다하고 간단하게 생각해 버렸다. 그 뒤로도 별 탈 없이 물이 잘 나와 주었으니까. 그러다가 며칠 전 다시 탈이 났다.

부랴부랴 기술자에게 전화를 걸어 상담을 하니 고맙게도 집으로 와서 이것저것 살펴보며 물이 나올 수 있도록 조치를 취해주었다. 쓰다가 다시 고장이 나면 사람을 더 불러서 공사를 해야 될 것 같다는 말을 했다.

집을 지을 때 이곳을 미리 파서 설치해 놓은 지하수가 워낙 물맛이 좋고 수질이 좋아서 수도를 놓지 않고, 지하수를 식수와 농업용수로 쓰기로 하고 큰길까지 와 있는 수도를 집으로 끌어 들이지 않았었다. 거의 십년이 되어 가지만 그간 별 일 없이 잘 쓰고 있었다. 그러다가 지하수를 쓰기 시작한지 오랜 세월이 흐르니 슬슬 말썽을 피우기 시작한 것이다.

때 마침 서울에 살고 있는 딸이 휴가 중이니 모처럼 같이 구경이나 하자며 연락이 왔다. 둘이 서울 나들이 2박3일 동안, 모처럼 딸과 함께 서울 구경을 하며 기분 좋게 지내다가 돌아 왔다. 집에 도착하자마자 화장실에서 급한 볼일을 보고 손을 씻으려고 수도꼭지를 돌리니 '픽'하고 바람 빠지는 소리만 나고 물은 감감 무소식이었다.

'여보! 큰일 났어, 물이 또 안 나와요!'

손에 전등을 들고 지하수 모터가 있는 곳으로 가서 기계를 열고 비상용으로 받아 놓은 물을 아무리 부어도 도무지 물이 나올 기미가 보이지 않고 마치 커다란 스펀지에 물이 한없이 스며들 듯 그냥 쑥 빠져 버렸다. 날은 이미 어두워졌고, 집에는 작은 생수 몇 병만 남아 있었다. 저녁을 먹을 시간도 넘었는데 궁리 끝에 생수 한 병으로 라면을 끓여 먹었다. 설거지를 할 수 없으니 그릇을 휴지로 닦아 놓았다. 겨우 양치질만 하고 얼굴은 물티슈로 닦아냈다. 문제는 화장실, 이미 변기의 물은 바닥난 상태, 참 난감했다. 마음이 심란하고 걱정이 되니 잠을 이룰 수가 없었다. 별의별 생각들이 꼬리를 물었다. 지난여름 한 번의 경고를 심각하게 받아 들였어야 했는데, 잠을 못 이루고 있으니 화장실은 왜 그렇게도 자주 가고 싶은지, 이런 내가 미웠다. 아침에 눈을 뜨니 걱정이 한가득, 오로지 물 생각 외에는 머리가 텅 빈듯했다. 속절없이 배에서는 연신 꼬르륵 소리가 들렸다. 서울에 올라갈 때 다녀와서 해야겠다며 씻어 놓았던 쌀로 밥을 다 해먹어 버렸었다. 그러니 쌀을 씻어 밥을 할 수도 없고, 받아 놓았던 물도 바닥이 났으니, 아무리 머리를 쥐어짜도 뾰족한 수가 생기질 않았다.

가끔 TV에서 물을 얻기 위해 머리에 물동이를 이고 수십km씩을 걸어가고 있는 아프리카의 앳된 소녀들의 모습을 본 적이 있었다. 우리나라도 물 부족 국가에 속한다는 것도 익히 알고 있다. 하지만 어느 누구도 물 부족 국가라는 것을 생각하며 살고 있진 않는 것 같다. 수도꼭지만 틀어 놓으면 펑펑 쏟아지는 물이 눈앞에 있는데. '인구 및 소득 수준의 증가, 도시 확장 등으로 물의 수요는 기하급수적으로 늘어나지만 공급은 한정돼 있다.'고 세계은행이 지적한 적이 있다. 아울러 물 부족 국가는 GDP까지도 감소 할 것이라고 예상 했다.

고맙게도 기술자가 생각보다 빨리 집에 와 주었다. 남편과 둘이서 팔을 걷어 부치고 수리를 시작했다. 받아 놓은 물이 이미 바닥이 난 상태여서 물통을 차에 싣고 동네로 내려가 물을 얻어 왔다. 추운 날인데도 두 사람의 이마에 땀방울이 맺혀있고, 손에 끼고 있는 하얀 장갑은 온통 누런 녹물이 스며들어 황토색으로 변해버렸다. 드디어 수도꼭지를 트니 흙탕물이 쏟아지기 시작했다. 한 시간 남짓 틀어 놓으니 이내 맑고 깨끗한 물이 나왔다. 이때의 기분을 무엇이라 표현해야 할까. 그동안 밀린 설거지부터 했다. 마치 마음에 끼어 있는 때와 그간 쌓였던 분노를 씻어내는 듯 씻고 또 씻었다. 하룻밤 못 씻은 얼굴도 화장실의 변기도 북북 문질러 씻어 냈다. 그리고 물이 없었던 때를 금세 잊은 듯 수도꼭지를 틀고 또 틀었다. 콸콸 쏟아지는 물소리가 내 귀엔 음향시설이 좋은 공연장에서 웅장한 오케스트라의 연주를 듣는 것 같이 황홀했다.

오늘은 해마다 둘이서 갖는 송년모임이 있는 날이기도 했다. 한결 가벼워진 마음으로 버스를 타고 나들이를 했다. 유명하다는 횟집을 찾아 근사하게 차려진 안주와 오늘 기적 같은 하루를 안주 위에 얹어 소주를 마시면서, 올 한해를 이야기하고 새로운 해를 계획하며 마냥 즐거웠다. 집으로 돌아오는 길에 거나하게 취한 남편과 나는 쨍 하니 추운 밤 공기를 콧노래로 가르면서 돌아왔다.

너무 가까이에서 아무런 부족함도 없이 우리에게 베풀기 만 하여 고마운 줄도 모르고, 으레 그러려니 했던 것들에 대한 한없는 고마움을 느끼게 해 준 하루였다.

(2016. 12. 31.)

연병장에 도열한 딸기와 상추

이층에서 내려다보니 마치 연병장에 신병들이
군기가 바짝 들어 긴장한 모습으로 앞뒤 좌우 열을 맞추며
연대장의 훈시를 듣는 것 같은 모양새였다.

언제나 남편은 이 맘 때면 나에게 핀잔을 주곤 했다. 그림 그리는 사람이 줄 하나 제대로 맞추지 못하느냐고.

딸기 모 한판 32개, 상추 모 48개를 샀다.

이곳에 이사 오던 해 텃밭을 만들면서 큰 동생 댁의 친정 언니가 농사 짓는 딸기밭에서 딸기모를 몇 개 얻어다 심었었다. 해마다 늦은 봄에 노지에서 나는 새콤달콤한 딸기를 내 손으로 직접 따 먹는 호사를 누렸다. 시간이 오래 지나고, 나의 게으름과 억센 풀 그리고 극심한 가뭄을 이겨내지 못하고 그만 시들시들 하더니 새 봄이 와도 도무지 새싹을 찾을 수가 없었다. 다른 사람들이야 '그까지 것 딸기가 몇 푼이나 한다고 마트에서 편하게 사다 먹지.'라고 생각할지 모르겠다. 생전 텃밭이 무엇인지도 모르고 살았던 내가 늘그막에 봄이면 어김없이 땅에서 솟아나는 것들을 보는 것이 얼마나 경이로운 일인지 알아가면서 철이 들기 시작했다. 그러니 봄만 되면 마음이 급하다. 겨우내 묵혔던 밭에 끈질기게 자리를 차지하고 있는 마른 풀들을 뿌리 채 뽑아내고 거름을 주었다. 일일이 삽과 곡괭이, 그리고 호미를 이용하여 밭을 골라 주인을 맞이할 채비를 해놓았다. 농사를 전문으로 하는 사람들이야 관리기를 이용하면 아무리 너른 땅이라 해도 한 번에 쓱싹 갈아서 아주 보기 좋은 밭을 만들어내지만, 우리네 같이 서툰 사람들은 오로지 내 손으로 모든 일들을 해내야 하니 때론 힘이 들어 그만 두고 싶을 때도 많았다.

어설프지만 만들어 놓은 밭에 주인을 정성스레 모셨다. 그는 먼저 호미를 이용하여 심을 구덩이를 파고 물을 흠뻑 주고 나면, 심기 전문가인 내가 나서서 모판에서 쏙 뽑아 야무지게 눌러 가면서 심는다. 이때 그는 전후좌우 줄이 똑바로 맞아야지 조금이라도 틀어지면 이내 한소리 한다. 다시 심어야 된다며…. 이렇게 딸기 모 32개를 열을 맞추어 심고 나서 하는 말, '봐! 얼마나 예쁘게 잘 심었는지.'하며 혼자 만족하고 흐뭇해한다. 이어서 대문 앞에 있는 텃밭에 나가 상추모를 심었다. 그 녀석들도 연병장에 도열 해 있는 병사들의 모습이었다.

한편 생각하면 모종 값이 비싸다고는 하나 이런 것들을 일일이 사먹으려면 그것 또한 만만치가 않다. 특히 내가 먹을 것을 내손으로 길러 필요할 때마다 밭에 나가 따서 먹는 즐거움에 비하면 비싸다거나 힘들다거나 하는 생각은 일순간 사라지고 만다.

이른 아침 밭에 나가 심어놓은 모종들을 보니 밤새 보슬보슬 내린 봄비로 물기를 가득 머금은 것이, 열 두어 살 먹은 앳된 소녀가 막 세수하고 거울에 자신의 얼굴을 보면서 살포시 웃는 것처럼 싱그럽다. 눈을 뜨자마자 텃밭으로 나가 딸기와 상추들의 인원 점검과 지난밤의 안부를 물었다. 그리고 하나씩 살펴보며 일일이 그들에게 눈인사를 건넸다. 요즈음 같이 변덕스러운 날씨에 행여 무슨 일이 없었는지, 혹여 고라니 같은 밤손님에게 피해를 당하진 않았는지 눈도장을 찍었다.

이 녀석들은 햇볕과 바람 그리고 가끔씩 내려주는 비를 만나며 하루가 다르게 커 나갈 것이다. 또한 나도 이들에게 한없는 정성을 쏟으며 또 다른 나의 가족으로 마치 자식이 커나가면서 나에게 행복을 안겨 주듯이 이들도 나에게 색 다른 기쁨을 주리라 믿는다.

때가 되면 우리 집에 들르는 누구에게든지 자신의 몸을 아낌없이 내주며 건강도 챙겨주고 우리의 밥상도 멋지게 꾸며 줄 것이다. 댓 가를 바라지도 않고 베풀기 만하는 자연에 무한한 감사와 경외심을 갖고, 항상 겸손하고 남을 배려하는 마음으로 살기를 다짐 해 본다.

(2017. 3. 26.)

봄 앓이

마치 봄 앓이를 하듯 오늘도 삼례시장에 다녀왔다.
그는 아로니아를 더 심어야겠다고 하고,
나는 이제 그 정도면 되었다고 우겼지만 결국 따라 나섰다.

요즈음엔 재래시장을 현대화하는 바람이 거세다, 그 바람은 이곳 삼례시장도 예외는 아니었다. 아무리 현대화를 한다고 해도 편리함에 익숙해진 현대인들의 마트로 가는 발길을 돌리기는 어렵지 않나 하는 생각이다. 공사로 인해 일부는 자리를 옮겼으나 시골 아낙이나 할머니들이 보따리 보따리 이고지고 나온 물건은 예나 지금이나 길바닥 한쪽에 쭉 자리 잡고 앉아있다. 전국에서 다 모인 것 같은 나무장사들도 길바닥 여기저기에 나무묘목을 펼쳐 놓고 진을 치고 있다. 바로 곁에는 온갖 색깔의 꽃들이 '날 보러 와요'하며 손짓을 하고 있었다. 봄 한철 먹는 나물인 쑥부쟁이와 돌미나리를 샀다. 검정 봉투에 담아 주며 한 주먹씩 덤으로 넣어주는 손이 너무 등길처럼 서실 시반 정 겹다.

장에 나왔으니 군것질이 빠질 수는 없다. 기름에 갓 튀겨내어 고소한 냄새를 풍기며 오고가는 사람의 발길을 붙잡는 도넛에 나도 모르게 발걸음이 멈추어졌다. 꽈배기 두 개 도넛 두 개를 사서 한입 메어 물며 좁은 시장길 여기저기를 기웃거리는 맛은 시골 장날에나 볼 수 있는 진풍경이다. 이제는 나무 시장이 있는 쪽으로 발길을 돌려야 되는데, 여기저기에서 자꾸 나를 부르는 소리가 들리는 것 같아 내 다리를 내 마음대로 움직일 수가 없었다. 구경을 하다 보니 한쪽에 노란 수선화가 나를 붙잡는다. 앞서 가는 남편을 불러 세우고 수선화를 샀다. 또 맞은편에 앉아서 씨앗을 파는 할머니를 보니 그냥 지나칠 수가 없었다. 비트와 고수씨앗을 샀다. 이제는 진짜 나무시장 쪽으로 가야 했다. 여러 군데를 기웃 거리다가 또 다시 해찰을 했다. 방풍나물 모가 어찌 실하고 예쁜지 그냥 건너 뛸 수가 없었다. 양손 가득 물건을 들었으니 남은 손이 없는데도 방풍나물 6개를 사서 상자에 넣어 겨우 어깨에 메고 드디어 나무시장에 도착했다. 자주 다니는 곳이라 어느 새 익숙한 주인이 반갑게 인사를 건넸다. 지난 장날에도 아로니아를 샀는데 또 사러 나온 것이다. 연거푸 장날 마다 같은 집에서 사니 지난 장날 보다 헐한 값으로 주며 우리에게 또 다시 오기를 은근히 부추기는 모양새였지만 고마웠다. 이제 살 것을 다 샀으니 빨리 집에 가자며 조르는데 그는 아직도 발길이 떨어지지 않는 듯 자꾸 뒤를 보며 좀처럼 움직일 기미가 보이지 않았다. 지난 장날에 사고 싶은 나무를 사지 못하고 그냥 온 것을 못내 아쉬워했는데, 그 녀석이 아직도 임자를 만나지 못한 냥 다시 나와 있는 것이었다. 기어이 다시 가서 그 때 사지 못했던 '능수홍매'를 흥정

했다. 자기가 원하는 값에 나무를 사서 들고 오는 남편의 얼굴이, 마치 어린아이가 엄마를 조르고 졸라 시장에서 호떡 하나 손에 들고 좋아하는 냥 입이 헤벌쭉 하니 좋아 죽겠다는 표정이었다. '저렇게도 좋을까!'

집에 돌아와 점심도 거른 채 사온 보따리를 풀었다. 먼저 수선화를 거실 앞 화단에 앉혔고, 방풍 나물은 딸기밭 옆에 터를 잡아 주었다. 아로니아를 울타리 맨 앞에 심었다. 우리 집은 따로 담장을 하지 않았다. 대신 차나무, 가시해당화, 철쭉이 울타리역할을 하고 있다. 그곳에 아로니아를 심어 담장을 한 겹 더 보탠 것이다.

비트와 고수 씨앗은 집 앞 텃밭에 가지런히 열을 맞추어 심었다. '능수홍매'는 길에서도 오고가는 사람들이 볼 수 있게 길 쪽을 향해 멋지게 심었다. '봄에 빨간 꽃이 늘어지게 피면 얼마나 예쁠까!' 기대가 된다. 오늘 사가지고 온 것들을 모두 제자리를 찾아 앉혔으니 이제 잘 자라주기만을 마음속으로 기원하였다.

언제나 그랬듯 마치 순례자가 정성스런 마음으로 순례 길을 가듯이 오늘 심어 놓은 것들을 돌아보며 앞으로 크면서 우리에게 안겨줄 즐거움에 대한 생각으로 마음은 벌써 큰 부자가 된 듯 설레었다. 그리고 이미 한 자리 차지하고 있는 나무와 꽃들에게도 새삼스러운 듯 인사를 건넸다.

한 바퀴를 돌아본 뒤 남편이 나에게 '이제 나무 심는 것은 올해로 끝!' 했다. 과연 그럴까? 벌써 10년째 봄 앓이를 해 왔는데….

(2017. 4. 8.)

바람과 새들이 준 선물

우리 집 남쪽화단 끄트머리에 어린아이 키 만큼 자란 나무가 보였다. 우리 식구 중 누구도 심은 적이 없는데….

집에 놀러온 친구에게 무슨 나무인지 물어보니 그녀도 잘 모르겠단다. 그냥 그렇게 무심히 시간이 흘러 흘러서 어른 키 보다 훌쩍 큰 그 나무가 어느 해 봄, 하얀 꽃을 피웠다. 그것도 자그마하고 아주 우아하게…. 깜짝 반가워 유심히 올려다보니 목련이었다.

갑자기 횡재한 듯 부자가 되어버린 것이다. 도대체 누가 심었을까. 까치일까? 아니면 산 비들기일까? 그것도 아니면 시시때때로 부는 바람일까?

남들은 까치가 울면 반가운 손님이 올 것이라고 좋아하는데 우리 동네 과수원아저씨는 까치만 보면 성화이다. 밭에 심어 놓은 씨앗을 캐 먹지 않을까. 행여 잘 익은 과일을 쪼아 먹지 않을까. 그 녀석들은 농부들의 골치 꺼리가 된지 이미 오래이다. 또한 가을이 되면 감나무에 잘 익은 감이 달려있어 아주 보기가 좋은데 얄미운 새들이 쪼아 먹어 보기 흉하게 만들어 놓기도 일쑤였다.

그리고 앞뒤가 휭 하니 뚫린 우리 집에서는 부는 바람이 마냥 반갑지 만은 않다. 온갖 잡동사니가 바람에 쓸려와 때론 마당을 마치 쓰레기장처럼 만들어 놓으니까.

이렇게 때론 귀찮은 바람과 새들이지만 이런 것들 덕분에 뜻하지 않은 곳에 꽃이 피기도 하고 나무가 자라기도 한다. 그리고 사람 손으로는 도저히 심을 수 없는 아주 좁은 곳에도 온갖 식물을 심어 놓아 때가 되면 꽃이 피기도, 열매를 맺기도 한다. 그리고 그것들을 보면서 우리들은 또 얼마나 기분이 좋고 위로를 받는지….

올 봄에도 어김없이 그 목련은 희고 예쁜 꽃을 피울 것이다.

그리고 우리는 그 꽃을 보면서 우리 동네 바람과 새들에게 고마워할 것이다.

(2013. 3. 30.)

내가 살고 있는 이 곳은

'아이고 허리, 다리야!'

요즈음 내가 하는 말 중 가장 많이 나오는 말 일 것이다.

매일 아침 마당에 나가 한 손에는 호미를 들고 납작 엎드려서 풀을 뽑는 것으로 하루가 시작된다.

아직은 철이 일러서 잔디는 누렇게 겨울잠에서 깨어나지도 않았다. 그런데 부지런한 풀들은 벌써 연두색을 넘어 초록이 짙어가고 있다. 그러니 이 녀석들을 뽑아 주어야 잔디가 잠에서 깨어나면 마음대로 팔을 뻗을 자리가 생긴다. 파릇파릇 예쁘게 나와 마당에 곱고 부드러운 융단을 만들어 줄 잔디를 생각하면 매일 마당에 나가 쪼그리고 앉아 잡초를 뽑지 않을 수가 없다.

이곳에 자리를 잡은 지 벌써 햇수로 9년이 되었다. 처음 집을 짓기로 마음먹고 해마다 서울에서 열리는 '하우징 페어(housing fair)'에 다니면서 공부를 했었다. 다행이도 남편의 전공이 '건축 토목'이었기에 사

전에 많은 준비를 할 수가 있었다. 같이 교외에 나들이를 가다가도 예쁜 집을 보면 가던 길을 멈추고 구경하곤 했었다. 때로는 친절한 주인들 덕분에 안방까지도 구경하고 자상한 설명을 듣곤 했다. 그 뒤에 우리도 누군가 집 구경을 오면 서슴없이 대문을 열어 주곤 했다. 이렇게 오랜 시간 준비하며 꿈에 그리던 집을 짓게 되었다. 설계사무소에서 가지고 온 설계도를 보며 둘이 머리를 맞대고 고치기를 여러 차례, 드디어 마음에 맞는 설계도를 가지고 공사가 시작 되었다. 모든 공사가 무사히 마무리 되기를 간절히 바라는 고사를 성대하게 지내기도 했었다.

우리가 처음 신혼 생활을 시작 할 때는 아파트가 그렇게 흔한 주거 형태는 아니었다. 나도 남들과 같이 단칸방에서 첫 살림을 시작하여 차츰 살림이 늘어나고 집도 커지기 시작했다. 그러다가 조그마한 마당이 있는 내 집을 마련하게 되었다. 그때는 너 나 할 것 없이 어려운 시절이라 좀 도둑들이 참 많았었다. 우리 집에도 두 어 차례 도둑이 들어 급하게 아파트를 구해 이사를 했다. 아파트는 설명이 필요 없을 만큼 편리하다. 하지만 움직이는 것을 좋아하고, 마당이 있어 비가 오면 지붕에 빗방울이 떨어지는 소리를 들으며 상념에 잠길 수도 있고, 또 마당에서는 강아지가 돌아다니고, 철이 바뀔 때마다 온몸으로 계절을 느낄 수 있는 그런 집을 좋아하는 나는 좁고 답답한 공간이 참을 수 없을 만큼 지루했다. 그리고 들고 날 때마다 높은 아파트건물 사이에서 불어오는 싸늘한 바람이 정말 싫었다. 그래도 아이들이 아직은 어리고, 나또한 맞벌이를 하고 있었기에 할 수 없이 아파트에서 20여년을 넘게 살았었다.

'꿈은 이뤄진다고 했던가.' 항상 입버릇처럼 해 왔던 '마당이 딸린 집'을 갖겠다는 꿈이 이루어졌다. 처음 기초공사에서부터 집이 완공되어 입주할 때까지 남편은 한시도 현장을 떠난 적이 없었다. 그리고 현장에서 또 다른 한 사람의 인부 노릇을 톡톡히 했다. 상량을 얹는 날 나는 가슴이 설레었다. 특별히 상량에 쓴 글씨는 시아버지께서 혼신의 힘을 다해 써 주셨다. 우리 집 거실에는 상량이 보이게 되어 있어 누구나 상량문을 읽을 수가 있다. 집이 없어지지 않는 한 시아버지의 친필은 남아 있을 것이다. 벽돌, 지붕 재, 창문, 방문 등 어느 것 하나도 우리 내외가 고르지 않은 것이 없었다.

드디어 시내 복잡한 아파트 생활을 청산하고 도시 근교 한적한 곳에서 해가 뜨고 지는 것을 보며 한가한 생활을 하게 되었다.

이사 온 뒤부터 우리 내외는 바쁘게 생활 했다. 처음에는 마당에 징검다리를 놓고 겨우 겨우 다녔었다. 그래서 먼저 마당에 잔디를 심기로 하고 잔디를 사다 둘이 몇날 며칠을 심었다. 모래와 흙을 부어 가며 마당을 평평하게 만들고 그 위에 잔디를 놓고 꼭꼭 밟아 주었다. 누구의 도움도 없이 난생 처음으로 마당에 잔디를 직접 심으니 얼마나 기쁘고 뿌듯했는지. 그것도 상당히 넓은 마당을…. 이 날 우리는 잔디심기 공사를 완벽하게 마무리 했다며 서로에게 수고한 상으로 푸짐하게 술판을 벌렸다. 그 뒤로 무슨 일이든 끝내고 나면 꼭 거한 음식과 더불어 술잔치를 하곤 했다.

울도 담도 없는 우리 집, 벽돌로 높은 담을 절대 만들지 말자고 약속 했었다. 대신 울타리가 될 만한 나무로 차나무를 심기로 했다. 그 때만 해도 차나무 묘목을 구하기가 쉽지 않았다. 그러다가 우연히 '화개

장터'에 구경을 갔는데 그곳에서 차나무묘목을 발견한 것이다. 화분에 빼곡하게 심어 놓은 차나무묘목을 발견하고 얼마나 기뻤었는지. 철사만큼 가늘고 길이는 겨우 한 뼘 가량 되는 차나무 묘목을 또 몇 날 걸려서 집 둘레에 촘촘하게 심었다. 겨울이면 혹 얼어 죽을 까봐 바람막이까지 설치하며 애지중지 키웠다. 그렇게 정성을 들여 키운 결과 지금은 늦가을부터 예쁜 꽃을 피우며 진한 향으로 뭇사람들을 유혹하고 있다. 크기도 어지간한 어린아이만큼 자라서 아주 훌륭한 울타리 역할을 톡톡히 하고 있다.

해마다 봄이 되면 나무시장으로 꽃집으로 바삐 달려가곤 했다. 그렇게 열심히 걷어다 심어 놓은 덕에 우리 집은 봄이면 꽃 대궐을 이루고 여기저기 온 천지에 향기로 가득 채워진다. 초여름 매실부터 가을에 사과 감에 이르기까지 많은 과실들이 우리의 눈과 입을 기쁘게 해 주고 있다. 텃밭에는 우리네 밥상을 풍성하게 해 줄 푸성귀들이 늦은 가을까지 자라고 있어 그것도 또한 우리의 기쁨이다.

백조가 물위에서 우아한 자태를 뽐내며 보는 이에게 아름다움을 선사하기 위해 물밑에 있는 다리는 한시도 쉴 틈이 없다. 마당이 딸린 집에서 좋은 공기를 마시고 아름다운 경치를 바라보며 유유자적한 생활을 한다는 것이 바로 그런 것인 듯하다. 물론 남에게 보이기 위함이 아닌 내가 좋아하는 일을 하는 것이기에 몸과 마음이 힘든 줄을 모르고 살고 있다. 매일 조금씩만 부지런히 움직이면 언제나 쾌적한 환경에서 살 수가 있다. 그 중에서 나에게 가장 부지런을 떨게 하는 것이 마당 곳곳에 숨어 있는 풀들이다. 즉 잡초라는 녀석들이다. 이렇게 어느 곳에도 쓸데가 없어 비록 잡초라는 이름이 붙은 풀들이지만 불과 몇 년 전만해도 귀한 대접을 받던 것들이었다. 지금도 생각난다. 여름이 끝날 무렵이면 밭이나 뒷마당 한 쪽에 수북이 쌓여 이른 봄에 모락모락 김이 나며 퇴비가 되어, 늦가을 밭에 뿌려 다음 해 봄에 농사를 지을 수 있는 옥토를 만들 귀한 것 들이였다. 하지만 이런 모습은 나이 먹은 사람들의 아련한 추억의 한 토막 일 뿐, 지금은 제초제를 뿌려 깨끗하게(?) 처리해 버리면 그만이다. 나도 때론 잔디 사이에 솟아나는 풀들이 귀찮아서 풀약을 하고 싶은 생각이 없는 것은 아니었다. 그러나 좋은 곳에 살겠다고 온 이곳에 독성이 강한 약을 뿌려가면서 까지 풀을 없앨 마음은 없다. 그냥 매일 아침 소일거리로 하나씩 뽑아내며 '너는 어쩌다 풀로 태어나고 우리 집에 와서 이렇게 천대를 받느냐.' '네 팔자도 참….' 이렇게 중얼 거리며 나름대로의 즐거움을 찾고 싶다.

사람마다 각기 다른 생각을 가지고 있으며, 살아가는 방식도 모두 다르다. 물론 생활하는 집도 마찬가지이다. 어떤 이는 나이 먹으면 아파트에 사는 것이 좋다, 또는 흙을 밟으며 사는 것이 좋다 등등. 나는 이곳에서 봄이면 꽃 내음을 맡으며, 여름이 시작되면 모기와 싸우기도 하고 밭에 나가 풀도 뽑으며 살고 싶다. 또 가을이면 색색으로 물들어 가는 나뭇잎들과 푸르디푸른 하늘을 보며 살고 싶다. 그리고 겨울이면 거실의 난로에서 나오는 붉고 따뜻한 불꽃과 훈훈한 공기를 마시며 커다란 창으로 들어오는 눈이 소복하게 쌓여 있는 풍경을 보며 살고 싶다.

나는 오늘도 한 손에 호미를 들고 마당에 쪼그리고 앉아 풀을 뽑으며 '아이고 허리, 다리야.' 하고 즐거운 비명을 지르고 있다.

(2016. 3. 7.)

본전은 했네

마늘을 캤다.

오랜만에 심었는데 제법 알이 굵다.

비가 내리지 않으니 마늘 밭이 마치 바위덩어리처럼 단단하게 굳어 있었다. 간밤에 내린 비로 밭이 촉촉하게 젖어 있으려니 생각하고 손으로 손쉽게 뽑을 요량을 했었다. 마늘 하나를 뽑으니 밑 둥이 잘린 채 윗부분만 잘려서 나왔다. 오랜 가뭄으로 간밤에 비가 내린 둥 마는 둥 하더니 손으로 뽑기는 턱도 없는 일이였다. 그는 괭이와 쇠스랑을 나는 호미를 들고 단단히 마음을 먹고 마늘을 뽑기 시작했다. 그가 힘차게 괭이를 내려치면 내가 재빨리 호미로 흙을 털어내고 마늘만 골라 소쿠리에 담았다. 단단하게 굳은 땅을 파려니 이른 아침인데도 그의 얼굴에는 땀방울이 방울방울 맺혀 주르륵 흐른다. 그래도 간간히 불어주는 시원한 바람 덕에 흐르던 땀은 이내 가시고 또 다시 연신 괭이질을 했다. 캐낸 마늘은 제법 큰 소쿠리에 담으니 그득하게 차오르는 것이 고

생한 보람이 있다.

몇 년 전에 남들도 하는데 우리라고 못할 까, 하는 어처구니없는 생각으로 마늘을 심은 적이 있었다. 시장에 나가 상인들의 말만 믿고 씨 마늘을 사다 밭에 심었다. 그때는 정말 아무 짬도 모르는 완전 초보 농사꾼(?)이었다. 딴엔 열심히 심고 가꾸었다고 생각하며 이듬해 여름 힘들여 마늘을 캤는데, 어찌 된 일인지 처음 심었던 씨 마늘 보다 더 작은 것들만 뽑혀 나오는 것이다. 그리고 심을 때 마늘이 한 접이었는데 캐고 난 뒤에도 알 량 나게 생긴 마늘 한 접을 캔 것이었다. 그러니 본전치기도 못한 꼴이 되고 말았다. 그 뒤로는 차라리 시장에서 마늘을 사 먹는 것이 남는 것이라며 마늘 심는 것을 포기 했었다. 그런 아픈 기억도 망각이라는 편리한 기관 덕분에 또 다시 마늘 농사에 도전 한 것이다. 이번에는 제법 꼼꼼하게 신경을 썼었다. 가끔 거름도 따로 주고 남들 하는 대로 비료도 뿌려주고 행여 물이 부족할 세라 물도 자주 주곤 했었다. 역시 농부들 말이 옳았다. '농사꾼의 발소리를 듣고 자란다' 더니 노력한 만큼의 보람을 찾았다. 마늘 한 접을 사서 심었는데 굵고 실한 마늘이 서너 접은 너끈히 나왔으니 이번에야 말로 본전은 하고도 남는 장사를 하게 된 것이다. 오늘 캔 마늘을 서울에 사는 딸에게도, 호성동에 사시는 시어른에게도 보내 드려야겠다. 이럴 때 아들내외도 가까이 산다면 마늘 한 접 턱하니 주고 인심 쓰면서 호기를 부려볼 텐데, 그러면서 마늘 농사에 대한 이야기를 장황하게 늘어놓고 모처럼 잘난 척도 좀 할 수 있을 텐데. 머나먼 외국 땅에 살고 있으니….

그 마늘 밭에 2모작으로 다른 작물을 심을 요량으로 밭을 잘 고르고 거름까지 뿌려주고 일을 마무리 했다.

아주 늦은 아침을 먹고 부엌 쪽에 있는 데크에 나가 마주보며 마시는 한 잔의 커피는 어느 유명레스토랑에서 후식으로 먹는 커피 맛에 비할까. 그는 아메리카노커피를, 나는 에스프레소를 마시며 시간 가는 줄도 모르고 마늘 농사의 무용담(?)을 이야기 하며 모처럼 남는 장사를 한 서로에게 고마움의 말을 건넸다.

늘그막에 이렇게 한적한 곳에 나와 살면서 조그마한 텃밭을 가꾸고 철따라 피는 꽃을 보며, 시시때때로 찾아와서 아름다운 소리로 노래하고 가는 새들과 함께 소소한 행복을 누리며 건강하게 살고 싶다.

(2017. 6. 8.)

대추나무가 있을 곳

'이제 비로소 네가 있을 곳에 온 것이니,
너무 서운해 하지 말고 씩씩하게 잘 자라줘!'

그리곤 손으로 어루만지고 발로 흙을 꾹꾹 밟아 주었다.

언제나 상대방의 의견은 묻지도 않고 일방적으로 결정해서 일을 저질러 버리곤 했다.

맨 처음에는 집으로 들어오는 입구에 있었다. 몇 년이 흐르고 나자 제법 튼실한 열매를 맺어 주었다. 그런데 주인인 우리가 맛도 보기 전에 이웃이 먼저 손을 대 버린 것이다. '그럴 바에야 울안으로 옮겨 심자' 하며 무작정 파 헤쳐서 동편 화단 한쪽에 심었다. 부지런히 가지를 뻗어서 많은 열매를 맺어 주었다. 그런데 사람 마음이 참 간사하다. 아니 내 마음이 특별히 그렇다. 남이 따 먹으니까 괜히 부아가 났었는데 막상 내 차지가 되니 귀찮아 진 것이다. 그냥 그 자리에 서서 몇 알 따 먹는 것이 고작이었다. 그리곤 나무에 열매를 달아 놓은 채 그대로 있다가 저절로 땅에 떨어지고 마는 신세가 되었고 나무 밑은 지저분하게 떨어진 열매들로 가득했다. 남들은 몸에 좋은 것이라며 돈을 주고 사 먹는 열매인데 점점 천덕꾸러기가 되어갔다. 그리고 해마다 가지를 뻗고 뿌리를 뻗어 아무데나 불쑥 불쑥 나오는 것이었다. 아무리 가지를 쳐주고 뿌리를 끊어내도 소용이 없다 참으로 끈질긴 생명력이다. 이런 녀석을 볼 때마다 그곳으로 옮긴 것에 대해 후회가 막심했다. 그냥 그곳에 두었으면 오고 가는 사람들에게 맛있는 열매를 따먹고 인심 좋은 주인이라 칭송이나 듣는 것을, 하는 생각도 했었다.

'내가 가지고 있자니 싫고 남을 주자니 아깝고.' 이것이 도대체 무슨 심보란 말인가. 이순耳順이 넘은 이 나이에 당치도 않은 욕심을 내는 내가 너무 부끄러웠다.

또 어김없이 봄이 내 곁에 와서 손짓을 하는 것과 동시에 나무에 대한 갈증도 시작되었다. 남편과 같이 나무시장에 뻔질나게 드나들었다. 그러다가 아주 마음에 드는 묘목을 또 몇 그루 사게 되었다.

'이제는 더 이상 심을 곳이 없으니 올해로 마지막이야.'라는 말을 매번 반복했다.

의기양양하게 묘목을 들고 와선 이것 저곳 살피다가 드디어 심을 곳을 찾았다. 바로 이곳 천덕꾸러기 대추나무가 있는 곳이었다.

"그래! 이 나무를 뽑아내자."

"이렇게 큰 나무를?"

그 녀석은 천덕꾸러기이긴 했지만 아주 튼튼하게 자라서 키가 2m는 족히 넘었다. 그리고 굵기도 건장한 청년 종아리보다 더 굵었다. 남편은 주저 없이 괭이와 삽을 가져오더니 파기 시작했다. 그동안 녀석에게 눈치를 주었던 것이 미안했다. 한곳에 오래 있지도 못하고 또 파헤쳐지고 옮겨지게 된 것이…. 항상 하는 말을 또 했다. '이곳은 네가 있을 곳이 아니야 더 좋은 곳으로 옮겨 줄께.' 얼마나 이기적인 사탕발림인가. 드디어 커다란 대추나무가 뽑혀졌다. 물론 뿌리 이곳저곳을 무참히 톱으로 잘라낸 다음에, 그리고 가지도 사정없이 끊어내고…. 드디어 그 자리에 새로 사온 묘목을 심었다. '잘 자라야 돼!'라고 뇌까리면서,

뽑아낸 대추나무를 질질 끌며 우리 밭 맨 끄트머리 한적한 곳으로 가져갔다. '있는 듯 없는 듯 이곳에서 살아라.' 하며.

세상에 어떤 것들이 필요 없이 존재하고 있을까! 하물며 땅 속에 기어 다니는 미물微物마저도 모두 세상에 있어야 할 이유가 있을 텐데….

하물며 우리나라에서는 조상들의 제사나 차례 상에 빠짐없이 오르는 아주 귀한 과일인데…. 그리고 예전엔 '벼락 맞은 대추나무'로 만든 도장이나 물건을 몸에 지니면 좋다며 귀한 대접을 받는 나무이기도 한데. 어쩌다가 내 집에 와서 이런 천덕꾸러기가 되었는지,

오늘도 봄나물을 캐러 돌아다니다 새로 옮겨온 대추나무를 보았다. 괜히 미안하고 안타까운 생각이 들었다. 그리고 똑바로 바라보지 못하고 흘끗거리며 또 다시 이야기 했다. '네가 있을 곳으로 온 거야. 그러니 나를 너무 원망하지 마!'

이만 하면 자기변명도 도를 넘은 몰염치한 사람이 아닐까?

(2015. 4. 4.)

비닐의 역습逆襲

'아이고, 허리야! 이놈의 비닐쪼가리들을 언제 다 줍지?'

벌써 몇 시간째 쪼그리고 앉은 채 무릎으로 걸으며 땅바닥에 널려 있는 비닐조각을 주어 담고 있었다. 몸 여기저기 아프지 않은 곳이 없었다.

우리 집 바로 옆에 감나무를 심어 놓은 곳에 빈터가 많이 남아 그곳에다 옆집 과수원 아저씨가 몇 년째 농사를 지었었다. 그러다가 이젠 힘에 부쳐 더 이상 농사를 지을 수 없다며 작년 일 년 간 밭을 묵혔었다. 단지 일 년 동안 묵혔을 뿐인데 온갖 풀들이 마치 무장한 점령군이 쳐들어오듯 감나무 밭 전체를 점령해 버렸다. 여름에는 감나무가 어디에 있는 지조차도 모를 정도로 풀숲이 우거진 것이었다. 사람의 힘으로는 도저히 어떻게 해 볼 도리가 없었다. 그냥 시간이 흐르기만 기다릴 뿐….

그러는 사이에도 감나무에 달려있는 감은 빨갛고 보기 좋게 익어가기 시작했다. 그리고 기세등등하게 버티고 있던 점령군들도 힘이 빠졌는지 차츰 색이 변하더니만 서리가 내리기 시작하자 하루가 다르게 누렇게 변하고 그 자리에 털썩 주저앉고 말았다.

그 틈을 힘들게 비집고 다니면서 감나무를 대할 면목도 없는 주인은 잘 익은 감을 따기에 여념이 없었다. 튼튼하기만 한 줄 알았던 감나무들도 가냘프기 그지없게 생긴 풀들에게 온 힘을 다 빼앗긴 듯 이리저리 얼 키고 설 켜 가지가 재대로 뻗지도 못하고 있었다. 감을 따면서 녀석들에게 연신 '미안하다, 내년에는 잘 지켜 줄께.'라고 혼잣말로 중얼거리며 돌아 다녔다.

누렇게 시들은 풀들을 방치한 채 겨울을 지냈다. 그곳을 볼 때마다 행여 누군가 와서 보면 어떻게 하나 걱정이 되었다. 관리도 제대로 하지 못하면서 나무들에게 못 할 짓을 한 것 마냥 늘 다른 이들의 시선이 두려웠다.

풀들은 바싹 말라 있으면서도 감나무를 놔주지 않고 그대로 붙들어 매고 있는 것이었다. 한 두 그루도 아니고 일일이 손으로 풀을 걷어 주어야 되는데…. 그냥 눈 딱 감고 겨울을 보내자 그리고 봄이 오거든 어떻게 해보자며 스스로를 합리화合理化시키며 모른 채 하고 지냈다. 그러는 사이에 기다리고 기다리던 봄이 드디어 왔다,

그와 내가 발 벗고 나섰다. 힘이 들더라도 우선 감나무를 싸고 있는 풀들을 제거하기 시작했다. 삽과 낫, 그리고 전지가위를 들고…. 또 이웃에게 부탁하여 트랙터로 나머지 땅을 뒤집어엎었다. 문제는 이때부터 시작되었다.

요즈음 농촌에서는 비닐이 없으면 밭농사를 절대 지을 수 없다. 고

추밭은 물론 마늘 밭 양파 밭 등 어디든지 땅 위에 비닐을 덮고 나서야 작물을 심을 수 있는 것이다. 그래야 풀이 나지 않기 때문에….

그런데 모든 것을 수확하고 난 뒤 밭갈이를 할 때 쳐두었던 비닐을 그대로 둔 채 관리기로 밭을 갈아엎는다. 그러면 비닐도 산산 조각이 나서 흙과 섞여 밭에 나뒹굴고 있다. 때론 흙 속으로 들어가기도 하고 바람이 불면 여기저기 날아다니다가 나뭇가지에도 비닐하우스 기둥에도 길거리에도 마치 깃발처럼 걸려 나풀거린다. 아마 시골길을 걷다보면 검게 또는 누런 황토색으로 변한 비닐 조각이 나뒹구는 모습들을 쉽게 볼 수 있을 것이다.

귀찮다고, 아니면 언젠가 없어지겠지 하는 안일한 생각으로 버려진 비닐들이 그대로 흙에 남아 있다가 언젠가는 우리에게 다시 돌아온다는 생각을 하지 못한 채 마구 버려지고 있다.

그렇게 버려진 비닐 조각들이 트랙터로 밭을 갈아엎자 여기저기 나뒹굴고 바람에 날아 다녔다. 그대로는 둘 수가 없어 그것을 일일이 줍기로 마음먹었다. 땅덩어리가 넓다면 넓은 곳인데 여기저기에 뒹굴고 있는 비닐조각을 주워서 커다란 마대자루에 담기 시작했다. 처음 그 마대자루를 가지고 나갈 때만 해도 봉투가 너무 큰 것 아닌가 생각했었는데 벌써 두 자루 째 채워가는 중이다.

이 땅은 우리만 쓰고 끝나는 땅이 아니다. 그리고 이 땅도 사실은 우리 것이 아닌데, 조상에게 물려받았고 또 언젠가는 우리 다음세대 또 그 다음세대 이렇게 끝도 없이 물려주어야 되는 후손들의 땅인데, 온통 비닐조각으로 뒤 덮였다고 생각하니 끔찍했다.

편리해서 쓰기 시작한 비닐 때문에 언젠가는 비닐의 역습逆襲을 당할 것이라는 생각이 들어 두렵기 까지 했다.

작은 텃밭을 가꾸는데도 풀들 때문에 농사짓는 것이 그리 호락호락하지는 않다. 그러니 커다란 농토에 농사를 짓는 농부들이야 오죽하겠는가. 그렇다 해도 생각 하나 바꾸면 우리의 땅을 올곧게 간수하여 자손대대로 비옥한 땅으로 물려 줄 수도 있을 텐데.

잠깐의 편안함으로 퇴비보단 비료를, 그리고 맨땅보단 비닐 씌운 땅을 더 좋아하게 되었다. 비닐을 씌울 수밖에 없는 상황인 것은 잘 알고 있지만 쓰고 난 다음 처리는 깨끗하게 해야 되지 않을까. 그래서 언제까지나 깨끗하고 기름진 이 땅에서 자자손손 농사를 지며 몸에 좋은 먹을거리들로 건강하고 행복한 생활을 할 수 있었으면 좋겠다.

(2014. 3. 7.)

전쟁 같은 하루

'전쟁 같은 하루였다.'며 늦은 저녁에야
비로소 한가해진 우리가 거실 소파에 앉아 던진 말이었다.

이곳에 이사 와서 살면서 10년 동안 한 번도 겪어 보지 못했던 일들이 어젯밤에 일어났다.

지난 밤 저녁 식사 뒤 TV를 켜고 뉴스를 열심히 보고 있는데, 세찬 비바람이 마치 창문을 부셔 버릴 듯이 때리고 있었다. 그리고 부엌 쪽에 열려 있는 창문으로는 커다란 물통에 담은 물을 쏟아 붓는 것처럼 비가 들이 닥쳤다. 조금 있으니 여기저기에서 번쩍 번쩍 우르르 쾅쾅 요란했다. 보던 TV를 끄고 또 곁에 있던 CCTV까지도 전기선을 모조리 뽑아 놓았다. 나름대로 안전조치를 해 놓은 셈이었다. 잠시 후 집안에 있는 모든 불이 나가 버리고, 동시에 마치 하늘이 찢어지는 듯 날카로운 소리를 낸 뒤 마당에 있는 전등마저 모조리 꺼지고 주변에 있는 가로등도 모두 나가 칠흑 같은 어둠 속에 갇혀 비렸다.

무서웠다. 계속 우리 집 지붕 위를 맴도는 것처럼 번개가 내리쳤다. 그때 스마트 폰에 작은 울림이 있었다. 그런 소리마저도 공포감을 느끼게 했다. '김제지역에 호우경보'가 내렸다는 재난문자였다. 우리 집에서 김제는 아주 가까운 거리에 있는데….

밤이 늦도록 잠을 이룰 수가 없었다. 자리에 누워 있으니 계속 하늘에서는 번쩍 거리고 마치 양동이에 받아 놓은 물을 쏟아 붓 듯이 비가 내렸다. 한참을 뒤척이다가 무심한 잠이 이내 나를 꿈속으로 끌어 드렸다. 꿈속에서조차도 눈앞에 천둥 번개가 요란하여 깊은 잠을 이룰 수가 없었다.

아침 일찍 일어나니 지난밤에 무슨 일이 있었냐는 듯이 날씨가 너무 말짱했다. 그런데 웬걸 그렇게 요란을 떨었는데 흔적이 없을 수는 없는 것, 간밤에 번개로 마당에 불이 꺼지면서 지하수마저 끊긴 것이다. 지하수를 전기로 끌어 올리는 데 정전이 되는 바람에 물이 나올질 않았다. 이른 아침에 화장실도 못가고 쩔쩔매고 있었다. 천만 다행으로 남편이 합선된 부분을 찾아 마당의 전기가 원래 상태로 돌아왔다. 이내 남편을 향해 엄지를 크게 들어 올려 보였다. 기분이 날아 갈 듯 했다. 왜 아니겠는가, 집안에 물이 나오지 않으면 어떻게 될 까, 상상하기조차 싫은 일인데….

지난밤에 정전이 되었던 실내는 남편이 누전차단기를 고쳐 다시 불이 들어왔다. 평소 아침나절에는 TV를 켜지 않는데 지난 밤 소식이 궁금하여 TV를 켰다. 그런데 TV가 감감 무소식 화면이 나오질 않는 것이었다. 그러고 보니 CCTV화면도 깜깜했다.

벼락을 맞은 것이었다. 옛날부터 몹쓸 짓을 하면 '벼락 맞아 죽을 놈'이라고 심하게 욕을 했는데 우리 내외는 별로 못된 짓을 한 것 같지도 않은데 벼락을 맞았다. 그런데 문제는 거기에서 끝이 아니다, 아침밥을 하려고 솥에 쌀을 넣고 전기레인지를 켜니 작동이 되질 않았다. 전자레인지에 불을 넣어 보아도, 전기믹서기의 스위치를 켜도 모두가 먹통이 되어 버렸다. 이것들은 모두 우리 집 거실과 부엌 서쪽 벽면에 설치되어 있는 콘센트를 쓰는 것들이었다. 그 벽면 전체가 직접은 아니지만 간접적으로 벼락의 피해를 본 것이었다.

10여 년 전 집을 새로 지을 때 지대가 높고 외딴 곳에 있으니 지붕 위에 피뢰침을 설치하자는 남편의 말에 속으로 웃었었다. '무슨 개인 집을 짓는데 그런 것 까지는.' 하며, 그러나 그때 그런 장치를 했던 남편의 선견지명에 그저 감복할 뿐이었다. 그렇게라도 해 놓았으니 망정이지 그렇지 않았다면 집안의 가전제품은 모조리 못 쓰게 된 것은 물론 혹여 더 많은 피해를 입지 않았을까, 생각만으로도 아찔했다.

아침부터 여기저기 서비스를 받을 곳에 전화를 하니 그쪽 방향에 피해 신고가 너무 많아 '당일에는 서비스가 어렵겠다.'는 대답만 돌아왔다. 어쩔 수 없이 그냥 기다리는 수밖에, 다행히 소비자들의 다급한 마음을 헤아리듯 생각보다 빨리 수리하는 기사님들이 오기 시작했다. 그런데 쉽게 기계를 교체하는 것 말고는 부품을 신청하는데 시간이 오래 걸리고 비용도 만만치가 않은 것들도 있었다. 특히 TV같은 경우는 아직까지 먹통인 상태로 있기에 저녁 시간이면 TV 앞에서 시간을 보내던 우리였는데 할 일을 빼앗겨 버렸다.

설상가상 한 십오륙 년 정도를 쓰던 냉장고가 몇 년 전부터 말썽을 부리기 시작했다. 겨우 달래서 쓰긴 했었는데 며칠 전 부터는 냉동고 온도가 영상으로 올라가고, 냉장실도 제대로 구실을 못해서 벼르고 벼르다가 큰마음 먹고 내 생애 마지막(?)이라는 생각으로 냉장고를 장만했는데, 그 냉장고가 하필이면 그날 집으로 들어오게 되었다. 냉장고를 바꿔본 사람이라면 그 광경이 눈앞에 선하게 그려질 것 같다. 부엌 싱크대 위에는 냉장고의 냉장실과 냉동실에서 끝없이 나온 온갖 것들이 그야말로 산더미처럼 쌓여 있었다. 특히 냉동고에 있던 음식들은 말썽꾸러기 냉장고 덕분에 흐물흐물 물기를 잔뜩 머금고 있었으니 참으로 가관이었다. 십년을 훨씬 더 묵은 냉장고를 앞으로 꺼내 놓으니 뒤편에 켜켜이 쌓여 있는 먼지는 주부인 나의 얼굴을 부끄러움으로 빨갛게 물들여 놓았다. 안주인의 체면이 말이 아니게 깎인 날이기도 했다.

그날 우리 내외의 몸과 머리는 정말 수세미 속처럼 엉키고, 숯처럼 새카맣게 타 들어가고 있었다.

냉장고 정리가 겨우 끝나고, 이젠 간접적으로 벼락을 맞아 망가진 거실 벽면의 전기를 고치기 위해 동네 전업사를 찾아 나섰다. 그곳 역시도 그야말로 눈코 뜰 새 없이 바쁘게 나댔다고 한다. 다 저녁때가 되어서야 겨우 짬이 난다면 전기기술자가 집에 왔다. 역시 기술자는 기술자인 모양, 너무 쉽게 탈이 난 곳을 찾아 수리를 했다. 나이가 많아 보이는 어르신인데 그렇게 좋은 기술을 가지고 현역에서 활동하는 모습이 보기 좋았다.

올 여름 그렇게 가뭄에 시달리며 농부들의 마음을 새카맣게 태우더니 장마도 그냥 설렁설렁 지나가고, 때 아닌 때에 물 폭탄을 터 뜨려 곳곳에 수해를 입혔었다. 더위가 그친다는 처서가 지난 하루 뒤에 그렇게 많은 비를 내렸으니, 지구가 이상기후 현상으로 온갖 피해를 입고 있다는 것이 실감이 났다.

이러한 자연재해는 특별히 대비한다고 피할 수 있는 것도 아닌 것 같다. 우리 집처럼 피뢰침이란 대비책을 마련 했다고 해도 속수무책으로 피해를 보았으니 이러한 피해를 어디에 하소연해야 할까. 직접 피해를 입은 것도 아니고 간접피해를 입었으니 그런 일을 당한 사람들만 정신적 물질적으로 힘들뿐이다. 그래도 인명 피해 없이 지나간 것에 감사할 따름이다. 이번 폭우와 낙뢰 사고로 피해를 본 사람들이 하루 빨리 피해복구를 하여 안정되고 행복한 생활을 할 수 있었으면 좋겠다.

(2017. 8. 26.)

침입자들

'부~욱 부~욱' 듣기만 해도 소름이 돋는다.

오늘 아침에도 어김없이 연못에서 이 소리가 들렸다.

이곳에 이사 온지도 십 여 년, 그러니까 우리 집에 조그마한 연못이 만들어진지도 십 여 년이 되었단 이야기이다. 처음 몇 년 동안은 완주군 이서면에 있는 '물고기 마을'을 뻔질나게 드나들었다. 우리 눈에는 그냥 금붕어로 보이는데 이름도 참 가지가지였다. 크고 작은 금붕어들을 섞어 이십여 마리 넘게 사서 연못에 풀어 놓고, 빨간 금붕어들이 살랑살랑 물위를 돌아다니는 모습이 어찌나 귀엽고 사랑스럽던지, 한참 동안을 그 녀석들 보는 재미에 푹 빠져 지냈었다. 영리한 녀석들이라 한 겨울 추위에는 연못 깊숙이 집어넣은 제법 큰 돌멩이 사이에 들어가서 꼼짝하지 않고 지냈다. 그러니 연못 표면에 얼음이 두껍게 얼어 있어도 다음 해 봄이면 어김없이 건강한 모습으로 식구들을 불려서 나타났다. 그러자 욕심이 생겨서 비단 잉어를 몇 마리 사다 연못에 넣어 주었다. 원래 몸집이 큰 녀석들이라 몸집을 불리는 모습이 눈에 띌 정도로 빠르게 달라졌다. 지나친 욕심이 화를 부르듯이 연못 크기에 어울리지 않게 커 버린 잉어들이 겨울이 되자 있을 곳이 마땅치 않아 물위에서 그만 하얗게 얼어 죽어 버렸다. 식물이건 동물이건 살아 있는 것이 어느 날 갑자기 죽어 버리면 그 안타깝고 아픈 마음이란 이루 형언할 수 없고 또 오랜 시간 마음에 남아 있다. 그래도 금붕어들은 겨우내 꼼짝하지 않고 있다 봄이면 어김없이 황금빛을 뽐내며 물살을 스치고 돌아 다녔다. 올봄에도 아기 손가락만한 새끼들을 잔뜩 낳아서 물위로 나왔다. 그런데 어느 날 연못 물 위로 금붕어 한 마리가 둥둥 떠다니고 있는 것이 아닌가. 여태 한 번도 없었던 일이라 깜짝 놀라 건져보니 배 부분에 빨갛게 상처가 난 채 죽어 있었다.

'이상하다? 이상하네~'

그러더니 며칠 후 또 한 마리가 똑 같은 모습으로 물위에 떠올랐다.

우리 집 연못에는 개구리들도 많이 오고, 새들도 가끔 목욕하러 놀러온다. 그리고 아주 가끔씩 꽃뱀이 나타나 개구리도 사람도 혼비백산하게 만들곤 했었다. 그래도 요즈음처럼 금붕어가 죽어 나간 적은 한 번도 없었다. 그렇게 연속적으로 떠올라 오더니 더 이상 금붕어가 물 위에 떠오르는 일이 없어 안심하고 지냈다.

이른 아침마다 닭장에 모이를 주러 가는 길이면 물 위에 스르르 미끄러지듯 유영하는 빨간 금붕어를 보며 상쾌함을 느끼고 다녔었다. 그런데 어느 날부터인지 그 빨간 금붕어들이 하나도 보이질 않았다. 날씨도 따뜻한데 깊숙한 곳에 있을 리도 없고 정말 이상했다. 풀리지 않는 수수께끼였다.

'부~욱 부~욱' 어디선가 이런 괴상한 울음소리가 들렸다. 자세히 보니 '황소개구리'였다. 크기는 그렇게 크진 않았다. 원인은 '황소개구리'였던 것이다. 외래종인 황소개구리는 1970년대 농가소득을 올리겠다는 목적으로 일본과 미국에서 들여와 농가에 보급했는데 1970년대 중반쯤 키워보았자 소득에 별 도움이 되질 않아 무단 방류를 시켰다. 그 많던 금붕어들, 수시로 들락거렸던 개구리들, 가끔 나타나 나를 까무러칠 만큼 놀라게 했던 꽃뱀들을 어떻게 했는지, 그때야 비로소 알 수 있었다. 연못 속에서 눈만 빼꼼히 내 놓은 채 마치 잡으려면 잡아 봐라 하는 것처럼 연잎을 타고 물속에 들어 있는 것이었다.

외래종이 들어와 생태계를 파괴한다는 이야기는 익히 들어 알고 있었다. 예전에 '구이 저수지'에 '베스'라는 외래종물고기가 들어와 토종물고기를 마구 잡이로 먹어 치워 생태계를 교란 시킨다고 했었다. 그래서 낚시꾼들에게 '베스'를 잡도록 권하기도 했었고, 그 근처 음식점에서는 '베스'로 생선전을 부쳐 밥상에 내 놓기도 했었다. 베스 역시 농가소득은 물론 국민소득에 도움이 될 것 같아 1970년대 도입 했지만 실패로 끝나고 결과는 생태계교란만이 남았었다.

우리 동네도 언제부터인가 '노란민들레'가 지천으로 널려있다. 그냥 보면 꽃이 노란 것이 참 예쁘다. 그러나 가끔 보이던 우리 토종 민들레인 '하얀 민들레'는 찾아보기 어렵고 그 자리를 온통 '노란민들레'가 차지하고 있는 것이다.

커다란 저수지에 있으면 낚시라도 해서 잡을 수 있지만 우리 집처럼 작은 연못에 있는 '황소개구리'는 어떻게 처리해야 될지.

매일 조용한 밤에 들리는 '황소개구리' 울음소리는 차라리 공포 그 자체이다.

온 세계가 한 가족이 되어가는 지구촌 시대에 살고 있다. 외래종이 들어오는 것을 막을 방법은 없다. 물론 고려시대 '목화라는 외래종이 들어오지 않았다면 어떻게 되었을까' 하는 생각을 해 보기도 한다. 그래도 우리 것을 지키는 것 마저 손을 놓고 있을 수는 없을 것이다.

오랜 시간이 지나면서 토착화되어 황소개구리나 베스 같은 외래종에도 천적이 생겼다니 다행이다.

방생이라는 이름으로, 수입하는 곡물에 섞여서, 아니면 외국 여행 중 예쁘다고, 이렇게 무분별하게 들어오는 외래종에 대해 심각하게 생각해 봐야 될 것 같다.

(2017. 6. 17.)

여유 있는 아침

아침 식사 후 부엌 바로 옆에 있는 우드 데크(나무난간)에 나와 서로 마주 보면서 야외 테이블에 앉아 마시는 모닝커피는, 그냥 마시는 음료라기보다 두 사람이 같이 만들어 낸 행복을 마시는 특별한 기호식품이다.

이렇게 날씨가 무더운 여름날에는 멋진 유리컵에 얼음을 넘치게 넣고 주전자에서 뜨겁게 끓여 내린 원두커피를 부어 만든 냉커피가 최고의 후식이다. 특히 얼음에 뜨거운 커피가 닿는 순간 사각사각 얼음이 녹는 소리에 나는 또 다른 흥분을 느낀다. 미리 데크에 나가 있는 남편에게 '커피 나왔어요.'하며 유리창 너머로 건네 줄때도 나만이 느끼는 색다른 행복이 있다. 이렇게 만들어진 차가운 커피를 놓고 우리는 오랜 시간 앉아서 간혹 불어오는 시원한 바람을 맞으며 이런저런 이야기를 나눈다. 특히 주말에는 그렇게 이야기하다보면 어느 새 두어 시간이 훌쩍 지나가 버린다.

주변에 있는 여러 종류의 나무들을 바라보면서 올 가을에는 제일 가까이 있는 반송을 강하게 전지를 해야겠다는 등, 바로 앞에 있는 단풍나무는 옮겨 심은 지 10년째 되는 올해야 비로소 건강하게 자라고 있으니 기특하다는 등. 다른 이들이 들으면 그다지 중요한 이야기도 아닌데 우리의 대화는 끝도 없이 이어진다. 주로 우리가 직접 심어 놓은 꽃과 나무에 대한 이야기만으로도 오전 시간이 쏜살 같이 지나갈 때가 많다. 때로는 멀리 살고 있는 아들 내외의 이야기, 서울에 살고 있는 딸 이야기, 특히 올 봄에 아빠의 나라인 핀란드로 간 손자들의 이야기가 나오면 서로 먼저 이야기 하려고 하면서 또 한 차례 이야기꽃을 피운다. 전날 아이들 사진이라도 카카오 톡으로 보내온 날은 더 많은 이야기를 하며 마치 곁에 있는 듯이 아이들 사진에 대고 말을 하곤 한다.

이러다 보면 어느 새 유리잔 가득 들어 있던 차가운 커피는 얼음 몇 조각만 남기고 바닥을 보이기 일 쑤다. 그 얼음 조각까지 다 먹어 치우고 나서도 자리에서 일어나지 않고 무더운 아침에 가끔씩 불어주는 시원한 바람을 못 잊어 한참을 앉아 있다. 이렇게 차가운 커피를 즐겨 마시다가도 어느새 시원한 바람이 불어오고 하늘이 높아지면 이제는 뜨거운 커피를 찾게 된다. 그러면 여름 날 아침마다 우리의 눈과 입맛을 즐겁게 해 주었던 멋진 유리컵과 얼음에 대한 사랑은 까마득하게 잊어버리고 만다. 대신 또 다른 사랑이 아침마다 시작된다. 남편은 뜨거운 '아메리카노 커피'를 나는 다른 사람들이 한약 같아서 별로 좋아하지 않는다는 뜨겁고 새카만 '에스프레소 커피'를 찾게 된다. 그가 좋아하는 커피는 맛있게 볶아진 커피콩을 사다 집에서 직접 갈아서 커피주전자에 내려서 뜨거운 물과 섞어 만든 '아메리카노 커피'를, 나는 역시 커피주전자에서 바로 내린 뜨거운 '에스프레소 커피'를 좋아한다. 모든 원두커피를 만들어 낼 때 가장 기본이 되는 것은 '에스프레소커피'이다. 그래서 나는 가끔 카페에 가면 '에스프레소 커피'를 시키곤 한다. 그 커피가 맛있어야 우리가 흔히 먹는 '아메리카노 커피'나 '카푸치노' '커피 라떼' 같은 모든 커피들이 맛있게 되니까.

내가 아침마다 '에스프레소 커피'를 좋아하게 된 것은 그리 오래 되지 않았다. 3년 전 아들 내외와 우리내외가 이탈리아 여행을 한 달 정도 했던 적이 있다. 이탈리아 사람들의 커피 사랑은 우리보다 한 수 위인 것 같다. 그도 그럴 것이 이탈리아 사람들이 제일 처음 커피를 마시기 시작했다니, 그들은 아침마다 '에스프레소 커피'에 '크로아 상'을 우리네 밥처럼 아침 식사로 한다. 집에서 먹는 때도 물론 있지만 대부분은 동네 카페에서 의자에 앉지도 않고 서서 홀짝 마시고 나가는 모습을 보았다. 또 그곳은 카페에 들어가 앉아서 커피를 마시면 값이 서서 먹는 것 보다 배는 비싸다. 그 모습을 보고 참으로 합리적인 가격이라고 생각했었다. 이탈리아 여행 때 아침마다 마셨던 '에스프레소 커피'맛을 잊을 수가 없었다. 한 모금에 그만 홀딱 반해 버렸다. 그때부터 '에스프레소 커피'는 나의 기호식품 1번이 되었다. 그리고 나는 커피 잔에 신경을 많이 쓰는 편이다. 어떤 사람들은 '어떤 잔이면 어때?'하는데 나는 절대 아니다, 컵의 모양에 따라 맛이 달라진다는 생각이다. 그래서 반드시 '에스프레소 커피'는 에스프레소 커피 잔에다 먹어야 본래의 맛이 난다.

오랜 세월 우리 내외의 아침시간을 즐겁게 만들어 주는 커피, 그것으로 인해 오랜 시간 이야기를 나눌 수 있게 해준 고마움, 그 이야기로 인해 온갖 사물에 깊은 애정과 관심을 갖게 해준 커피가 고맙다. 이렇게 고마운 커피처럼 무더위에 시달리는 우리 모두에게 시원함을 선물하는 향기로운 사람으로 살고 싶다. 또한 모든 커피의 기본이 되는 '에스프레소 커피'가 맛있어야 그 카페의 커피를 많은 사람들이 찾게 되듯이, 나도 언제나 기본이 단단하고 충실한 사람이고 싶다. 그리하여 내 주변에 있는 모든 사람들에게 커피향이 진한 '에스프레소 커피'처럼 오래오래 향기가 넘치는 이웃으로 남아 즐거움도 슬픔도 같이 나누고 사는 넉넉한 삶을 살기를 희망한다.

(2018. 8. 11.)

우리 집은 지금 축제 중

매일 매일이 설레임의 연속이다.

현관 바로 옆에 있는 장미 조팝나무는 하루가 다르게 팝콘을 만들어 내느라 분주하다. 덩달아 옆집 배 과수원에서도 팝콘 터지는 소리가 기분 좋게 들린다. 화단 한쪽에 있는 외동백은 나무에서 꽃을 피우더니 이내 바닥에도 그득하게 붉은 꽃을 피워내고 있다. 마당 가득 자두 꽃향기가 그윽하니 우리에게 어서 오라는 듯 손짓을 한다.

닭장 주변에는 머위가 지천으로 널려있고, 언덕에 있는 두릅나무는 '지금이 딱 이야!'하는 듯 연록 색 봉오리가 솟아있다. 또 돌보지 않아도 알아서 솟아 올라있는 취나물이 눈에 띈다. 그 아랫녘에 원추리도 파릇한 것이 입맛을 돋우고 있다. 텃밭에 있는 쪽파도 뒤질세라 새벽에 단비를 맞고 더욱 새파랗게 높이 올라와 있다.

하루가 다르게 변하는 모습에 나도 덩달아 매일 열리는 그들의 축제에 한 몸이 된 양 즐기고 있다.

봄비가 부슬부슬 내리는 아침에 그가 받쳐 주는 우산 아래서 쑥을 뜯었다. 이른 아침에 받아 놓은 쌀뜨물에 멸치를 넣어 우려내고, 묵은 지를 송송 썰어 넣고 뭉근하게 끓이다가 쑥을 한 움큼 넣고 대파도 넣은 다음 불을 껐다. 국그릇 가득 국을 퍼 주니 남편이 '이게 바로 봄맛이야!' 하며 좋아라고 한다. 파강회, 두릅숙회, 원추리나물 등 아침 밥상이 너무 푸짐하다. 요즈음은 매일 밥상이 여느 대갓집 잔치 상 부럽지 않다.

밤새 내린 봄비로 온통 새로운 세상이 열렸다. 밭에 심어 놓은 갖가지 채소들에는 투명한 구슬이 방울방울 구르고, 나무에 이제 막 솟아오른 여린 잎들도 옥구슬을 대롱대롱 매달고 서 있다. 마당에 잔디는 파릇파릇 새 옷으로 갈아입었다. 연못에 있는 금붕어들도 비가 내리니 겨우내 감추었던 빨간 몸을 드러내 주었다.

해 마다 봄이면 온 세상이 잔치마당이 된다. 우리 집도 뒤질세라 잔치 굿이 한판 펼쳐진다. 맨 위 화단에 있는 동백이 흐드러지더니 하얀 목련이 피어나고, 남경화의 순백 꽃이 자칫 흐린 세상에 물들어 가는 마음을 정화시켜 주기라도 할 것 같다. 막 움트기 시작한 구절초 싹이 지나가는 발걸음을 조신하게 만들고 있다. 언덕에 있는 살구꽃은 간밤에 내린 봄비로 발아래에 눈길을 만들어 주었고 매화는 열매 만들기가 한창이다. 천리향도 진한 향을 내뿜으며 유혹하고 있다.

동편 화단에 복수 초는 이미 이별 준비가 끝난듯하고 뒤이어 애기별꽃이 나지막하게 피어있다. 이러한 축제 마당의 한 가운데 내가 있을 수 있다니….

해마다 이 맘 때가 되면 한 치의 오차도 없이 피어나는 온갖 꽃과

나무 그리고 채소 등, 댓 가를 받지 못하면서도 베풀기 만하는 그들인데 실하지 못하면 그렇다고 잔인하게 뜯어내고, 못나면 또 못났다고 가차 없이 베어 버리고, 내 욕심만 한 가득 채우며 사는 인간들이 참 한심하다.

세상이 아무리 혼탁하여도, 미세먼지가 가득하여 숨쉬기조차 힘들다고 불평을 하여도, 그들은 아랑곳 하지 않고 우리 앞에 나타나 억만금을 주고도 살 수 없는 그 무엇인가를 주고 소리 없이 떠나곤 한다.

비가 내린 뒤 모처럼 파랗고 투명한 하늘을 보니 마음까지 청정한 것이 두 손 모아 합장하고 좌선삼매坐禪三昧에 들어야 할 것 같다.

(2017. 4. 11.)

4부
welcome to Korea

비를 맞고 있는 여인들

홈통으로 똑똑 떨어져 내리는 빗방울 소리가 참 아름답다.
특히 오늘 같이 주위가 고요할 때는
더욱 더 내 귀를 간지럽히는 하프 소리 같아 듣기 좋다.

이런 날 거실의 커다란 창가에 있는 흔들의자에 앉아 마당을 바라보고 있노라면 빗금을 그어 내리듯이 내리는 비의 모양에 끝없는 생각 속으로 빠져든다.

마당 끝머리 꽃 사과나무 곁에 나란히 놓여 있는 여인들의 흉상에 눈이 머문다.

가슴에 세상의 모든 짐을 안고 있는 듯 한쪽에 두 개씩 네 개나 되는 젖가슴을 가지고 있는 여인들, 고개를 비뚜름하게 비틀고 얼굴에는 온갖 시름을 가득 담은 표정으로 먼 곳을 끝 간 데 없이 보고 있다. 이렇게 비가 내리는 날에는 온 몸으로 비를 맞으며 생각에 잠겨 있고, 눈이 시리게 파란 하늘이 보이는 날에는 세상 걱정을 내가 대신 맡아 하겠다는 표정을 하고 있다. 이 여인들이 우리 집 마당에 와서 우리 가족이 된 지도 벌써 십여 년이 훌쩍 지났다. 그 여인들과 더불어 곁에는 기다란 고깔모자 모양의 테라코타도 놓여 있다. 테라코타로 된 여인 흉상과 고깔모자 모양의 테라코타 작품을 바라보니 아들이 유학을 준비하던 때가 문득 문득 생각이 난다.

미술대학에서 금속공예를 전공하고 졸업을 앞둔 어느 날, 그는 장래를 엉뚱한 일을 한 번 해 보겠노라고 결정 했단다. 그러더니 제법 큰 제약회사의 영업 사원으로 취직을 했다. 아들의 엉뚱한 결정에 놀라기도 했지만 우리 내외는 그런 결정에 전폭적인 지지를 보냈었다. 그 사이 같은 과 동기생 여자와 결혼하고 영업도 열심히 잘 하고 있었다.

그의 엉뚱한 결정은 또 한 차례 우리를 놀라게 했다. 유학을 가겠단다. 누군가 '예술은 마약과 같다'고 했다. 한번 발을 들여 놓으면 죽을 힘을 다해 노력해도 끊지 못하는 마약처럼 예술이란 것도 그와 똑같다. 근 20여 년을 붓을 놓고 오로지 직장생활, 엄마, 아내 노릇만 하다 어느 날 갑자기 다시 그림을 그리겠노라고 했던 내 모습이 생각이 났다.

3년 넘게 회사 생활을 잘 하던 아들이 다시 대학 때 전공을 살려 유학을 떠나겠다며 준비한 작품들이 지금 우리 집 마당의 주인공이 된 그것들이다.

스코틀랜드 에딘버러 시에 있는 '에딘버러 대학교 예술대학'에서 석사과정 공부를 하겠다며 *'포트폴리오'를 만들어 보내기 위해서 만든 작품들이다. 그 작품 덕분에 무난히 합격하여 내외가 그곳으로 유학을 떠났다.

회사에 다니며 아들 딸 낳고 살뜰하게 살아가는 보통의 삶을 포기한 그들에게 현실은 얼음보다 더 차갑고, 사막의 모래 바람보다 더 험난한 길이었다. 그 고생을 멀리 떨어져 사는 부모가 어떻게 짐작이나 할 수 있었을까!

본인 스스로 택한 길에 대한 책임을 끝까지 지고 온갖 고생을 다 하며 무사히 석사 과정을 내외가 다 마치게 되었다. 그러면서 차츰 그 지역 사회에서 아들은 유리공예가로 며느리는 보석공예가로 어느 정도 자리를 잡아 가게 되었다. 그러나 간혹 들려오는 소리는 사나흘을 굶기가 일쑤이고 같은 교민에게 혹독한 배신을 당했다는 등 차마 글로 옮기기조차 어려운 일들을 참아내고 있었단다. 그 와중에 아들은 다시 박사학위를 따기 위해 박사과정을 시작하게 되었다. 비자 기간이 다 될 때마다 우리 내외도 덩달아 가슴조이며 행여 비자가 나오지 않을까 노심초사하기 일쑤였다.

외국인, 특히 아시아인에게 인색하기 짝이 없는 그곳 백인 사회에서 아들은 장학금을 받아가며 무사히 박사학위를 취득했다. 그리고 그들의 작품도 차츰 널리 알려지게 되었다. 에딘버러 뿐 아니라 유럽 곳곳에서 초대전을 하게 되었고 멀리 미국에서도 제법 지명도가 있는 전시에 매번 초대를 받게 되었다. 그렇다고 그들에게 경제적으로 커다란 부가 주어진 것은 물론 아니었다.

세월이 바람처럼 흘러 그곳에 간지 만 10년이 지나 '영주권'을 받게 되었다. 이젠 마음이 조금은 놓인다. EU국가 사람들이 누리는 모든 혜택을 누리게 되었으니, 비자가 나오지 않으면 어떻게 하나 아시아인이라며 인종차별을 받으면 어떻게 하나 하며 전전긍긍하던 걱정거리는 사라지게 되었다.

매번 모교에서 석사과정 학생들에게 한 학기씩 강의를 할 수 있게 되었고, 전속 갤러리도 여러 곳으로 늘어나게 되었다. 며느리도 유수의 갤러리 여러 곳에 전속이 되어 있고 쉼 없이 초대전도 하고 있다. 대부분 예술가들의 생활이 그러하듯 그들도 풍요로운 일상생활 대신 풍요로운 창작활동에 행복해 하며 살아가고 있다.

가끔은 가까운 이웃나라에 휴가를 다녀 올 수 있고 예전처럼 밥을 굶는 일은 결코 없이 살고 있음에 만족해하고 있다. 논문을 발표하거나 권위 있는 학술지에 논문이 실리는 일도 끊임없이 하고 있다니 부모인 우리도 마음이 놓인다.

비가 하염없이 내리는 날 마당에 놓여 있는 여인들을 바라보니 아들의 유학생활이 생각이 나서 마음이 무거워진다. 하지만 그 작품을 바탕으로 오늘 날 훌륭한 유리공예가로 훌쩍 성장한 아들의 모습에 그 여인들도 마음이 놓이는 듯 그녀들의 표정도 오늘 따라 촉촉하게 젖은 피부에 생기가 더 해지는 것 같다. 그리고 그 작품들이 우리 집 정원의 품격을 높여주는 것에 아들에게 많은 고마움을 전하고 싶다.

이 비가 그치고 나면 가을이 우리 코앞에 성큼 다가와 반갑다 며 인사하겠지, 그 인사를 받을 준비를 서둘러야겠다.

(2018. 10. 5.)

---

* 포트폴리오 : 자신의 실력을 보여줄 수 있는 작품이나 관련 내용 등을 집약한 자료 수집철 또는 작품집

딸내미 시중 들기

'쿵쾅 쿵쾅' 계단을 오르내리는 소리에 집이 살아 움직이는 것 같다.

역시 어디든 젊은 사람이 있을 때 기운이 넘치고 생기가 도는 것을 느낀다. 늘 남편과 나 이렇게 둘이만 사는 집이니 목소리를 크게 할 일도, 그렇다고 소리 높여 웃을 일도 별로 없었다. 다만 나이가 들어가니 남편이 귀가 잘 들리지 않아 내가 큰 소리로 말할 때만 빼곤 조용하다 못해 적막하다. 그런 우리 집에 딸내미가 할아버지 첫 번째 기일을 맞이하여 내려왔다. 오는 9월이면 이미 핀란드에 가 있는 남편과 아이들에게 간다. 친척들에게 일일이 찾아다니며 인사 할 수 없으니 짬을 내서 내려오라는 말에 일감을 가득 안고 집에 왔다. 회사가 바빠서 쉴 수가 없단다. 일거리를 가지고 와 2층 방에서 일을 하며 계단을 내려왔다 올라갔다 하는 소리가 나에게는 무슨 경쾌한 음악 소리처럼 들린다. 모처럼 집이 크게 숨을 쉬는 것 같아 듣기 좋다.

요즈음 직장은 굳이 회사에 나가지 않고 집에서 일을 하는 '재택근무'를 하는 곳도, 또 출 · 퇴근 시간까지도 누구의 간섭을 받지 않고 자유롭게 근무하는 직장이 많다. 우리가 직장 생활 할 때와는 하늘과 땅 차이다.

인터넷이 생기며 네트워크만 연결되면 세계 어느 곳에 있든 업무를 보는데 아무런 지장이 없는 것이다.

회사 일이 바쁘다며 이른 아침부터 2층으로 올라갔다. 쟁반 가득 토스트와 우유, 과일을 챙겨 들고 올라가니 얼굴 가득 웃음을 띠며 "역시 집이 최고야!"하면서 엄지손가락을 치켜세운다.

나도 좋다, 이렇게 딸내미 시중을 든다고 쟁반을 챙겨 본지가 아마 20년도 훨씬 넘었을 것이다.

한참 예민한 고등학생 때 예고 없이 학교가 일찍 끝나고, 엄마가 있는 직장에 전화를 했는데 통화가 되지 않아 어렵사리 집까지 한 시간 넘게 걸어왔다며, 퇴근해서 집에 들어간 내게 "나 하숙시켜 줘!"하며 크게 짜증을 부렸던 때가 있었다. 그땐 휴대폰도 없었고 또 학교에서 집으로 오는 차편도 없었다. 그래서 출 · 퇴근길에 같이 승용차로 다녔었다. 내 기억에 엄마에게 그렇게 크게 짜증을 냈던 적은 한 번도 없었다. 곧 바로 모래네 시장 근처 학교 정문 앞에 하숙을 시켰다. 그러나 얼마 지나지 않아 다시 집으로 돌아오긴 했지만, 두고두고 그때 이야기를 하며 놀리곤 했다.

조금 있다가 맛있게 내린 커피와 간식을 챙겨 가지고 올라가서 살며시 놓고 내려왔다. 오늘은 몇 시와, 몇 시에는 meeting이 있다고 알려준다. 나는 평생 아이들을 가르치며 보냈기에 회의하면 '교직원 회의'만 생각 하는데 요즈음 회의라는 것은 '이어폰'을 꽂고 앉아서 정해진 시간에 인터넷 접속을 하여 화상 회의나 아니면 말로 주고받는 회의를 한다니 참으로 희한하다.

딸이 다니는 회사는 7월이 '회계 년 도' 이기에 일 년 중 가장 바쁜 시기가 6,7월이란다.

점심시간에 잠깐 짬을 내어 또 쿵쾅거리며 계단을 내려오는 소리가 참으로 좋다. 점심을 먹으며 내가 궁금하여 이것저것 물으면 친절하게 요즈음 회사 모습을 이야기 해 주지만 도무지 모르겠다.

오후에는 맛있는 참외를 깎아 접시에 담아 가져다 주니 무척 좋아한다. 아이들을 모두 핀란드로 보내고 혼자 있으니, 과일이 먹고 싶어도 한 개씩 파는 곳이 없어 먹을 수 없었다며 반긴다.

이렇게 바쁜데 시간 내서 내려오라는 내 말에 군소리 없이 내려와 주어 고마웠다.

시아버님 첫 번째 기일에 모처럼 형제들과 가까운 친척들이 20여 명이 넘게 운암 산소까지 찾아 와 주었다. 지난 일 년이 '휙'하고 바람이 지나가듯이 지나가 버렸다. 어쩌면 첫 번째 기일이니 모두들 기억하고 와 주었지만 차츰 시간이 지날수록 기억에서 점점 멀어져 자식들이나 모여 조촐한 기일을 보내게 될 것이다. 그래도 잊지 않고 찾아 준 친척들이 고맙다. 또 딸내미도 이런 기회에 핀란드에 간다는 인사를 할 수 있으니, 이래도 저래도 '조상님 덕'이라고, 덕분에 딸도 보고 녀석이 근무하는데 오랜만에 엄마가 챙겨주고 싶은 것도 챙겨 주고 또 나에게 응석도 부려 주니 참 좋았다.

다음 날, 해외 출장을 위해 주말이 끼었음에도 서울로 올라가며 "다음번에 내려와서는 엄마와 같이 시간을 보낼께요."한다.

딸내미가 빠져 나간 집은 또 다시 숨을 죽이고 조용해졌다.

밤늦은 시간에 잘 도착했다며 '카카오 톡'을 보내 왔다. 쉽게 잠이 올 것 같지 않아 괜히 스마트 폰만 만지작거렸다. 그러다 스마트 폰을 켜고 '인 스타 그램'을 보니 딸내미가 올린 사진이 나왔다. 할아버지 제사상 사진과 함께 '저희 엄마 아빠 외롭지 않게 해 주세요.'라는 글이 보였다. 순간 울컥해지며 대책 없이 눈물이 흘렀다. 눈물 범벅이 된 채 그 아래 '아들딸이 모두 외국에 살 다니'라고 쓰여 있는 글귀가 희미하게 보였다.

'걱정 마 지은아! 엄마 아빠 씩씩하게 잘 지낼게.' 눈물이 흘러 베개를 적셨다.

(2019. 6. 8.)

welcome to Korea

5년 만에 아들 내외가 집에 왔다.

아니 처가에 왔단다. 5년 전에도 하나 뿐인 처남이 장가를 간다며 왔었다. 그러더니 이번에는 장인어른 칠순이라며 왔다.

우리 내외는 그간 서너 차례 아들내외가 살고 있는 에딘버러에 가서 그들과 같이 오랜 시간 여행도 했었고, 또 재작년에는 모처럼 딸의 계획으로 태국에서 가족 여행에도 함께 했었다. 나는 또 지난 해 10월에 '프라하'에서 아들 내외와 같이 여행을 했다. 하지만 며느리의 부모님은 그들이 에딘버러에 유학을 가서 영주권이 나온 지 2년이 넘도록 한 차례 도 그곳에 간 적이 없었다. 그러니 딸을 보고 싶은 심정이야 오죽 했을까!

다행스럽게도 그간 두 번의 큰 행사 덕분에 그나마 딸과 사위의 얼굴을 볼 수 있었으니 다행이다.

처가의 모든 행사를 다 끝내고 드디어 아들 내외가 동생과 함께 전주에 내려왔다. 서울에서 출발했다는 전화를 받고 기다리는 시간이 마치 여기에서 에딘버러까지 비행기를 타고 열두어 시간을 가는 것만큼 지루했다.

드디어 딸이 몰고 온 자동차 불빛이 창문 너머로 비친다. 우리 둘 중 누가 먼저 랄 것도 없이 현관문을 지나 마당을 한 달음에 달려가 대문을 열고 금방 멈춘 자동차 문 앞에 섰다. 차에서 내리는 아들과 며느리를 번갈아 가며 안아보고 전주까지 같이 와 준 딸도 안으며 모처럼 모인 가족이 마치 이산가족 상봉인 것처럼 반갑게 끌어안았다. 집안으로 들어오자 우리내외에게 절을 하고 아들 며느리는 집을 둘러보느라 부산했다.

맨 처음 왔을 때는 잠깐 스치듯이 다녀갔을 뿐이었다. 그래도 그땐 가장 좋은 계절인 5월이었는데….

새벽 1시쯤 도착한 아이들과 날이 새는 줄도 모르고 이런 저런 이야기를 하다 각자의 방으로 들어가 잠을 청했다. 늦은 시간에 잠이 들었는데 아들도 나처럼 마음이 설레었는지 일찍 2층에서 내려왔다. 원래 성품이 자상한 아들이었다. 그런 아들이 외국에 살면서 오랜만에 왔으니 부모에 대해, 그리고 집에 대해서 심지어 집에서 키우는 개들까지도 궁금한 것이 얼마나 많았을까.

외손자들이 핀란드로 떠난 뒤에 모처럼 집안이 북적거리니 좋다. 밥상을 차리면서도 신이 났다. 차곡차곡 정리해서 넣어 놓았던 수저도 모처럼 바깥바람을 쐬고, 밥그릇들도 덩달아 나와 덩실 덩실 춤을 주는 모양새였다.

조부모님과 외조부모님의 산소에도 다녀오고, 자동차의 뒷자리는 늘 비어 있었는데 모처럼 앞에 부자가 나란히 앉고 뒷자리에 고부간이 앉아 자동차 안이 그득한 가운데 이야기가 끝도 없이 오고가는 모습에 '나도 아들 며느리가 있답니다.' 하고 크게 소리치고 싶었다.

아들 내외가 '한옥거리'를 구경하고 싶다며 외출을 했다. 그새 서울에서 반갑지 않은 독감을 가지고 온 딸과 병원에 가서 진료도 받고 약국에도 들려 약을 지어서 집으로 돌아왔다. "어머니 저희들 지금 예수병원 응급실에 왔어요." 며느리의 전화에 가슴이 철렁 내려앉았다. 버스를 타고 나가다가 아들이 갑자기 얼굴이 붉어지며 숨을 쉴 수가 없다고 하소연하더란다. 가까운 병원에 가니 큰 병원으로 가라고 하여 오게 되었다고 한다. 전화로는 늘 '건강하다, 괜찮다, 잘 지내고 있다'고 했었는데…. 부랴부랴 병원에 가니 응급처치는 끝난 듯 아들의 팔에는 주사바늘이 꽂혀 있고 응급실 안은 아수라장이 따로 없었다. 이것저것 검사를 하느라 늦은 오후에야 '경동맥에 혈전이 약간 있다'는 결과가 나왔다. 멀리 떨어져 살고 있으니 전화로는 어찌 자세한 것을 알 수 있을까. 머릿속에는 온갖 생각들이 마구 나를 어지럽히고 있었다. 아들은 그런 나를 애써 위로 하느라 전전긍긍이었다.

다행히 진정이 되고 편안하게 며칠간 집에 머물렀다. 서울에 살고 있는 동생 집에서 며칠 지내고 싶다하여 다 같이 올라갔다.

년 말을 같이 보낸 적이 언제였는지 가물가물했다.

지난 년 말은 나에게는 가슴 설레게 특별한 날이었다.

며느리는 모처럼 친정 부모님, 그리고 형제들과 같이 보내고 싶다하여 친정에 보내고, 우리 네 식구가 조촐한 송년 모임을 가졌다. 이런 자리를 가진 것이 내 기억에는 십년은 훨씬 넘었으리라. 그 세월동안 아들은 예쁜 색시를 얻게 되었고 딸은 무려 세 아이의 엄마가 되었으니 오롯이 네 식구가 모일 일이 따로 없었다.

나도 기분 좋게 술을 한 잔 마시고 아들도 건강 때문에 참았던 술을 모처럼 마셨다. 역시 가족이란 함께 부대끼며 자주 보고 이야기를 나누며 같이 있어야 더욱 정이 깊어지는 모양이다. 그날 우리는 오래도록 서로 바라보고 이야기 하면서 즐겁게 지냈다.

며칠 뒤면 다시 일상으로 돌아가야 하는 아들, 또 조만간 핀란드 식구들 곁으로 가게 되는 딸, 생각하면 가슴이 저리지만 그들 또한 자신들의 가족과 함께 보낼 때가 가장 행복하리라.

짧지만 이렇게 행복한 시간을 보낼 수 있게 된 것에 대해 큰 행복과 감사함을 느낀다.

3주간의 일정으로 왔는데 세월은 흐르는 물과 같다더니, 내가 느끼는 시간의 흐름은 번개 같았다.

녹록치 않은 예술가의 삶을 살며 각자의 예술 세계에 대한 자부심과 그 세계에서 인정받으며 살아가고 있는 아들 내외를 보면서 자랑스러운 마음이 앞서지만 한편으로는 안쓰러움이 더 크다.

무엇보다 본인들이 만족해하고 서로를 격려 하며 행복하게 사랑으로 가득한 가정을 꾸려가는 아들 내외를 끝까지 믿고 응원한다.

WELCOME TO KOREA! Kee Ryong and Mi Sun.

(2019. 1. 18.)

수능시험 보던 날

올해는 '수능한파'가 없는 푸근할 날이었다.

대부분의 학교들이 이 날을 기점으로 교실에 난로를 설치하고 불을 지피기 시작 했었다.

물론 물리적 온도야 푸근했겠지만 그날을 준비하며 몸과 마음고생을 한 수많은 수험생들과 그 부모들의 심리적 온도는 '한파' 이상이었을 것이다.

해마다 이맘때가 되면 벌써 20여년도 지난 옛일이 생각 나서 가슴 한 쪽이 시려온다. 마치 엊그제 일인 냥.

우리 큰 아이가 수능 시험을 보았을 때는 무슨 이유에서였는지 일 년에 두 번 시험을 보았다. 여름과 바로 이때인 가을에, 그 중 좋은 점수로 대학 입학원서를 냈었다.

그해 여름, 수능 시험장으로 아들을 들여보내고 나는 한쪽 구석에서 하염없이 흐르는 눈물을 훔쳐 내고 있었다. 시험장 안으로 들어가는 아들의 뒷모습이 그렇게 안쓰러워 보일 수가 없었다.

'그렇게 공부하라고 할 때 좀 하지….'

그리고 두해 뒤 우리 딸이 수능 시험을 보았다. 그 날도 나는 잊을 수가 없는 날이었다. 그날은 내가 아침 일찍 출근하는 바람에 아빠가 시험장에 데려다 주고 출근을 했었다. 오빠와 달리 딸은 다니던 고등학교에서 제법 공부를 잘 해서 선생님들과 우리는 내심 기대를 하고 있었다. 그러니 근무하면서도 별 다른 걱정 없이 퇴근시간만 기다렸다, 마침 퇴근시간이 시험 끝나는 시간과 얼추 맞을 것 같아 서둘러 퇴근을 했다.

곧 바로 시험장 인근으로 차를 몰고 가는 데 맞은편에서 얼굴이 백짓장처럼 하얗게 질린 여학생이 터덜터덜 걸어오는 모습이 보였다. 마침 시험을 끝내고 오는 딸이었다.

'어? 무슨 일이지.'

갑자기 불안이 엄습해 왔다. 첫 교시 시험에서 약간 당황 하게 되니 학교에서 내내 유지하던 점수보다 적게 나오니 어린 마음에 무섭기도 하고 겁도 났던 모양이었다.

짧게는 3년 길게는 12년을 오로지 이 날 하루를 위해 사는 것 같은 입시제도. 늘 선진문화를 받아들이고, 교육 선진국에 많은 관계자들이 방문을 해서 보고 배워 온다고 하지만, 그때나 지금이나 별반 달라진 것은 없다. 언젠가 대학입학 설명회에 모여든 학부모들의 모습이 TV에 나온 적이 있었다. 놀라운 것은 대부분 고등학생을 둔 학부모들이려니 생각 했었는데 아이가 유치원에 다니는 엄마들도 상당 수 설명회에 왔었단다. 아무리 부모들의 교육열이 세계 최고라고는 하지만 정말 이래도 되는 것인지.

아들은 그해 당연히 대학에 제대로 갈 수가 없었다. 이런 저런 우여곡절 끝에 겨우 이름만 대학인 곳에 다니다가 자퇴를 하고 해병대에 자원입대하게 되었다. 열심히 군복무를 하고 제대하여 1년을 재수 한 끝에, 본인이 하고 싶은 공부를 할 수 있는 대학에 들어가 나름 즐거운 학교생활을 하고 졸업했다. 지금은 영국 에딘버러 시에서 미술학 박사를 받고 올해 영주권을 취득하여 예쁜 아내와 행복하게 생활하고 있다.

딸도 역시 원하는 대학에 들어가 재미있고 멋진 대학 생활을 지내고 여행도 많이 하면서 졸업했다. 지금은 예쁜 아이들, 그리고 자상한 외국인 남편과 더불어 단란한 가정을 꾸리고 직장생활을 하며 행복하게 잘 살고 있다.

살아가면서 이것이 정답이라고 딱 내놓을 수 있는 것은 아무것도 없는 것 같다. 그리고 무엇보다도 자신이 선택한 것에 대하여 최선을 다하며 사는 것이 가장 좋은 것이 아닐까 생각한다.

아이들이 다 크고 나도 세상살이의 맛을 보고 나니 공부만 가지고 사는 것이 세상사는 것의 전부는 아닌 것 같다. 모두가 치열하게 입시경쟁을 치르고 살아남아 좋은 대학 좋은 직장에 다니는 사람들만이 잘 살았다고 할 수 있을까? 가끔 나는 사람들이 말하는 잘 산다는 것이 무엇일까 하는 생각을 한다. 평범한 부모 밑에서 태어나 주어진 환경에 따라 노력하여 얻어진 결과에 만족하면서 사는 것도 잘 사는 것이 아닐까!

또 젊어서 이리 뛰고 저리 뛰고, 이리 치이고 저리 치면서도 정성을 다해 키워야 하는 자식, 또 돌봐야 하는 식구들과 하루를 마무리하고, 저녁밥상을 앞에 놓고 오붓하게 식구들이 모여 마주 앉아 웃으며 그날 하루의 일들로 이야기꽃을 피우고 서로 다독이며 사는 것이 행복이라고 생각한다.

이런 일들이 모여 하루하루를 보내고 아이들이 지나온 시간을 생각하며 입가에 웃음을 머금고 있는 자신의 모습을 발견할 때, 비로소 행복하다고 말할 수 있을 것 같다.

해마다 '대학수학능력시험'을 보는 날이면 온 나라가 긴장으로 차갑게 얼어붙는 것 같다. 다행히 '수능한파'가 없는 올해 많은 수험생들이 행복한 결과로 본인의 의지에 따라 즐겁게 살았으면 좋겠다.

(2016. 11. 23.)

낭만 보이스

객석에 불이 꺼지고 이내 무대가 환하게 밝아졌다.

그곳에 연미복을 곱게 갖춰 입은 12명의 젊은이들(?)이 긴장한 듯 발소리를 죽여 가며 한명씩 입장했다. 곧이어 피아노 반주와 지휘자의 손끝에서 조용하게 그리고 어설프게 떨리는 목소리로 슈베르트작곡의 '보리수'가 흘러나왔다.

노래를 부르는 내내 나도 덩달아 가슴이 쿵쾅쿵쾅 두 방망이질을 했다. 동생이 서 있는 무대에 마치 나도 같이 서 있는 것처럼…. 이어서 'Mother of Mine'이란 애잔한 노래가 우리 모두를 그리움에 빠져들게 했다.

친정조카 결혼식 때 아버지 친구들이 모여 친구 아들의 결혼식 축가를 부르는 모습에 그곳에 있던 많은 사람들이 흐뭇하게 들으며 박수를 보냈던 일이 있었다. 보통은 신랑 친구나 신랑이 신부를 위해 축가를 부르는데 아주 신선하고 멋있는 모습이었다.

바로 그들이 '낭만 보이스'라는 멋진 이름의 그룹으로 모여, 보는 이에게 잔잔한 미소와 옛날을 그리워하게 만드는 첫 공연을 하는 것이었다. 갑오년에 태어나 까까머리 철없던 시절을 싸움 박질하며 등 뒤에 잉크를 뿌려대고 나팔바지를 휘날리면서 거리를 온통 내 것인 냥 호기를 부리며 같이 보냈던 친구들이었다. 영원히 악동으로 남아 철없이 지낼 것 같던 그들도 모두들 제 자리에서 제 몫을 하며 지내다가 새로운 친구도 좋지만 옛날이 그리워 다시 만나 한 자리에 모이게 된 것이다.

이제는 그들의 어린 시절 패기는 모두 뒷전으로 물러나고 어떤 이는 머리가 온통 백발로, 또 어떤 이는 볼우물이 홀 쭉 해진 모습으로, 그리움과 추억을 이야기 하는 나이가 된 것이다.

이어서 들려오는 '에델바이스', 우리가곡 '도라지 꽃', 이탈리아노래 '오 솔 레 미오(O sole mio)'는 우리들의 입 꼬리가 살짝 치켜들며 웃음 짓기에 충분했다. 처음에 긴장했던 모습이 다소 풀린 듯 간간히 손짓도 곁들여가며 부르는 모습이 귀엽기(?)까지도 했다.

이순耳順에 접어든 멋있는 남성들이 불러주는 우리 동요는 지나간 어린 시절을 생각나게 했다. 요즈음에는 어찌된 일인지 아이들도 우리 동요보단 'K-pop'을 더 즐겨 부르는데 이러한 무대에서 '섬 집 아이', '오빠생각', '나뭇잎 배' 같은 동요를 들으니 마음이 편안하니 좋았다. 특히 '나뭇잎 배'를 독창으로 부르는 동생의 모습을 보니 어렸을 때의 모습이 떠올라 더욱 애틋했다. 유달리 자식들의 공부 욕심이 많으셨던 선친에게 언제나 부족함이 많은 동생이었다. 그러한 모습을 보고 같이 자란 나는 바로 아래 동생이 늘 안타까운 마음뿐이었다. 그래도 어디 한군데 모난 곳 없이 반듯하게 자라 주었다. 또 장성하여서는 어느 자식보다도 더 많은 효도를 하며 가까이에서 부모님을 모셨었다.

공연이 종반으로 접어들자 무대나 객석이나 모두 하나가 된 듯 우렁찬 박수소리와 여기저기에서 힘을 실어주는 말들이 오고가며 더욱 흥겨운 공연이 이루어졌다. '우리들은 미남'이라는 노래를 부를 땐 아이나 어른 할 것 없이 모두 자신을 미남으로 생각 하는 것 같아 웃음이 터져 나왔다.

50여년을 우정으로 끈끈하게 이어온 친구들답게 '우정의 노래'를 부르는 모습은 언제까지나 변치 않은 우정을 과시하는 듯해서 보기가 참 좋았다. 처음의 긴장 했던 모습과는 달리 서로를 바라보며 웃고 격려해 주는듯한 모습, 그리고 몸 동작까지 곁들인 공연이 창단 공연이라고는 믿기지 않을 만큼 세련되어 보이기까지 했다.

요즈음 흔히들 '인생은 60부터'라고 쉽게 들 말한다. 그러나 나이 60이 넘어 그 동안 해오던 일과는 전혀 다른 새로운 일을 시작한다는 것이 그리 만만치는 않다. 또한 선뜻 용기가 나질 않고 더욱이 많은 관중 앞에 선다는 것도 쉽지만은 않은 일이다. 그럼에도 '낭만 보이스(voice)'라는 이름으로 새롭게 태어난 12명의 용기 있는 청년들(?)에게 박수를 보낸다. 그리고 아무나 감히 하지 못하는 일에 자랑스럽게 한 축을 이루며 앞으로 멋있고 낭만 가득한 생활을 하게 될 내 동생이 자랑스럽다. 또 2014년 4월 8일의 공연은 그에게 잊지 못할 아름다운 추억이 될 것이다.

(2014. 4. 9.)

엄마 생각해 봤어

어느 날 집에 내려온 딸아이가 내게 물었다.
"엄마! 혹 아빠가 치매에 걸리면 어떻게 할까 생각해봤어?
그리고 아빠도?"

순간 남편과 나는 무척 당황했다. 그리고 '치매'라는 말이 큰 충격으로 다가왔다. TV드라마나, 주변에서 흔히 듣던 말인데 그것이 나에게 관련되는 말로 듣기는 처음인 것 같았다. 평소 농담 삼아 '나는 당신이 아프면 간호를 못할 것 같으니 제발 술 좀 줄이고 건강관리를 잘 하세요.'라는 말을 자주 했었다. 그러나 꿈에서라도 '남편이 치매에 걸린다면 또 내가 만일 치매에 걸린다면' 이런 생각은 해 본적이 없었다.

그리고 아직까지 건강하게 사시는 구순에 가까운 시부모님도 치매와는 거리가 멀어 보였다. 또 조금 이른 나이에 너무 서운하게 돌아가신 친정 부모님도 치매라는 단어를 떠 올릴 여유도 없었다. 그런 만큼 남편과 나는 자만 아닌 자만심을 가지고 있었다. 우리 부모님도 시부모님도 그렇지 않았고 지금 이 나이까지 아무 이상 없이 살아왔는데 설마 우리가 치매에 걸리겠어? 라며…. 그리고 우리는 열심히 운동도 하고 또 나는 책도 열심히 읽고 있는데, 어디선가 보니 치매에 걸리지 않으려면 TV를 보거나 라디오를 듣거나, 읽고 쓰기를 열심히 하고, 또 누군가를 가르치면 치매를 예방 할 수 있다는 것이다.

그러나 요즈음에는 치매가 나이와는 아무런 상관이 없는 듯하다. 20대도, 30대도, 40대도 치매에서 자유로울 수는 없으니….

도대체 치매의 종류가 얼마나 될까 궁금하여 찾아보니 듣지도 보지도 못한 많은 종류의 치매가 있다.

미국의 레이건 대통령이 앓았던 '알츠하이머병'은 가장 흔한 질환이란다. 그리고 우리가 흔히 치매라고 부르는 병이기도 하다. 또 혈관성 치매인 파킨슨병, 이것은 '나비처럼 날아서 벌처럼 쏜다'라는 유명한 말을 했던 권투선수 '무하마드 알리'가 앓고 있는 병이기도 하다. 그 외에도 루이소채치매, 헌팅 톤 병, 크루츠펜트-체이야콥 병, 픽 병, 등 평소에 들어 보지도 못한 많은 종류의 치매가 있다.

흔히 치매는 '가정 파괴범'이라고 까지 한다.

누군들 살면서 건강하게 그리고 나이 먹어서는 저녁밥 잘 먹고 자는 듯이 죽고 싶지 않은 사람이 있을까. 그리고 설령 이런 치매에 걸렸다 해도 가족의 곁에서 따뜻한 보살핌을 받고, 정성스레 간호 해주고 싶지 않은 가족이 어디에 있겠는가. 그러나 '오랜 병에 효자 없다.'고 하듯이 너무 오랜 세월 내가 누구인지도 모르고 또 그가 누구인지도 모르면서 모든 사람들을 힘들게 하는 치매 환자는 가족만의 힘으로는 부족하여 시설의 도움을 받는다. 시설 또한 많은 환자들을 돌보고 또 턱없이 비싼 인건비로 인해 충분한 인력을 갖고 있지 않기에 환자 돌봄에 있어서 자칫 소홀한 부분이 없지 않다. 내가 아는 어떤 이는 어머니가 치매에 걸려 병원에 오래 계셨는데, 그곳에 간병 차 드나들면서 보면 식사 시간마다 한 병실에 작으면 대 여섯 명, 많으면 열 명에 가까운 사람들에게 한명의 돌보미가 식사를 챙긴단다. 그러다 보니 자연 성의 없는 식사 시중이 되고 만단다. 그리고 그들의 일상생활 또한 정상인들과 달라도 너무 많이 달라서 간병하는 사람들이 몹시 힘들어 한다고 한다. 저녁에는 곁에 있는 사람들이 잠을 잘 수 없을 정도로 소란을 피우는 사람들이 많으니 때로는 주사나 음식에 수면제를 섞는 일도 많다고 한다. 그러나 그렇다고 해도 그들을 탓할 수는 없다. 피를 나는 가족도 감당을 못하여 그들에게 맡겼으니….

딸아이의 그 한마디 말에 참 많은 생각이 오고갔다.

'내가 만약 치매에 걸린다면…. 아니 남편이 만약 치매에 걸린다면….'

우리 내외는 아이들이 모두 멀리 떨어져 살기 때문에 그들에게 도움을 요청할 수는 없다. 그러니 내가 보호자가 되거나 아니면 남편이 보호자가 되어 끝까지 보살펴야 되는데, 과연 끝나는 순간까지 기쁜 마음으로 보살 필 수 있을까. 생각하면 무섭고 겁이 난다. 평생을 같이 살아 온 남편이 나를 몰라보면…, 또 내가 남편을 전혀 몰라본다면…. 내가 누구인지도, 내가 어떻게 살아왔는지도, 내가 사랑하는 가족도 모르고 내 안에 갇혀 살아야 하는 일이 닥친다면, 이런 저런 생각이 꼬리에 꼬리를 물고 일어나지만 딱히 어떻게 해야 되겠다는 생각은 전혀 나질 않는다.

내가 노력한다고 되는 일도 아니고, 집안에 그런 내력이 없다고 장담 할 수도 없는 일이다. 그러나 무슨 방법이 있긴 할 것이다. 나름대로 방법을 찾아보니 아주 없는 것은 아닐 것 같다. 어떤 이는 우리나라에 있는 산 이름을 매일 반복적으로 외운다고 한다. 또 어떤 할머니는 세계 여러 나라의 국기와 그 나라의 수도 이름을 매일 외운단다. 나와 내 남편은 매일 운동을 다닌다. 그리고 작은 텃밭을 가꾸며 무리하지 않게 늘 밖에서 일을 하고 있다. 또 빼놓지 않고 제때 건강검진을 받고 있다. 이 정도면 무서운 치매에 걸리지 않고 살 수 있을 것 같다.

그렇게 했음에도 만약 나에게 치매가 온다면 어쩌겠는가. 그저 팔자려니 하고 받아 들여야지, 또 남편에게 치매가 온다 해도 어찌 하겠는가 그것도 내 팔자려니 하고 받아 들이는 수밖에. 그러나 바라건대 부디 사랑하는 내 가족들 하나하나를 기억 속에 꼭꼭 묶어두고, 새겨두고, 이들만은 잊지 않도록 노력해야겠다. 사랑하는 남편, 내 아들과 며느리, 그리고 내 딸과 사위, 내 사랑스런 손자, 손녀 가온, 루미, 루나를.

(2013. 10. 19.)

우리 집 돌돌이

나는 개나 고양이 같은 짐승을 별로 좋아 하지 않는다.

특히 요즈음 같은 더위에 털이 많은 강아지를 안고 거리를 다니는 사람을 보면 속으로 '더워 죽겠는데 무슨 꼴이람.' 하며 혀를 끌끌 차고, 한 번 더 돌아보게 된다. 또 같은 침대에서 뒹굴 거나 한 이불 속에 들어 있는 모습을 TV에서 보면 나도 모르게 얼굴을 찌푸리기 일쑤였다.

오래 전 이곳에 이사를 와 살면서 어쩔 수 없이 개를 두 마리나 마당에서 키우게 되었다. 하지만 그 녀석들과 한 번이라도 산책을 해 봤다든지, 가까이 다가가서 머리를 쓰다듬어 준다든지, 하는 일은 아예 생각 할 수도 없었다. 오로지 그 녀석들은 우리 집을 잘 지켜주는 충직한 지킴이 일 뿐이었다.

그런데 '돌돌이' 이 녀석만은 별일이다.

'돌돌이'가 우리 집에 온 내력은 이랬다. 오래 전부터 키우던 암캐 '복순' 이가 두 번째 임신을 하여 새끼를 낳다가 그만 저 세상으로 간 뒤,

평소 가깝게 지내던 친구가 그 소식을 듣고 시골집에서 데리고 온 녀석이었다. 삽살개의 피가 조금 섞여 있다는 녀석은 태어난 지 3개월 정도 된, 마치 귀여운 강아지 인형 같은 모습으로 우리 집에 왔다. 가까운 친구의 마음 씀씀이에 고마움도 있지만, 어떻게 된 일인지 녀석을 보는 순간 가슴이 찡 하게 울려오는 느낌을 받았다. 첫 날 밤에 어미가 그리운지 낑낑 대는 소리에 잠을 설치고 이른 아침에 나가 그 조그만 녀석에게 목줄을 채워 동네 산책을 나갔다. 얼마나 좋아라하며 방방 뛰는지 어리 디 어린 녀석에게 내가 매 달려가는 꼴이 되었다. 뛰어 가다가도 영역 표시하는 것을 어떻게 알았는지 여기 저기 찔끔 찔끔 자국을 남겼다.

서울에 있는 손자들에게 스마트 폰으로 '돌돌이'의 동영상을 찍어 보내니, 보고 싶다고 엄마를 졸라 주말에 '돌돌이'를 보러 오는 일도 여러 차례 있었다. 지금은 아빠의 나라인 핀란드에서 살고 있는데, 막내 '루나'가 '돌돌이'가 보고 싶어 전주 집에 가야 된다는 말을 자주 했다고 한다.

아침에 내가 현관문을 열고 마당에 내려서면 무슨 장대높이뛰기 선수라도 된 냥 한길씩은 뛰며 좋아했다. 내 손에 목줄이라도 들려 있는 날에는 그 뛰는 모습이라니, 정말 혼자 보기 아까운 묘기를 다 부렸다. 같이 대문을 열고 나가면 벌써 영역 표시에 들어가듯 대문 옆에도 찔끔, 오른 쪽으로 돌아서 가는 길에도 찔끔, 참으로 우스운 모습이었다.

시간이 지날수록 제법 몸이 불어나고 목소리도 커지면서 강아지 테를 완전히 벗어난 개가 되었다. 매년 털갈이 때가 되면 털이 짧은 개들은 새로운 털이 나오면서 묵은 털은 빠지고 말끔하게 새 모습으로 단장을 하는데, '돌돌이' 녀석은 그것이 아니었다. 털이 길고 약간 곱실하기에 저절로 털갈이가 되는 것이 아니었다. 그런 것에 대한 지식이 전혀 없는 나는 그저 예뻐하며 산책만 다녔을 뿐 털갈이를 어떻게 도와야 되는지 참으로 난감했다. 그러다 보니 털이 빠지지 않고 새로 난 털과 겹치고 겹쳐서 등에는 마치 거북이 등처럼 딱딱한 털 뭉치가 넓게 퍼져 버렸다. 보기에도 퍽 두껍고 무겁게 보였다. 나로서는 그저 안타까운 마음뿐이었다.

지난겨울 오랜만에 집에 다니러 온 아들 내외가 '돌돌이'의 그런 모습을 보더니 '어머니 동물학대로 교도소에 갈지도 몰라요.'라며 겁을 준다. 그러더니 다짜고짜 그 녀석을 차에 태우고 동물 병원으로 갔다. 의사가 보더니 이런 일은 처음이라며 한 번 해 보자더니, 바리캉(bariquant)으로 사정없이 밀어 맨살이 나올 정도로 깎아 버렸다. 겨울이라 날은 추운데 걱정이었다. 녀석도 잔뜩 겁을 먹은 듯 기가 죽어 아무소리도 없이 조용했다. 피부에 바르는 약, 귀에 넣는 약을 받아 집에 왔다. 다행히 보일러실에서 따뜻한 겨울을 무사히 보낼 수가 있었다. '돌돌이'에게 많이 미안했다. 예뻐할 줄 만 알았지 관리를 전혀 해 주지 않았으니 말 못하는 녀석이 얼마나 힘들어 했을까.

지난 봄 반려동물 물품을 파는 곳에서 빗과 가위를 샀다. 날마다 내가 빗을 흔들며 녀석에게 가면 얼마나 좋아 하는지, 가만히 내 앞에 앉아 스르르 눈을 감고 빗질 해 주길 기다리고 있다. 그리고 가위로 예쁘게 깎진 못해도 정성을 다하여 여기 저기 깎아 주니 아주 좋아한다. 처음 가위를 가지고 털을 깎을 때는 내가 더 긴장하여 등에 땀이 수드룩 흘러내리기도 했다. 그러나 여러 차례 해보니 '돌돌이'도 나를 믿는 듯 편안하게 나에게 몸을 맡기고 앉아 있다.

비록 나와 똑같은 말을 하지는 못하지만 이제는 내가 하는 말과 행동을 이해하는 것 같아 예쁘고 사랑스러운 마음이 더욱 더 생긴다.

아마도 '돌돌이'와 나는 전생에 무슨 특별한 인연이 있었던 것이 아니었을까? 그동안 여러 마리의 개를 키웠지만 이렇게 예쁘고 사랑스런 마음이 들기는 처음이다.

우리 집에서 오래오래 살면서 집도 잘 지켜주고 나의 말벗도 되어주기를 바라며, '돌돌이'를 나에게 보내 준 친구에게 새삼 고마움을 전하고 싶다.

(2019. 9. 6.)

고마워 기다려줘서

'내일은 꼭 가봐야겠어. 이러다 못 보면 어떡하지?'하며 이 핑계 저 핑계로 차일피일 미루다가, 11월 중순이 다 되어서 그곳에 갈 수가 있었다.

네거리에 다다라서 막 길 모퉁이를 돌아 조금 먼 곳으로 시선을 던지니 그곳에 아직도 나를 기다린 양 제 모습 그대로 서 있는 은행나무를 보았다. '휴우~ 다행이다. 분명 나를 기다린 거야. 정말 고맙다 그리고 미안해 이렇게 늦게 찾아와서.'

내가 여기 이 자리에 본래 모습 그대로 서있는 이 은행나무들을 처음 눈여겨 본 것은 거의 한 이십년도 훨씬 전의 일이었다.

고등학생시절 많은 방황을 하던 아들 녀석이 해병대에 자원自願 입대하여 어언 제대가 가까워 질 때 쯤 재수를 하고 싶다는 말을 꺼냈다. 그리고 제대 후 이 근처에 있는 재수 학원에 등록하여 내가 출근길에 하루도 거르지 않고 꼬박 1년을 차에 태워 학원에 보내곤 했었다. 그

때 학원을 막 돌아 나오면 떡 버티고 서 있는 커다란 은행나무들을 보게 되었다. 봄에는 연녹색 새순으로 나를 반기고 여름에는 신록의 모습으로 나를 포근하게 감싸 주었다. 그러나 뭐니 뭐니 해도 늦가을에 노랗게 물든 잎사귀들이 바람에 나부끼며 마치 퍼레이드를 하는 양 일렬종대一列縱隊로 늘어 선 모습은 황홀하다 못해 천상의 세계에 들어가는 듯 했었다. 그 잎사귀들이 모두 떨어져 포도에 나뒹구는 모습 또한 영화의 한 장면 같았다.

재수 하느라 엉덩이에 종기가 돋아 의자에 제대로 앉지 못하고 엉거주춤한 모습으로 하루가 다르게 살이 빠져가는 아들의 고통은 아랑곳없이, 학원에서 나와 길모퉁이를 돌아 서는 순간 나를 반기는 그 은행나무들을 보는 재미에 1년이 훌쩍 지나가 버렸다.

학창시절의 방황으로 나를 힘들게 하던 아들은 1년의 혹독한 재수 끝에 원하는 대학에 무난히 합격을 했다. 그 뒤로도 나는 그 은행나무들을 잊지 못하고 1년에 한번 열병을 앓듯이 그 녀석들을 보아야 가을을 제대로 보낸 것 같은 마음이 들 곤 했었다. 그러나 무심한 세월을 탓해야 할까. 힘들던 나를 위로하고 보듬어 주던 그 은행나무들이 점점 기억에서 잊혀 지기 시작했다. 아들도 그새 대학을 졸업하고 제 짝을 만나 가정도 이루고 더 큰 꿈을 위해 내외간에 영국에 유학을 가서 박사과정 공부를 하고 있다. 그리고 나도 한 해 두 해 세월을 더하다 보니 어느 덧 인생의 가을을 맞이하게 되었다.

언제부터인가 그곳에 가고 싶은 마음이 생기기 시작했다. 매년 가을이면 오늘은 꼭 가 봐야지. 내일은 꼭 가서 보아야지 그렇게 마음 만 먹고 시간이 지나고 또 지났다. 그리고 마치 인륜의 대사를 치를 날을 잡듯이 날을 잡아 늦은 저녁에 드디어 그곳에 갔다. 그것도 거의 모든 나무들이 잎사귀를 땅에 떨구고 앙상한 가지만 남은 시기에. 반신반의半信半疑 그래도 아마 그 은행나무들은 나를 기다려 줄 거야, 내가 보고 싶어 했던 만큼, 그 나무들도….

길 양옆으로 가로등이 환히 켜진 거리는 싸늘한 날씨만큼 썰렁했었다. 그리고 평소에 많은 사람들로 붐볐던 모습은 온데간데없고 적막하기까지 했다. 많은 은행나무들도 노란 잎사귀를 모두 떨구고 한결 가벼워진 모습으로 우직하게 서 있었다. 그러나 유독 그 중 가장 크고 우람한 나무만이 풍성하고 아름다운 노란 잎사귀를 모두 달고 우아하게 서 있었다. 그 모습을 보는 순간, 절로 탄성이 나오고 가슴이 두근두근 요동을 쳤다.

갑자기 추워지고 첫 눈까지 내렸는데도 저렇게 아름다운 자태를 간직하고 있는 모습에 저절로 고개가 숙여졌다. 조금만 힘들어도, 일이 뜻대로 되지 않아도, 쉽게 포기하고 누군가에게 원망하고 모든 것을 남의 탓으로 돌리며 불평만 하던 내 모습을 돌아보았다. 언젠가는 저 은행나무도 노란 잎사귀를 모두 떨구고 한결 가벼워진 몸으로 다가오는 혹독한 겨울을 이겨내고 새 봄 맞을 준비를 하겠지. 나를 힘들게 했던 아들도 이제는 제 몫의 일을 하면서 더 나은 미래를 준비하고 있겠지. 나

또한 비록 가을을 맞이했지만 더욱 찬란하고 눈부신 겨울을 맞을 준비를 해야겠다.

늦은 저녁에 가로등 불빛에 비친 은행나무 잎사귀가 더욱 노랗게 빛나서 보는 내 가슴을 황홀하게 흔들어주었다. 그 은행나무를 보며 '고맙다, 나를 기다려줘서.'라며 한동안 그곳을 떠나지 못하고 서성거렸다. 내년 가을에도 이 은행나무들을 보러 꼭 와야겠다.

(2013. 11. 22.)

달콤함 뒤에는

드디어 정글의 끝이 보이기 시작했다.

고작 보름동안 집을 비웠을 뿐인데 마치 한 번도 사람이 살았던 적이 없는듯했다. 밭에는 어디에 고추가 심어졌는지, 부추는 어디로 숨었는지 도통 보이질 않았다. 대신 내 키 보다 더 커버린 억샌 풀들만이 여봐란 듯이 서 있다. 둘이 서로 얼굴을 마주 보며 '이것이 우리 집 맞아? 아이고 이것들을 다 언제 치우지.'하고 맥이 탁 풀려 버렸다.

올 봄 초입에 서울에 사는 딸이 '엄마 우리 이번 여름휴가를 태국에서 보내면 어떨까요.' 라며 연락을 했다. 생각해볼 겨를 도 없이 무조건 좋다고 했다. 마침 스코틀랜드에 사는 아들 내외도 시간을 맞출 수 있을 것 같다는 연락이 왔다. 생각해보니 남매를 출가 시키고 난 뒤 아들 내외가 외국으로 유학을 떠나고, 딸도 아이 낳고 직장생활을 하느라 온 식구가 모여 여행한 적이 없었던 것 같았다. 물론 아들이 유학을 가기 전에는 가끔 휴가를 같이 보내긴 했으나 그것은 까마득한 옛 날 이야기였다. 더욱이 이번 여행은 딸이 우리가 타고 갈 비행기 승차권이며 여행지에서 머물 장소까지 다 책임지겠다고 하니, 듣기만 해도 입가에는 행복이 넘치는 웃음이 절로 흘러 나왔다. 더욱이 유학 생활로 힘들게 사는 아들 내외가 온다니 그 기분을 어떻게 다 표현할까.

초여름부터 유난히 더위가 심했던 올 여름을 온통 자식들과 같이 여행 한다는 생각으로 찌는 듯 한 더위와 타는 것 같은 햇볕도 그저 고맙기만 했다. 걱정은 받아 놓은 날까지 아무 일 없이 건강하게 지내기만을 바랄 뿐이었다. 하루하루가 지나가는 것이 반갑기만 했다. 손자들 줄 간식거리와 그곳에서 요긴하게 쓰일 것 같은 것들을 꼼꼼히 챙겼다.

기다리고 기다리던 그날, 서울에 사는 딸네 집에서 하룻밤을 보내고 이른 아침에 공항으로 나갔다. 버스터미널, 여객선 터미널, 공항은 언제나 사람의 마음을 흥분시키는 묘한 매력이 있다. 특히 휴가철 한 가운데 있는 이 시기 공항은 나이 먹어 할머니가 된 나에게도 10대 소녀 시절로 돌아가게 한다. 출국장 입구에 들어서면서부터 마음은 둥둥 공항의 천정을 넘어 이미 하늘을 나르고 있다. 6시간 만에 태국 방콕의 '수완나 품 국제공항'에 도착했다. 며칠 먼저 도착한 아들내외가 공항에 마중을 나와 있었다. 특히 외손자들은 외삼촌과 외숙모의 모습에 낯을 심하게 가렸다. 그도 그럴 것이 5년 만에 만나는 친척이니, 특히 셋째는 그때 태어난 지 겨우 2주 밖에 되지 않았었다. 서로가 걱정들을 했었단다. 삼촌은 조카들을 처음 보면 어떻게 할까, 조카들은 삼촌에게 어떻게 인사를 해야 할까 등등. 그러나 이러한 걱정들은 기우였다. 만난 지 불과 1시간도 채 되지 않아서 서로들 웃고 떠들고, 자동차를 렌트하여 사위가 운전하며 태국 남부지방인 '후 아 힌'으로 가는 차 속에서 마치 축제가 벌어진 듯 야단법석이었다. 세 시간여를 달려 태국 국왕의 여름 별장이 있어 휴양지로 널리 알려진 '후 아 힌'의 숙소에 도착했다. 숙소는 야외수영장이 딸린 3층짜리 *레지던시(residence)였다.

그곳에 머무는 내내 9명 우리가족은 매일이 잔칫날이었다. 늦은 아침을 전주에서 준비해간 누룽지를 끓여 먹고 곧바로 수영장에 들어가 모두들 수영을 즐겼다. 한낮에는 가끔 스콜이 내리고 무덥기도 하여 숙소에 머물며 이야기도 하고, 낮잠도 자며 게임도 하면서 보냈다. 또 저녁에는 잘 차려 입고 근처를 산책하거나 마켓에 들리기도 하고, 때론 근사한 저녁식사를 위해 레스토랑에 들어갔다.

어느새 계획했던 열흘이 후다닥 지나가 버리고 다음 목적지인 '방콕'으로 출발했다. 그간 삼촌과 조카들은 원래부터 그랬던 것처럼 이젠 스스럼없이 지내는 사이가 되어 곁에서 지켜보는 우리 내외도 여간 기쁜 것이 아니었다. 우리 외손자들은 한국에는 가까운 친척도 없고 더욱이 한분 밖에 없는 고모와 친할머니 할아버지는 멀리 핀란드에 계시니, 친척이라고 해야 전주에 살고 있는 우리 내외뿐인데 외삼촌과 외숙모를 만났으니 얼마나 좋을까.

'방콕'에서는 딸이 식구들을 위해 통 크게 한 건 하듯이 최고급 호텔에 묵었다. 그곳 역시 수영장, 사우나, 헬스클럽, 옥상에 멋진 바, 등 모든 것이 완벽하게 갖추어 진 곳이었다. 숙소는 짐작컨대 약 4~50평은 되는 듯 운동장이 따로 없었다. 2주간의 여행이 어찌 그리도 눈 깜짝할 사이에 지나가 버렸는지 아들 내외는 우리 보다 먼저 에딘버러로 떠났다. 올 때처럼 갈 때도 1박2일이나 걸려서 가야 된다니 마음이 편지만은 않았다. 꿈같은 휴가를 마치고 밤 비행기를 타고 인천공항에 이른 아침에 도착했다. 서운한 마음을 뒤로 하고 딸네식구는 서울로 우리는 전주로 내려왔다.

집 앞에 막 도착하여 보니 낯선 땅에 온듯하다. 밭은 온통 풀로 덮여 있고 우리 집 돌 보미 '우리'와 '돌돌이'가 사는 집은 풀에 휩싸여 녀석들의 모습이 보이질 않았다. '에라! 모르겠다. 일단 잠이나 자자!'하고 둘이 바닥에 드러누워 이내 잠이 들어 버렸다.

달콤함을 실컷 맛보았으니 이제 부터는 노동이다! 매일 이른 아침부터 두 팔 걷어 부치고 잡초제거에 나섰다. 이것은 차라리 막노동이었다. 그야말로 죽기 살기로 한 열흘 동안 풀과 씨름을 했다. 물론 승산 없는 겨루기이지만.

휴가지에서 돌아 온지 오늘로 보름이 되었다. 이제 마당의 잔디 속에 숨어 있는 풀이 눈에 띄는 여유를 가지기 시작했다. 텃밭에는 고추나 부추도 보이고 빨갛게 익은 방울토마토도 보였다. 집안도 서서히 정리가 되어 가니 온 식구가 같이 했던 휴가가 어제 일처럼 생생하기도 하고, 그새 그립다.

가족은 역시 자주 만나며 정을 쌓아야 하는 모양이다. 지금도 삼촌과 조카들은 영상통화로 매일매일 얼굴을 보며 즐거워하고 있단다.

(2017. 8. 13.)

---

*레지던시(residence) : 숙박용 호텔과 주거용 오피스텔이 합쳐진 개념으로 호텔식 서비스가 제공되는 주거시설

서울 나들이

그때 먹었던 라면이 생각났다.
또 남산에서 내려다보이는 콧대 높은 서울의 아름다움에
푹 빠지며 대낮부터 마셨던 시원한 생맥주가 먹고 싶다.

어느 곳을 여행하든 두고두고 마음속에 남는 것은 그때 먹었던 맛있는 음식이 아닐까 생각한다. 그 음식을 떠 올리며 그 곳의 풍경과, 함께 했던 사람들이 떠오른다.

며칠 전 추석 연휴에 핀란드에 있는 아이들과 남편을 만나러 휴가를 내서 가기 때문에 전주에 내려오지 못한다는 딸의 말에 마음 한 쪽이 허전했었다. 딸의 얼굴도 볼 겸 나 혼자 서울에 갔다. 지난 4월에 사위와 외 손주들이 핀란드로 간 이후 두 번째 만남이다.

서울에 오면 맛있는 음식들도 많고 돌아다니며 구경할 곳도 많으니 한번 올라오라는 이야기를 했는데 바쁜 일들이 얼마나 많다고 쉬이 올라가기가 어려웠다. 하긴 올 여름 더위 같으면 아무리 자식의 집이라 해도, 오는 손님이 호랑이 보다 더 무서울 것이라는 생각이 들었다.

한차례 요란한 태풍이 지나가고 날씨가 시원해진 날, 모녀간에 재미있게 지내다 오라며 흔쾌히 집에 혼자 남겠다는 남편에게 '집 잘보고 계세요.'하며 올라갔다.

나들이 할 때 짐이 무거우면 몸과 마음이 힘들어서 혼자 올라 갈 때는 이것저것 다 빼고 없는 것은 딸에게 같이 쓰자고 하면 되니 가방도 가볍게 몸도 홀가분하게 딸네 집에 들어갔다. 하루 종일 혼자 입 한번 딸싹거릴 일이 없었으리라, 내가 들어가자마자 달려와 와락 껴안는다. 한 달 전에 보았지만 매일 보아도 반가운 사이이니 무척 좋았다.

언젠가 '성내 천'변에 단팥죽과 팥빙수가 맛있다며 서울에 오면 같이 가자고 했었다. 올라가자마자 이른 저녁을 간단히 챙겨 먹고 '성내 천' 산책에 나섰다. 산책길을 쭉 따라가다 보면 '올림픽공원'과 연결이 된다. 마침 딸네 집이 '올림픽 공원'과 가까이 있어 가끔 그곳에 아이들을 데리고 산책을 하곤 했었다.

늦은 저녁인데도 아직은 여름 끝 더위가 있어서인지 많은 사람들이 천변에 나와 아이들과 놀이도 하고 산책을 하거나 자전거를 타느라 사람들로 가득했다, 산책길을 따라 가다 계단으로 올라가니 맛있다고 이야기 했던 팥죽을 파는 음식점이 나왔다. 한 여름에는 줄이 길게 늘어서있어 안으로 들어가기가 여간 어려운 것이 아니었단다. 다행히 2인용 식탁이 딱 한자리 비어있어 자리를 잡고 맛있다는 팥빙수와 단팥죽을 시켰다. 팥이 들어 있는 음식을 유난히 좋아하는 나는 무조건 맛있게 먹었을 것인데, 소문대로 옛날에 먹었던 맛하고 똑같은 빙수와 단팥

죽이라 더욱 맛있게 먹었다.

다음 날 '스코틀랜드'에 있는 아들이 서울 'Sklo'라는 갤러리에서 'Glass and Ceramics 3인 초대전'에 초대되어 작품전이 열리고 있었다. 때 마침 서울 올라온 김에 아들을 보는 기분으로 아들의 작품을 보았다. 그간의 노력이 작품에 가득 담겨있음을 느낄 수 있었다. 새로운 기법을 창작해 낸 아들이 대견하다. 흐뭇한 마음으로 우리 아들이 이렇게 훌륭한 작가였나? 생각하며 갤러리를 나섰다.

마을버스를 타고 남산으로 향했다. 주말이고 모처럼 날씨도 좋으니 많은 사람들이 남산에 모여 들었다. 언제 올라와도 참 좋다. 나무들이 해가 갈수록 빽빽해지고, 더불어 공기도 맑고 청명하다. 어린아이들을 데리고 온 젊은 부부도, 이제 막 사귀기 시작한 듯 어색한 남녀들도, 장성한 아들이 효도 관광차 모시고 나들이 한 것 같은 늙수그레한 부모도, 모두들 신이 난 표정들이다. 우리도 그들과 같이 이리저리 구경하고 사진도 찍고 한참을 돌아다니다가 보니 'Beer Bar'라는 간판이 보였다. 그런데 그 안은 텅 비어 있었다. 그도 그럴 것이 이제 막 12시를 넘겼으니 그런 시간에 맥주를 마시러 들어 갈 사람이 있을까? 용감한 우리 모녀가 들어가서 자리를 잡고 앉았다. 앉고 보니 눈앞에 멀리 청와대까지 선명하게 보였다. 저절로 두 팔을 벌리고 '와!'하고 소리를 질렀다. 서울의 멋진 풍경을 감상하며 둘이 맥주잔을 '짠'하고 부딪치고 시원하게 쭉 들이켰다. 온몸의 땀이 싹 가신다. 남산이라는 높은 곳에서 서울의 셀 수 없이 많은 아파트들을 내려다보면서, 저렇게 많은 집들이 있건만 평생 집 한 채를 갖기 위해 피나는 노력을 하며 서럽게 사는 사람들이 많을까! 한편으론 경치에 마냥 취할 수만도 없었다.

내려오다가 '남산도서관' 근처에 있는 '안중근기념관'에 들렀다. 아이들이 있다면 한번 꼭 둘러봐야 될 곳이란 생각을 했다. 원래 일제 강점기 '조선신궁'이 있던 자리를 헐고 이 기념관을 설립했다고 한다. 이 건물을 만드는데 참여한 수많은 사람들의 이름 중 일본인들의 이름을 볼 수 있었다. 일제 강점기 한국인들에게 행했던 여러 가지 악행들에 대해 진심어린 사과를 받는 날이 빨리 오기를 바란다.

다시 마을버스를 타고 내린 곳이 '해방촌'이란 동네였다. 광복과 함께 해외에서 돌아온 사람들, 북쪽에서 월남한 사람들, 한국전쟁으로 인해 피난 온 사람들이 정착하며 '해방촌'이라 불리게 되었단다. 이곳이 새로운 관광명소가 되어 많은 사람들이 이용하게 되었다. 사람들이 사는 곳이 관광명소가 되면 좋긴 하나 그곳에서 생활하는 사람들의 불편함이 많을 것이라고 생각한다. 서울의 '북촌'에도 많은 주민들이 피해를 호소한다고 한다. 그러나 모처럼 그곳을 구경하러 몰려든 사람들이 그들이 사는 환경까지 생각 해주는 여유는 없으리라. 우리도 철저히 관광객의 자세로 '해방촌'을 한 바퀴 쭉 돌아보았는데 삼삼오오 술 마시고 떠드는 사람, 맥주 가게에서 흘러나오는 잡다한 노래들, 좁은 길에 돌아다니는 많은 사람들, 택시, 마을버스들이 뒤엉켜 큰 혼잡을 이루고 있었다. 또 유명세를 탄 음식점들은 으레 줄을 길게 서서 오고가는 사람들의 발길을 막고 있는 모습도 많이 보였다. 우리도 그들 중 하나. 어느 유명한 음식점 앞에 줄을 섰다. 요즈음은 색 다르게 장사하는 집이 많아졌다고 한다. '저녁에만 장사하는 집' 이러면 일단 호기심이 생기게 마련, 거기에다 한번에 12~3명 정도만 들어 갈 수 있는 아주 좁은 실내 등등. 어려운 세상에 살아남기 위한 여러 가지 방법들을 볼 수가 있었다. 우리도 그렇게 들어가기 힘든 곳에 떡 하니 자리를 잡고 맛있는 저녁과 멋지게 와인 한잔을 했다. 이런 모습을 사진을 찍어 집에서 홀로 지내고 있을 남편에게 보내니, 곧 바로 보글보글 끓고 있는 김치찌개와 시원한 소주병이 있는 사진을 보내왔다. '다행이다.'하며 딸과 마주보고 웃었다. 참 편리하고 좋은 세상이다. 아무리 먼 곳에 있어도 바로 곁에 있는 냥, 실시간으로 모든 일들을 알게 되고 서로 얼굴을 보며 이야기도 할 수가 있으니….

서울은 '한강'이 있어 참 좋다. 어떤 이들은 서울 '한강'의 강폭이 너무 넓어 운치가 없다며 '센 강'처럼 폭이 좁으면 쉽게 건널 수도 있어서 좋을 것 같다고 한다. 하지만 좁으면 좁은 대로 넓으면 넓은 대로 강은 운치가 있지 않을까?

한강 변을 걷다가 편의점에서 라면을 샀다. 이런 경험은 처음이다. 봉지라면을 사고, 날달걀도 사고, 또 종이 그릇도 샀다. 가게 옆으로 가니 마치 자동판매기와 비슷한 기계가 보인다. 바로 라면을 끓여주는 기계이다. 설명서에 쓰인 대로 따라 하면 신기하게도 기계가 라면을 끓여준다. 달걀을 깨트려 넣는 시간까지 친절하게 안내해준다. 컵라면을 야외에서 먹어 보긴 했어도 이런 봉지라면을 강변에서 먹다니…. 평소 라면을 그다지 좋아하는 편은 아니지만, 그날 먹은 라면은 국물까지도 남김없이 먹어버렸다. 지금도 내 입속에는 침이 고인다. 앞으로 또 어떤 자동기계가 나와서 우리를 홀릴까.

아이들이 집에 같이 있을 때는 생각도 못했었는데, 아이들을 보내고 혼자 있는 딸과 함께 모처럼 서울 구경을 하고 맥주도 마시며 같이 걷고 이야기하고, 또 '한강'변에 나가 라면도 먹어보고, 여러 가지 색다른 경험을 했다. 마치 나만 이런 딸이 있어 행복을 맛보는 것 같은 착각에 빠져 들었었다.

며칠 되지 않았지만 혼자 있는 딸과 모처럼 좋은 시간을 보내고 집에 오는 버스를 타고 정류장에 내리니, 남편이 너무나 반가운 표정으로 마중을 나와 있었다. 집에 와보니 오랜만에 오는 아내를 위해 집안 청소도 말끔히 해 놓았다. "여보! 고마워요. 역시 당신 밖에 없어."

이렇게 부부간에 살뜰하게 챙기고 부모자식 간에 포근한 정을 나누며 사는 것이 행복이 아닐까 생각한다.

(2018. 9. 5.)

내 큰 동생

"누나! 오늘 초복 전날인데 뭐하세요?"

"그냥 마당에 나와 매형과 같이 앉아 바람 쐬고 있어."

복 달음으로 통닭과 맥주를 사가지고 오겠다는 전화를 받았다. 그 전화를 받자마자 부리나케 밭으로 나갔다. 부추도 뜯고, 호박도 몇 개 따고, 마당에 있는 의자에 앉아 부추를 다듬었다. 그리고 봉투에 담아 현관 앞 계단에 올려 놓았다.

나에게는 위로 오빠 한분과 밑으로 남동생 둘이 있다. 그 중 유난히 아픈 손가락이 있다. 바로 오늘 집에 온다는 큰 동생이다. 나와는 세 살 터울로 바로 밑이라 그런지 유난히 마음이 쓰이는 동생이다. 어려서 공부보단 노는 것이 더 좋았던 아이, 특히 운동을 좋아하여 공부 잘하기를 바라는 부모님의 마음을 아프게 했었다. 우리가 클 때만 해도 오로지 공부만이 살길인 것처럼 생각했었다, 부모님들은…. 그러니 그 동생은 부모님의 마음에 흡족 할 리가 없었다. 자연 형제들 중에 제일 처질 수밖에….

예로부터 '굽은 소나무가 고향을 지킨다'더니 딱히 내 동생을 두고 하는 말이었다. 모두들 객지에 나가 자기 몫을 톡톡히 해내고 있을 때, 그 동생은 고향에 남아 부모님과 같이 생활을 했다. 그간 아버지는 당뇨병을 얻으시고 그 결과 췌장암으로 투병생활을 하셨다. 그 모습을 오롯이 곁에서 지켜낸 이가 바로 그 동생이었다. 뒤이어 당뇨로 고생을 하시던 어머니도 투석을 하시면서 투병생활을 하다 결국은 돌아 가셨는데 그 자리도 역시 그 동생 내외가 지켜냈다. 만약에 우리 부모님에게 그 동생이 없었다면 어떻게 되었을까. 물론 이가 없으면 잇몸으로 대신한다고 들 한다. 그러나 그런 일은 말같이 쉬운 일은 아니다. 이렇게 부모님의 투병생활을 같이 지켜내고, 또 부모님 사후死後까지 모든 집안 대소사大小事를 다 챙긴다. 그런 큰 동생이 나이 60이 다되어 새로이 농업에 투신하겠다며, 농업기술센터에서 각종 교육을 받고 또 마이스터 대학에서 포도과수 공부를 하며 새로운 인생을 설계하고 있다. 이제는 농기계를 다루는 교육까지 받아 실습도 마친 상태이다. 임실군 관촌면에 있는 땅에 콩이며 고추, 깨 같은 작물들을 심어 열심히 농사를 짓는 동생이 자랑스럽다. 그리고 우리 시대에는 모든 가정사를 장남이 해야 된다고 생각했었는데 차남이면서 장남 노릇을 톡톡히 하는 동생이 정말 대견하고 좋다. 사람은 태어날 때 다 필요한 곳이 있어 세상에 나왔을 것이다. 학교에 다닐 떼는 공부를 잘하는 것이 부모에게 효도하는 길이겠지만, 장성한 후에는 연로年老 하신 부모님 곁을 지키는 것이 진정 효가 아닌가 생각한다.

“여보! 냉장고에 있는 술 한 병 더 가지고 와요!”

“벌써 4병째 비웠는데요.“

“누나! 한 병만 더 가지고 오세요.” 술과 바람 덕분에 취기醉氣가 오른 동생이 부른 노래로 마냥 즐거운 저녁이었다. 하늘에는 별이 촘촘히 박혀있다.

(2013. 7. 13.)

5부
삼시세끼 내 남편

고춧가루를 장만하고

'이젠 김장고추걱정을 덜게 되었으니 다행이다.'

많은 이들이 길게 줄을 서 있는 곳에 나도 한축 끼어서 줄을 섰다. 간간히 끼어 드는 사람들에게 여기저기에서 날카로운 힐난이 쏟아졌다. 마치 내 물건을 남에게 빼앗기기라도 한 것처럼.

그 모습을 보며 작년 일이 떠올랐다.

살림하는 사람이라면 일 년 열두 달 중요한 일들 중에 꼭 때 맞춰서 해야 되는 일들이 몇 가지가 있다. 그중에 일 순위에 해당되는 것이 늦가을과 초겨울 사이에 김장을 담그는 일이 아닐까 생각한다. 그러기위해서 봄부터 밭에 고추를 심고 약을 치기도 하며 온갖 정성을 들여 키워낸다. 한 여름 뙤약볕에서 탐스럽게 선홍색으로 잘 여문 고추를 따서 행여 비가 올세라 노심초사하며 마당에 널어 바삭하게 말린다. 꼭지도 따고 깨끗하게 닦아 방앗간에 가서 가루로 빻아 놓고 나면 그제야 한 가지 큰일을 끝내서 안도의 숨을 내 쉬게 된다.

하지만 시대가 변하면서 이렇게 번잡한 고춧가루 장만하는 일을 대신 해 주는 곳이 많이 생겨났다. 그러면서 예전에 없던 많은 일자리도 생겨나기도 했다.

살림을 짭짤하게 규모 있게 잘 하는 사람들은 그렇게 해서 나온 고춧가루를 믿을 수가 없어서 전전 긍긍하지만 어쩔 수 없이 사서 먹곤 했다.

이런 걱정을 단번에 해결해 주는 사업체가 흔히 '열매의 고장'이라 불리는 '임실'에 '전북 동부 권 고추'라는 농업 회사 법인에서 만든 주식회사가 생겼다. 소비자들을 안심시키는 방법으로 모든 공정을 투명하게 그곳에 오는 사람들이 직접 관람할 수 있게 만들어 놓았다. 나에게도 이것은 귀가 번쩍 띄게 반가운 소식이었다. 해마다 그곳에 가서 양념고추가루, 김장용고추가루, 고추장용 고춧가루를 입맛에 따라 매운맛, 보통 맛, 순한 맛을 골라 사다 먹기 시작했다. 여간 편리하고 좋은 것이 아니었다.

그런데 작년에 여차하여 조금 늦게, 다른 해보다 늦다고 생각한 것은 아니지만, 그곳에 갔더니 모든 판매가 끝났다는 안내판 한 장 달랑 붙여 놓고 문을 닫아버렸다. '큰일이다, 김장을 어떻게 하지? 일 년 내 반찬 할 때 요긴하게 쓰는 양념고추가루는?' 온갖 생각이 순식간에 머리를 스쳐 지나갔다. 다음해 연락해 달라는 전화번호만 등록하고 발길을 돌릴 수밖에 없었다.

올해는 다른 해와 달리 날씨가 참 유별났다. 나도 밭에 이것저것 심어 봤지만 가뭄이 심하여 모종 값도 못 건질 정도로 심하게 흉년이 들었다. 우리들이야 텃밭에 우리 먹을 것만 간단하게 심고 있지만 그것들을 팔아 생활하는 농민들은 얼마나 힘이 들까. 그러니 고추라고 풍년일 리도 없고, 행여 올해도 고춧가루를 못 사면 어떻게 하지? 하는 불안한 생각을 하고 있던 차에 문자가 온 것이다. 임실에서 온 문자로 가격까지 친절하게 안내를 해 주었다. 문자를 받자마자 서둘러 갔다고 생각 했는데 어디에서 그렇게 많은 사람들이 몰려왔는지 넓디넓은 주차장에 자동차들이 가득했다. 서둘러 판매장으로 들어가려 했으나, 이미 긴 줄로 입구에서부터 막혀버렸다. 그곳을 뚫고 물건이 진열된 진열대 앞으로 가니 진열대가 텅텅 비어 있었다. 특히 나에게 필요한 매운맛 고춧가루가 없었다. '큰일 났군!' 속으로 걱정이 이만저만이 아니었다. 순간 망설였다. '다음에 다시 와서 살까? 아니 기왕 왔으니 그냥 있는 것으로 사가야지.'하고 마음을 먹었다. 맨 뒤꽁무니에 붙어서 줄을 섰다. 줄을 서서 자세히 살펴보니, 계산하는 직원 뒤편에 상품을 쌓아 놓고 주문하는 데로 그곳 직원이 일일이 챙겨 주는 것이었다. 다행히 내가 서 있는 줄이 차츰 줄어 들면서 아쉬운 데로 보통맛과 매운 맛의 고춧가루 두 봉투를 계산하고 마치 개선장군이 된 것처럼 자동차에 올랐다. 정문을 나와 막 길에 들어서니 문자소리가 났다. 찾아보니 '준비한 물건이 다 팔려서 판매가 중단 되었습니다.'하는 문자였다. '어휴! 다행이다. 망설이다 그냥 돌아 왔으면 어쩔 뻔 했을까?' 생각할수록 아슬아슬 했다.

살림하는 사람들이 그간 힘들고 어려웠던 것들을 해결해주는 것이 비단 고춧가루만은 아니다. 내가 신혼 때인 40여년전만해도 우리 집에 청소기를 구경하러 오는 사람들이 있었다. 어디 그뿐인가? 세탁기에 빨래를 하는 모습도 퍽 신기하게 바라보았었는데. 또 김장철에 날씨가 너무 따뜻하면 '김장한 김치가 시어서 큰일이다.' 고 하는 뉴스가 나오곤 했었다. 그러나 지금은 김치를 일 년 내내 먹어도 방금 담근 김치처럼 맛있는 김치를 먹을 수 있는 김치냉장고까지 나와 얼마나 편리한 생활을 하게 되었는지. 이제는 미세먼지 때문에 빨래를 직접 말려서 나오는 건조기까지 나오는 시대에 살고 있다. 정말 세상은 빠르게 변하고 있다. 모든 것들이 다 발전하여 변해도 부엌에서 만드는 음식만은 오로지 주부의 손으로 해야만 하는 것으로 알고 살았지만, 이제는 고춧가루는 물론이고 공장에서 담근 김치가 대중화되는 시대가 왔다. 번잡한 고춧가루 장만하는 일이 신용 있는 곳에서 판매하여 소비자들을 안심시키듯이 농사를 짓는 농민이나, 그것을 필요로 하는 소비자를 위해서 더 많은 종류의 농업 회사 법인이 생겨서, 모든 농산품들을 안심하고 사 먹을 수 있고, 농민들은 안심하고 농사를 지을 수 있는 사회가 되면 좋겠다. 그래서 도 · 농간의 격차가 생기지 않고 어느 곳에서 무슨 일에 종사하든 미래에 대한 걱정 없이 행복한 사회가 되길 소망한다. 김장용 고춧가루와 양념 고추 가루를 사고 보니 너무 흐뭇하고 느긋한 마음에 이런 저런 생각을 적어 보았다.

(2018. 8. 10.)

처음으로 산 전기 압력솥

'고놈 참 신기하게 생겼다. 아니! 말을 하잖아.'

깜짝 놀라 전기 코드를 뽑아 버렸다.

설명서가 어지간한 대학노트만하니 어느 세월에 다 읽을까. 참 신기한 물건이다.

막 아침 식사를 하려고 식탁에 앉았는데 '띵~동' 대문 벨 소리가 울렸다. '택배요!' 하면서 엊그제 가전제품 대리점에서 산 물건이 도착했다. 밥먹는 것도 잊은 채 둘이 앉아 상자를 뜯고 안에 있는 물건을 꺼냈다.

40년 넘게 살림을 하면서 처음 장만한 물건이었다. 그간 내게 다녀간 냉장고 만해도 어림잡아 서너 대는 될 것이고, 세탁기는 그 보다 더 많았을 것 같다. 또 세월이 좋아지면서 청소기, 김치냉장고, 정수기 등, 온갖 가전제품을 쓰면서 살았지만 오늘 아침에 배달 받은 이 물건은 난생 처음 산 것이다. 물론 내가 처음으로 샀단 이야기이지 이 물건이 처음 나온 것은 아니다. 가끔 딸 내 집에서 써 보긴 했었다. 그것도 처음에는 쓸 줄을 몰라 딸이 퇴근 할 때까지 손 놓고 기다리기가 일쑤였다. 제대로 쓸 줄 안 것도 얼마 되지 않았다. 그런 물건을 사서 눈앞에 놓고 보니 무슨 기능이 그리도 많고 설명서에는 왜 그렇게도 주의 사항이 많은 지 두고두고 연구해야 될 지경이다. 그러니 이것을 써야 될지 말아야 될지 걱정이 앞선다. 또 하나 걱정은 그간 변함없이 내 곁에 두고 오랜 세월동안 쓰던 것을 하루아침에 내치자니 영 마음이 내키질 않는다. 큰 돈 들여 정말 큰마음 먹고 장만한 것인데, 특히 이제는 나이가 들었는지 잠깐 다른 짓을 하다보면 잘못되기 일쑤이고 가끔은 질척이기도 하고 때론 되직하기도, 심지어는 온통 새까맣게 타기도 하여 남편에게 미안한 마음이 생기기도 했었다. 그래서 이젠 바꿔야 돼, 바꿀 때가 된 것 같아, 하면서 늘 입버릇처럼 중얼 거렸다. 그러면서도 여태껏 망설인 이유는 나의 유별난 성격 때문이었다. 직장 생활을 하면서도 나는 밥을 언제나 끼니때 새로 해 먹어야 된다는 생각으로 휴일이면 세끼를 꼭 제때 해서 먹었다. 신혼 때 시댁에 가서 겁도 없이 시어머니께 '저는 식은 밥은 안 먹어요' 라고 이야기하다 눈 치 밥을 먹곤 했었다. 그러니 나에게는 아주 작은 밥솥이 제격이었다. 그렇게 바쁠 때도 꼭 따뜻한 밥을 제때에 맞추어 지어 먹곤 했었는데, 이젠 시간도 많은데 점점 밥하는 것이 어려워지고 잠깐 실수로 태우기가 다반사였다. 바로 오늘 아침 우리 집에 '말하는 전기 압력솥'이 도착한 것이다. 그간 쓰던 아주 작은 압력솥과 오늘 우리 집에 온 멋진 압력솥을 나란히 놓고 보니 한편으로는 미안한 생각이, 또 한편으로론 두려운 생각이 든다. 군말 없이 오랜 시간 내 곁에서 따뜻한 밥을 만들어 주던 녀석을 냉대할 수도 없고, 그렇다고 큰마음 먹고 장만한 멋진 녀석을 그냥 묵혀 둘 수도 없고 말도 안 되는 고민에 빠져 버렸다.

대부분 사람들이 새것을 좋아한다. 나도 예외는 아니다, 오래도록 내 손때가 묻은 것은 마음 편하게 쓸 수 있어 좋긴 하지만, 오늘 새로 들어온 전기압력솥은 모양도 깔끔하고 색상도 세련된 것이 정말 예쁘고 멋지다. 하지만 아직은 이 낯선 물건에 정이 가질 않고 오랜 세월 나와 함께한 작은 압력솥에 자꾸 마음이 간다. 마치 오랜 친구가 곁에 있을 때 마음이 편한 것처럼….

드디어 새로 온 멋진 녀석에게서 밥을 얻어먹었는데 아직은 서투른 솜씨 탓인지, 영 기대와는 다른 밥맛이다. 옛 어른들의 말씀이 생각났다. '구관이 명관이여!' 이 말은 세련되지 못한 내 생활방식에 딱 어울리는 말 같다.

그래도 언젠가는 '역시 새 것이 좋은 것이여!' 하며 옛것을 잊고 살지도 모르겠다.

(2017. 12. 12.)

묵은 지처럼

'벌써 한통을 다 비웠네!
이제 한통 밖에 남지 않았으니 아껴야 되겠다.'
마당 한쪽 창고 곁에 있는 방에 들어가 나 혼자 중얼 거렸다.

해마다 김장때가 되면 먹다 남은 묵은 지 처리가 문제였다. 때로는 김치가 모자란다고 하는 친지들에게 나눠 주기도 했지만, 항상 나에게 고민을 안겨주는 애물단지였다. 작년 김장때도 마찬가지였다. 더욱이 그 전해에 담가 놓았던 묵은 지가 한통이나 남아 있었으니 가관이었다. 여벌의 김치 통에 작년 묵은 지를 꼭꼭 눌러서 옮겨 담으니 두 통이나 되었다. 무려 세통의 묵은 지통을 창고 곁에 딸린 방에 들여 놓았다.

올해는 어찌 된 일인지 남편이 김치전을 부치기 시작하면 식탁에 와서 턱을 받치고 앉자 있곤 했다. 김치전 한 장을 부처 접시에 담아 주면 아주 달게 먹었다. 유난히 밀가루 음식을 좋아하는 나는 시도 때도 없이 프라이팬에 기름을 두르고 무엇이든 부처 먹었다. '무슨 아침부터 전을 부처 먹느냐, 그렇게 밀가루 것을 많이 먹으면 탈이 난다'는 둥 영 못마땅하게 생각하면서 핀잔을 주곤 했었다. 그러던 남편이 올해부터 식성이 변했는지 무엇이든 전을 부처 주면 잘 먹었다. 아침이든 점심때든 가리지 않고.

오늘 아침에도 표고버섯 말린 것을 물에 불려 잘게 다지고 묵은 지를 한 포기 썰어 계란, 마늘, 밀가루를 넣고 휙 저어 팬에 지지기 시작하니 예외 없이 식탁 앞에 턱을 바치고 앉았다.

며칠 전 마트에 같이 갔었는데 그곳 정육점 앞에서 계속 서성거리며 무엇엔가 잔뜩 눈독을 들이고 있었다. 가까이 가서 보니 돼지 갈비였다. 살이 적당히 붙어 있고 보기에 먹음직스럽게 보였던 모양이다. 하지만 내가 돼지고기를 별로 반기지 않으니 선뜻 사진 못하고 거기에 서 있었던 것이다. 내가 냉큼 집어 가격표를 붙이고 카트에 담았다. 카트를 밀면서 앞에 가는 그의 뒷모습만 보아도 얼마나 좋아하는 지 짐작이 갔다. 집에 오자마자 마침 끼니때가 되어 돼지 갈비를 씻고 묵은 지 한포기를 꺼내 숭덩숭덩 썰어 냄비에 넣고 끓였다. 끓는 냄새가 제법 그럴듯했다. 어느새 식탁 앞에 앉은 그의 손에는 소주병이 하나 들려 있었다. '어이구! 누가 말려.' '마파람에 게 눈 감추듯' 소주 한 병과 밥 한 그릇을 돼지 갈비 찌개와 함께 해 치웠다. 그렇게도 맛있고 좋을까….

지금 먹고 있는 묵은 지는 김장을 했을 때 유난히 맛이 있었다. 김치가 맛이 있다고 하기 보다는 그해 배추 농사가 잘 되었었다. 평소에 김치를 별로 먹지 않았던 서울에 사는 외손자들도 다른 때보다 김치를 더 많이 가지고 갔었다.

무슨 음식이든 음식 솜씨가 좋아야 하지만 그것 보다는 원재료가 좋아야 맛있는 음식이 된다고 생각한다. 그렇게 원 재료가 좋으면 솜씨가 약간 모자라도 시간이 지나면 지날수록 음식 맛이 좋아진다. 재작년에 담았던 김장김치는 그해 배추 농사가 영 말이 아니었다. 김장 때 정성껏 양념을 준비해서 담았기에 김치 맛에 대한 기대가 컸었는데 양념은 맛이 있으나 김치 맛은 영 형편없었다. 그러니 묵은 지가 2년이 넘도록 애물단지 신세를 면하지 못하고 있을 수밖에….

어찌 비단 김치뿐일까. 사람 사는 세상도 이와 같으리라 생각한다.

언제나 변함없는 사람, 방금 만나고 헤어졌는데도 금세 또 보고 싶은 사람, 한번쯤은 만났으나 다시는 보고 싶지 않은 사람 등, 이 세상사람 수만큼이나 다양한 사람들이 살고 있다. 그 중에 묵히면 묵힐수록 감칠맛이 나는 묵은 지 같은 사람이 많이 사는 세상, 그런 친구가 한명이라도 있는 사람이 행복한사람이 아닐까?

나는 세상에 어떤 존재일까, 내 식구들에게는 어떤 사람일까, 그리고 헤어지자마자 나를 보고 싶어 하는 친구가 있을까, 이런저런 생각에 빠져 있는데 안채에서 소리가 났다. 문을 열고 보니 그가 현관문을 열고 밥이 다 되어 가는데 뭐하고 있느냐며, 감기 든다고 빨리 들어오란다. 그러고 보니 한 손에 비닐장갑을 끼고 한 손에 조그마한 김치 통이 들려 있었다. '이런 내 정신 좀 봐! 묵은 지 가지러 와서 뭐하고 있어?' 부리나케 큰 통에 있는 묵은 지 몇 포기를 담아 방에서 나왔다.

마당을 가로 질러 걸으면서 '나는 어떤 사람일까! 나도 맛있는 묵은 지 같은 사람이고 싶다'는 생각을 이 아침에 해본다.

(2019. 1. 23.)

삼 새끼 내 남편

"오늘 점심 못 드시고 가실 분 계세요?"

내가 손을 슬그머니 들었다. 매주 수업 중간 휴식시간에 총무님의 말에 어김없이 내 손이 올라갔다.

"이 선생은 항상 바쁘시네요." 한다.

수업이 끝나자마자 부리나케 가방을 챙겨들고 교실 문을 나섰다. 가까운 주차장에서 남편이 나를 기다리고 있었다.

흔히들 퇴직 후 남편이 집에서 삼시세끼를 모두 먹으면 삼 새끼, 두 끼만 먹으면 이식이, 한 끼만 먹으면 일식이, 한 끼도 먹지 않으면 영식님이라고 부른단다.

어쩌다가 남편들이 이 지경에 이르게 되었는지….

평생을 가장이라는 굴레를 쓰고 젊은 시절은 직장에서 상사의 눈치 보랴, 퇴근 후에는 상사의 비위를 맞추느라 정해진 시간에 퇴근도 내 마음대로 하지 못하고 지내는 날들이 부지기수였다. 이렇게 말하면 전업 주부들은 '집에서 하루 종일 허리가 휘도록 일하는 우리는 힘들지 않았나!' 라며 볼멘소리를 쏟아 낼 것이다. 물론 살림하는 주부의 노고도 가장의 그것에 비해 결코 가볍다고 말할 수 없다. 그런 주부들의 내조가 있었기에 모든 가정이 화목하고 경제적 여유도 누릴 수가 있다. 그리고 자식교육은 전적으로 어머니들의 몫이었을 만큼 힘든 세월을 보냈다. 혹여 자식이 잘못 되기라도 한다면 그 책임은 모두 집에서 살림하는 주부차지였다.

우리 내외는 맞벌이를 했다.

그러니 젊은 시절에는 아이를 키우며 직장생활을 한다는 핑계로 겨우 아침 한 끼 차려 주는 것이 다반사였다. 물론 남편도 직장 생활 하면서 토요일 일요일도 없이 지낼 때가 태반이었고….

특히 '대두 한말'이라는 별명이 붙을 정도로 술을 좋아하는 사람이었기에 의례 퇴근 후는 술에 떡이 되어 들어오기 일쑤였다. 이렇게 30년도 넘는 세월을 각자의 생활로 바쁘게 살다보니 나는 남편에게 살 가운 아내가 아니었다.

그러다가 공기업에 다니던 남편이 나보다 먼저 정년퇴직을 하고 집에 혼자 남게 되었다. 이른 아침에 내가 출근을 하고 나면 텅 빈 집에 홀로 남아 있을 남편을 생각하면 마음이 편치는 않았다. 그래도 다행인 것은 먼 훗날 집을 지을 요량으로 근교에 땅을 조금 마련 해 두었는데, 매일 그곳으로 출근하여 혼자 점심을 해 먹고 퇴근 시간에 맞춰 집에 들어오곤 했다. 그런 남편을 보면서 많은 생각을 했다. 내가 직장을 정년퇴직으로 마무리 하는 것도 보람 있는 일이긴 하지만 평생을 곁에 있어야 하는 남편을 외롭게 하지는 말자라는 생각이 들었다. 또 평소에 나는 '뒷모습이 아름다울 때 퇴장하자'라는 생각을 해 왔었다. 그리고 과감하게 명예퇴직을 선택했다.

아파트 생활을 청산하고 그곳에 자그마한 집을 지어 이사를 했다. 그때부터 우리 내외는 아주 특별한 때를 빼곤 24시간을 같이 지내고 있다. 그래서 자연스럽게 삼시세끼를 집에서 같이 먹게 된 것이다. 식성이 소탈한 그는 밥에 김치 하나 만 주어도 아주 달게 먹는다. 반찬이 서너 가지 만 되어도 무엇을 먹을지 모르겠다며 밥 한 그릇을 뚝딱 해치우곤 한다.

가끔 점심에 국수를 삶아 먹자고 말하면 그는 흔쾌히 부엌에 들어와서 국수를 삶는다. 나는 내 남편이 삶아 준 국수처럼 면발이 쫀득하고 맛있는 국수를 먹어 본 적이 없다. 때로는 민물고기를 사다 시래기를 넣어 아주 맛있는 매운탕을 끓여 내기도 한다. 평소에 채식을 좋아하는 남편인데 집 앞 작은 텃밭에서 나는 재철 채소로 풍성한 식탁을 차리다 보니 외식보단 집에서 먹는 밥을 더 좋아하게 되었다.

자식들이 장성하여 제 갈 길을 찾아 떠난 뒤에는 어느 집이나 부부만 남아 있을 것이다.

오랜 세월을 살아오면서 매일이 행복한 날은 아니었겠지만 그래도 지난날을 생각하면 꼭 불행한 날만 있었던 것은 아니었을 것이다. 서로가 서로를 챙겨주며 정 있는 말 한마디 따뜻한 밥 한 끼가 노년을 같이 지내는 부부들의 행복이 아닐까?

"여보! 오늘점심 반찬은 무엇을 만들까?"

"그대의 뜻대로 하세요. 주면 먹고 안주면 굶고…."

내 남편은 오늘도 삼시세끼를 집에서 해결하는 '삼 새끼'다. 그리고 나는 그런 남편이 곁에 있어 주는 것만으로도 행복하다.

(2015. 4. 16.)

내 친구 인화

내 친구 인화가 왔다.

벌써 까마득한 옛날 친구이다. 꿈 많던 사춘기를 같이 보내며 세상 고민을 다 안을 듯 했었다. 그리고 세상 불만을 우리가 다 해결해야 되는 것으로 알고 분기충천 하였었다.

이제는 단발머리가 아닌 반백의 뽀글뽀글 아줌마 파마를 한 모습으로 십 오륙 년 만의 만남이었다. 탱탱하던 얼굴에는 검버섯이 슬며시 보이고 눈과 입가에는 숨길 수 없는 주름이 깊게 페인 모습이다. 그러나 마음만은 그때나 지금이나 여전히 사춘기이다. "어머! 어쩜 그때 그 모습 그대로이니." 지나가는 사람들이 들었다면 참 어이없는 인사말을 누가 먼저 랄 것도 없이 서로 나누고 있었다.

늘 새끼손가락을 걸며 한시도 떨어지지 않을 것처럼 꼭 붙어 다니던 우리 사이에 이젠 친구 대신 한 남자가 붙어있다.

그녀는 어린 시절 지독한 가난과 어깨를 맞대며 살았다. 그래서 하고 싶고, 쓰고 싶은 것이 참 많은 아이였다. 백일장 대회란 대회는 모조리 휩쓸고 다니던 그녀가 고등학교를 졸업하고, 가난으로 지긋지긋한 고향을 떠나 서울로 대학을 가게 되면서 우리는 떨어져 지내야 했다.

바람결에 간간히 그녀의 소식을 접할 뿐, 국문학을 전공하고 국어선생님을 하고 있다, 결혼을 했다더라, 다 늦은 나이에 아들 하나를 두었다, 남편도 같이 교직에 있다더라, 등등.

그런 그녀를 다시 만난 것은 내가 서울에서 개인전을 하는 자리에 고등학교동창들이 모였었다. 그때 그녀의 소식을 듣고 전화를 하자마자, 그 넓은 서울에서 정말 눈 깜짝 할 사이에 전시장으로 달려온 것이었다. 마치 이산가족 상봉하는 것처럼 커다란 감동이었다. 전시 내내 하루도 거르지 않고 퇴근 후나 적당한 시간을 내어 찾아오곤 했었다.

'친구야! 지금도 글을 쓰고 있겠지?'라는 물음에 그녀는 내가 지금 너무 배가 불러서 쓸 말이 없단다. 그러고 보니 그녀의 얼굴표정이 학교 다닐 때와는 사뭇 다르다. 그렇게도 세상을 향해 하고 싶은 말이 많았던 그녀였는데, 배가 부르다는 말에 오히려 마음이 푸근해졌다. 어렸을 적에 보았던 굳은 표정은 찾아 볼 수 없고 여유가 있는 모습이 그제야 눈에 들어왔다.

무심한 세월을 친구 삼아 지내다 보니 서로의 안부도 묻지 못하고 또 다시 잊혀 진 친구로 지냈다. 나 역시 다니던 직장을 퇴직하고 새로운 곳에 이사를 오면서 유일한 연락 수단이던 전화번호마저 바뀌게 되어 버렸다. 간혹 동창 모임에서 그녀의 소식을 물으면 모두들 잘 모르는 눈치였다.

그러다가 내가 스마트 폰의 세계에 동참하면서 드디어 그녀의 연락처를 찾아내게 되었다. 스마트 폰이란 놈은 참 기특하다. 어느 날 너무 무료하여 스마트 폰에 있는 카카오 톡을 찾아보니 내 전화에 저장되어 있는 많은 사람들의 이름이 보였다. 그 중에 내 친구 인화의 번호를 발견한 것이다. 곧바로 카카오 톡을 하니 늦은 밤인데도 그녀에게서 전화가 걸려왔다. 뜻하지 않게 찾게 된 반갑고 그리운 친구이니 할 이야기가 한도 없이 이어진다.

그 뒤로도 연신 소위 말하는 엄지 족들처럼 열심히 카카오 톡을 주고받았다.

어느 날 '친구야! 나 전주에 내려가면 하룻밤 재워 줄 수 있어?' 한다. 그리곤 남편과 함께 집에 온 것이다. 이제는 중늙은이가 된 두 여인이 펼쳐 놓은 이야기보따리는 밤이 깊어가도 끝날 줄 모르고 이어졌다. 난생 처음 보는 두 남자는 서로 어색하게 앉아 애꿎은 TV만 보고 있다.

간밤에 정말 맛있는 꿀잠을 잤다며 마당으로 나왔다.

우리내외는 이미 닭장에 가서 문안 인사 후 닭이 애써 낳은 달걀을 꺼내오고, 개들에게도 모두 아침을 주고 난 뒤였다. 우리의 부지런함에 장황하게 수다를 늘어놓는다. 싫지 않은 이야기이다. 간단한 아침식사를 마치고 꼭 같이 가고 싶었던 순창 강천산 산책길을 걸었다. 걷는 내내 학창시절 이야기, 교직 생활의 어려웠던 이야기 등등, 지난 밤 늦도록 이야기를 했건만 또 할 이야기가 끝없이 나온다. 순창에서 제법 알려 진 맛 집에서 점심을 먹고 전주에 다시 돌아왔다. 조금 더 머물러 있기를 바랐지만 한사코 가야 한다며 다음에 만날 것을 약속하고 아쉽게 헤어 졌다.

조금 후 문자가 왔다. '친구야! 나 지금 우리 모교에 와있어. 실은 퇴직하면서 모교에 장학금을 조금 내려고 온 거야.' 그러더니 자기가 퇴직하는 서울시내 ㄷ중학교와 어느 사회단체에 기부금을 내기로 했단다. 자랑스러운 사람이 내 친구라니 정말 마음이 흐뭇했다.

학교 다닐 때 그렇게도 어렵게 공부를 했는데 이렇게 훌륭한 생각을 가지고 있었구나! 돈이 많은 사람의 기부보단 평생 고물을 팔아 모은 돈을 어려운 이웃에게 기부한 사람의 이야기나, 내 친구처럼 평생을 학생들과 씨름하면서 생긴 퇴직금을 어린 시절 어렵게 공부하던 모교에 기부한다는 것은 말처럼 쉬운 일은 아니다. 그럼에도 그런 결심을 하고 실행에 옮긴 내 친구가 정말 자랑스럽다. 그리고 여기저기 자랑하고 싶다. 어려운 이웃을 생각하고 나누며 마음의 여유를 갖고 은퇴 후 자연인으로 돌아가 알찬 생활을 할 그녀의 모습이 그려진다.

(2015. 9. 5.)

고귀한 선물

"여보, 고마워요! 그런데 왜 자꾸 머리가 아프지?"

하며 연신 왼쪽 약지를 치켜들어 이마에 대곤 했다. 그런 내 모습을 보고 남편도 흐뭇한 미소를 보낸다. 집으로 오는 내내 자동차 속에서 왼손을 뒤집었다 엎었다 를 반복하고 주먹을 쥐었다 피기를 계속했다. 그리고 손을 높이 들어 가까이도 보고 멀리도 보며 좋아하니 남편이 "그렇게도 좋아?"했다.

오늘따라 유난히 나의 왼손이 예뻐 보였다.

집에 와서 점심을 먹고 설거지를 하려는데 설거지통에 왼손을 집어 놓기가 아깝다. 그러는 내가 참 천진하다고 해야 할까? 아니면 속물이라고 해야 할까.

벌써 40여년의 세월이 흘렀다.

그땐 결혼 폐물을 몇 세트를 받았네 하며 자랑을 하곤 했었다. 나도 그때 루비와 옥으로 만든 폐물을 받았다. 그리고 작은 다이아몬드를 박은 반지도 받았었다. 친구들이 오면 그것들을 모두 꺼내 놓고 자랑하곤 했었는데, 참 철없던 시절이었다.

직장에 다니면서 손가락에 끼고 다니기는 알이 박힌 반지는 조금 부담스러워 그냥 장 농 깊숙이 넣어 놓고 생각나면 꺼내서 보곤 했다. 그러다가 첫 아이를 낳고는 그런 것을 몸에 지니는 것이 거의 불가능 했고, 그냥 농지기에 지나지 않았다.

그런데 어느 날 퇴근해서 집에 와보니 집안 분위기가 심상치 않았다. 평소에 모두 출근하고 비어 있는 집인 것을 알았는지 낮 손님이 다녀 간 것이다. 친정 부모님이 큰마음 먹고 장만 해 주신 옻칠이 된 빨강색 작은 삼층장의 장식이 모두 뜯겨 나가고, 그곳에 깊숙이 간직해 놓은 패물들이 감쪽같이 사라져 버린 것이다. 집안을 샅샅이 뒤진 냥 모든 것이 엉망이었다. 그러나 남편의 다이아몬드반지는 화장대 서랍에 넣은 채 그대로 있었다.

경찰에 신고를 하고 형사들이 와서 지문도 채취 해 가고 한 동안 집안이 어수선 했다. 그러나 오랜 세월이 흘러도 그 날의 범인을 잡았다는 연락은 어디에서도 없었다. 그냥 나하고는 인연이 없는 물건인가보다 하고 포기를 하고 지냈다. 그러니 아무렇게나 놓아 둔 남편의 반지는 그대로 있고 내 물건만 없어진 것이다. 그렇게 패물에 대한 인연도 미련도 없이 젊은 날을 바쁘게 보냈다.

그러다가 나이를 먹으니 나도 손가락에 뭐라도 하나 끼워주고 싶다는 생각이 들었다. 아주 단순하고 깔끔한 모양의 반지를 하나 만들어 오랜 시간 같이 지냈다. 그땐 내 손도 참 예뻤었는데, 아직은 젊은 나이었으니까.

나이를 먹고 퇴직을 하고 또 볼품없이 늙어가게 되니 그런 것들이 모두 부질없어 보였다. 통통하던 손가락도 쭈글쭈글 해지고 손 여기저기에 검버섯도 피어나고 내 손에게 못할 짓을 하는 것 같았다. 그때부터 몇 개 되지 않은 폐물들은 다시 구석진 자리로 숨게 되었다.

새집을 지어 이사를 오면서 마침 벽난로가 필요했고 그때 금값이 천정부지로 올랐다. 그래서 구석진 자리에 있던 것들을 모조리 처분하여 해마다 겨울이면 우리를 따뜻하게 해 주는 벽난로를 장만했다. 그리곤 달랑 하나 아주 작은 금반지가 유일하게 내 곁에 있으면서 그나마 내 약손가락에서 빛나고 있었다. 한시도 나에게서 떨어지지 않고 언제 어디서나 같이 지냈다. 너무 가느다란 것이라 조금만 힘을 주어도 모양이 뒤틀려서 영 보기가 민망했다.

그럭저럭 시간이 지나자 '여자의 마음은 갈대'라고 했던가, 조금 두툼한 반지를 하나 손가락에 끼워주었으면 하는 욕심이 생겼다.

그때부터 틈만 나면 남편을 졸랐다.

"나 반지 하나 해 줘요. 이것하고 같이 끼고 다니게."하며 없는 애교를 부렸다. 그러자 남편도 흔쾌히 대답을 했다. 그런데 지금은 금값이 너무 올랐으니 조금만 기다리라며, 그러더니 며칠 전 아는 금방에 전화를 걸어 금값을 확인하더니 이내 그곳으로 가서 내가 원하는 금반지를 하나 해준 것이다.

평소에 무심하기 짝이 없는 남편이다. 그래도 나를 생각하는 마음 하나만은 언제나 한결같은 사람이다. 생면부지의 사람을 중매라는 이름으로 만나 살아 온 세월이 자그마치 40년이 넘었다. 살면서 수없이 많은 위기를 넘겼지만, 그때마다 항상 내 입장에서 생각해주고 다독여 주며 같은 방향을 보고 살아왔다. 그리고 부모님에게 건강한 몸을 물려받아 열심히 노력하며 넉넉하진 않지만 큰 문제없이 노년을 보낼 수 있게 되었다.

쉽게 만나 쉽게 정이 들고 쉽게 헤어지는 요즘 세대와는 달리 우리가 살아 온 시절은 누구나 어려움을 겪으면서도 참아내고 크게 부를 누리지는 못하더라도 집안에서 웃음이 떠나는 날이 없는 가정을 꾸려왔다. 각박하고 메마른 사회라고 하지만 일선에서 물러나 있는 많은 노년들이 젊은 세대의 본보기가 되어 행복하고 건강한 가정을 만드는 거울이 되었으면 좋겠다.

이 글을 쓰는 내내 내 왼손 약지에서 반짝반짝 빛나는 반지를 보며 언제나 변하지 않는 금처럼 세상 끝나는 날까지 늘 내 곁에 있으면서 오래 오래 건강하게 지냈으면 하고 바란다.

(2015. 8. 9.)

2013년 11월

"거봐! 내가 뭐랬어. 시간이 지나면 다 끝난다고 했지?
그동안 당신 수고했어."

김장이 막 끝나고 뒷설거지를 하고 고무장갑을 벗고 일어서려니 남편이 내 등을 토닥이면서 한마디 한다. "그러게요, 당신이 없으면 아무 일도 못했을 텐데, 고마워요."

올해 11월은 유난히 일이 많았다.

11월초 한차례 해외여행을 다녀오고 곧이어 연거푸 국내여행을 두 차례 다녀오고 나니 집안일이 산더미처럼 쌓여 있었다. 하나씩 일처리를 하려니 마음이 심란하고 몸이 벌써 알아채고 여기저기 아프기 시작했다. 그럴 때마다 남편은 나에게 '시간이 지나면 다 끝나게 되어 있으니 너무 염려 말라.' 고 곁에서 용기를 주곤 했었다.

밀린 집안일도 어차피 내가 해야 할 일, 하나씩 시작하기로 했다.

먼저 밭에서 어른 주먹보다 조금 큰 무를 뽑아 깨끗이 씻어서 소금에 문질러 놓고 하룻밤 지난 뒤에 땅을 파고 묻은 단지 속에 차곡차곡 채우는 일부터 시작을 했다. 그리고 물을 받아 끓여 식힌 다음 독에 붓고 삼베 주머니에 마늘, 생강을 넣은 다음 단지 속에 넣었다. 대파. 사과, 배를 집어넣고 앞산에서 꺾어 온 대나무 잎을 단지 위에 넣고 뚜껑을 덮는 것으로 동치미 담그는 일이 끝났다. 또 밭에 지천으로 널려 있는 고들빼기를 뽑아 쓴물을 빼기 위해 하룻저녁 물에 담갔다. 그리고 쪽파를 다듬어서 고들빼기와 섞어 김치를 담아 한 단지 채워 넣었다. 그런 다음 아주 작은 무를 겉잎을 모조리 뜯어내고 찹쌀 죽을 쑤어 갖은 양념을 하여 버무려 무김치를 담갔다. 얼추 일이 끝난 듯 했는데 고추장을 담글 일이 남아있었다. 매년 남편과 함께 고추장을 담갔었다. 엿기름 거른 물에 찹쌀가루를 넣어 삭혀서 장작불을 지펴 열심히 끓이는 도중 남편이 “큰일 났어!”하며 소리를 지른다. 얼른 뛰어 가보니 아궁이가 반쯤 무너지고 솥이 앞으로 쏠려 속에 들어있는 물이 막 쏟아지려는 찰나였다. 부리나케 쫓아가 솥을 붙잡고 다른 솥에 퍼 날랐다. 다행히 끓던 식혜 물도 구하고 다른 쪽 아궁이로 옮겨 큰 불상사는 막았다. 이마는 땀으로 얼룩이 지고, 가슴은 콩닥거리고…. 우여곡절 끝에 식혜 물이 잘 끓여졌다. 반쯤 졸아 들게 끓이고 나니 아궁이 속에 남아있는 불이 너무 아까워 고구마를 구워 먹었다. 그 달작 지근 한 맛이라니….

다음 날 둘이 마주 앉아 어제 끓여 놓은 식혜 물에 고추장용 고추 가루, 메주가루, 소금을 넣고 잘 저은 다음 소주와 물엿으로 마무리하니 색이 아주 고운 맛있는 고추장이 완성 되었다. 이렇게 힘든 일들이 무사히 끝난 것이다.

이제 남은 일은 내년 일 년 내내 두고 먹을 김치를 담그는 일이다.

그런데 김장을 하려고 받아 놓은 날이 일기예보를 들으니 하필이면 그 날 올겨울 들어 가장 추운 날이 될 것이고, 설상가상雪上加霜 대설 예비 특보까지 내렸단다. 아니나 다를까. 아침에 일어나 보니 온통 눈으로 덮여있었다. 족히 10cm는 될 것 같다. 마당 앞에 있는 모정의 지붕을 보니 소복한 것이 아주 소담스럽게 쌓여있고 나무 가지마다 그리고 마당에도 눈이 곱 디 곱게 쌓여 있었다. 남들이 보면 마치 천상의 세계에 들어 와 있는 듯 황홀 할 것 같았다. 그러나 우리 내외에게는 이런 눈이 언제나 반가운 것은 아니다. 먼저 마당에 쌓여 있는 눈을 가래로 치워 길을 냈다. 그리고 우리 집으로 들어오는 길에 쌓여 있는 눈을 우리 내외가 모두 쓸어내야 한다. 아마도 100여m는 됨직한 거리를, 이런 일을 생각하면 때론 내리는 눈이 반가운 마음 보단 심란한 마음이 앞서 곤 했다. 다행히 마당의 눈을 다 치우고 나니 해가 솟아올라 눈을 녹이기 시작했다. 김장을 미루려고 했었는데 해님의 고마운 은혜로 밭에 나가 배추를 뽑을 수가 있었다. 둘이 나서서 배추를 뽑고 반으로 잘라 소금에 절이기 시작했다. 오래 전 남편이 나보다 먼저 퇴직을 하고 있을 때의 일이 생각났다. 이맘때가 되면 남편이 혼자 밭에 나와 배추를 뽑고 소금에 절이고 씻어서 물기를 빼가지고 아파트에 싣고 와서 김장을 하곤 했었다. 해마다 김장때가 되면 그때 몇 년간을 남편 혼자 이렇게 힘든 일을 한 생각이 나서 늘 고마운 마음을 간직하고 있었다. 지금은 이렇게 둘이서 수돗가에 앉아 그는 칼로 배추를 자르고 나는 소금 간을 하며 그

때 일을 이야기 하곤 했다. 소금 간한 배추를 하룻저녁 재우고 다음 날 씻어서 물기를 뺐다. 춥다 던 예보와는 달리 햇볕이 너무 좋아 등이 따뜻하니 수돗가에 앉아 힘들이지 않고 배추를 씻을 수 있었다. 이제는 양념을 버무리는 일 만 남았다. 커다란 그릇에 찹쌀 죽, 고춧가루, 젓갈, 갖은 양념을 넣고 고무장갑을 낀 남편이 힘들게 버무렸다. 잘 절여진 배추에 양념을 바르고 통에 담았다. 한 통은 딸네 것, 여기 두 통은 호성동에 계신 시어른들 것, 이것은 큰 동생네 맛보기, 저것은 작은 동생 네 맛보기, 이렇게 모두 챙기고 나니 늦은 점심때가 되어 김장이 모두 끝났다. 일찍 내려와 김장을 도와주겠다 던 딸은 김장 설거지가 모두 끝나고 나니 이때를 기다렸다는 듯이 대문 앞에 도착했다. 갓난쟁이까지 세 아이를 챙겨 내려온다는 것이 쉬운 일은 아니다. 그래도 내려와서 집안을 떠들썩하니 사람 사는 소리가 나게 해 주는 것만으로도 고마웠다.

다음 날 딸네 식구가 모두 떠나고 시댁에 드릴 김치와 삶아 놓은 시래기까지 챙겨서 호성동 시댁에 가니 두 분이 무척 반기셨다. "늙은이들이 너무 오래 살아서 자식들만 고생 시키는구나."하신다. 그래도 자식이 내일 모래 칠순인데 아직까지 부모님이 살아 계시다는 것을 커다란 복으로 생각하고 있다.

남편의 말대로 시간이 지나니 모든 일들이 끝난 것이다. 이렇게 유난히 바빴던 11월도 지나갔다. 모처럼 한가한 시간을 갖게 되니 지나간 한 달이 꿈결 같았다.

(2013. 11. 30.)

수목원 가는 길

나는 오늘도 수목원에 다녀왔다.

수목원 가까운 곳에 내가 살고 있는 집이 있어 무척 좋다.

우리 집에서 편안한 옷차림으로 나서서 혼자 걸어 가다보면 주유소도 지나고, 또 어느 파이프 도매상에 묶여 있는 백구 두 마리의 컹컹 짖어대는 소리에 깜작 놀라며 혼잣말로 '가끔 보는데 아직도 낯설어 짖어대는 거야?'라며 눈을 흘겨 주기도 하고 걷는다. 또 다른 주유소가 나온다. 그곳을 거의 다 지나는 끝에 높이 세운 기둥위에 센서가 달려 있는 벨이 있어 오고 가는 행인마다 모두 감시 하는 듯 크게 소리를 내면 괜히 움찔 해진다. 깜짝 놀란 마음을 달랠 새도 없이 바로 옆에는 맛 집으로 소문난 국수집이 있다. 이곳을 지나 칠 때마다 '언젠가는 꼭 한번 들어 가 봐야지.'하면서 아직까지 한 번도 가보지 못한 집이다. 내가 수목원에 가는 시간이 점심때가 되려면 한참이나 남았는데도 꾸역꾸역 차들이 몰려와 순식간에 너른 주차장이 꽉 차 버린다. 그 모습을 보면서 나도 모르게 침을 꼴깍하고 삼키곤 했다.

우리 동네는 중고차를 사고 파는 곳이 많다. 집에서 조금만 빠져 나와도 커다란 중고차 매매 단지가 있는데 국수 집 바로 옆집도 중고차를 파는 곳이다. 이곳은 주로 트럭만 파는 듯 온갖 종류의 트럭들이 이제나 저제나 제 주인 만나는 날을 손꼽아 기다리듯 줄도 잘 맞추고 서있다.

여기까지는 신작로라 많은 자동차들이 지나 다니는 곳이기에 무척 시끄럽다. 이곳을 지나고 나면 나는 골목길로 접어 든다. 골목이라고는 하지만 자동차가 다닐 수 있는 곳이기도 하다. 이 골목을 조금 걷다가 오른 쪽으로 돌아가면 멋진 집이 한 채 나온다. 오래 전부터 버스를 타고 지나가면 아주 높은 곳에 집이 있어서 잘 보였다. 그땐 퍽 부러운 눈길로 보곤 했었는데…. 그 집 마당은 골목길과 같은 높이에 있다. 대문 곁에는 멋진 소나무 한 그루가 오고 가는 사람에게 곁눈질을 하듯 삐뚜름하게 서있다. 대문이 지나가는 길손에게 집 구경을 시켜 주는 것 같이 안이 훤히 들여다보이게 되어있다. 소나무를 지나면 안쪽에 시원스럽게 생긴 모정이 있고, 마당에는 잔디가 마치 잘 손질된 작은 골프장처럼 정갈하다. 모정 옆으로는 집으로 올라가는 계단이 돌로 정겹게 만들어져있다. 그 계단을 따라 눈을 들어 높이 있는 집을 보면 빨간 벽돌의 이층집이 있다. 누가 살고 있을까. 대문이 열려 있는 것을 한 번도 본 적은 없다. 그 집을 한참 들여다보고 걸음을 옮겨 조금 가다보면 박스 종이에 '안에 있는 박스를 가져가지 마시요.'라고 서툰 글씨로 써서 허름한 비닐하우스 벽에 붙여 놓은 곳이 있다. 그 옆에는 유모차 같은 작은 손수레가 있는 것으로 보아 아마도 나이가 많으신 분이 그 손수레에 매일 돌아다니며 박스를 주어다 쌓아 놓은 것이 아닌가 짐작만 할 뿐이다. 요즈음 같이 무더위가 한창 일 때는 그 시간을 피해서 박스를 주우러 다녔으면 하는 쓸데없는 걱정을 하면서 그곳을 지나갔다.

어느 부지런한 농부의 솜씨인지 골목이 두 갈래로 갈라지면서 긴 삼각형 모양의 넓은 밭이 나온다. 내 짐작에 포도밭을 했었는지 밭 둘레에는 모두 포도나무가 마치 울타리처럼 쭉 서있다. 포도나무를 가꾼 솜씨가 보통이 아니다. 그 안에는 온갖 푸성귀가 거름이 넉넉한 듯 반질반질 윤기가 흐른다. 그리고 얼마나 부지런한지 고랑마다 풀 한포기도 볼 수가 없다. 밭 중간쯤 가니 대문이 활짝 열린 집이 보인다. 동네에서 대문이 열린 집을 보기는 처음이다. 그 안을 바라보니 오밀조밀 잘 가꾸어 놓은 남새밭도 보이고 아기자기하게 가꾼 화려하진 않지만 소박하고 예쁜 꽃밭도 보였다. 마침 안주인인 듯 할머니 한 분이 서 계셨다. 서로 눈웃음으로 인사를 대신했다.

조금 더 걸어가면 'ㅇㅇㅇ노인정'이라고 쓴 현판이 보인다. 열린 문틈으로 방에 서너 명의 할머니들이 앉아 계시는 모습이 보였다. 한적한 시골마을은 아니지만 도시의 외진 동네에 있기에 노인정이 참 조그마한 것이 소박하다. 또 곁에는 간판도 없는 고물상도 있다. 골목길이 끝나고 나면 바로 큰길이 나온다. 호남고속도로로 가는 길, 군산, 익산으로 가는 길, 삼례로 가는 길 등, 여러 갈래로 부지런히 달리는 자동차 소리에 조용한 골목을 방금 빠져 나온 내 귀와 눈이 정신이 없다.

이제 나는 군산 익산으로 가는 왼쪽방향을 잡아 걷기 시작했다.

수목원 가는 길에 제일 큰 건물은 'ㅇㅇ요양병원'이다. 이렇게 큰길가에 있어 내가 생각하기엔 '요양이 될까?'하는 괜한 생각을 가끔 하며 물끄러미 그곳을 바라보고 서있기도 했다. 그곳에는 자동차만 주차해 있지 사람의 모습을 본 적이 없다. 아마도 내가 그곳을 지나가는 시간에는 사람들이 밖으로 나오는 때가 아닌 모양이다.

흔히들 '요양원'이나 '요양병원'을 현대판 '고려장'이라고 심하게 비판하는 사람들도 있다. 그들이 내세우는 이유 중 하나는 들어가면 살아나올 수 없으니 '고려장'이나 다름없다고 한다. 그 말에 틀렸다고도 맞다 고도 할 수 없다. 내가 지나가는 길에 있는 것 중 가장 야릇한 곳이기도 하다.

드디어 수목원 들어가는 길이 훤하게 내 눈 앞에 보였다. 지금은 넝쿨장미가 한창인 듯 담장에는 빨간 넝쿨장미가 흐드러지게 피어 있다. 가로수도 가장 아름다운 청록색으로 빛나는 때인 모양 시원한 그늘을 만들고 있다.

나는 가끔 혼자 수목원에 온다. 수목원 오는 길에 내 눈에 보이는 것들은 나에게 소중한 길동무들이다.

수목원에 들어가 몸과 마음을 깨끗이 씻고 또 나의 소중한 길동무들을 만나고 다시 집으로 돌아오니 옷이 땀으로 흥건하게 젖어 있다.

(2019. 7. 7.)

백련이 피던 날

열세 살 어린 소녀의 봉긋한 가슴이다.

참 예쁘기도 하지 수줍은 듯 자랑스러운 듯 도톰하게 솟아오르기 시작한 젖가슴이 어찌 그리도 사랑스러운지, 아름다운 모습을 과시하기라도 하듯 도도하게 서 있는 모습 또한 범접하기 어려운 모양새였다.

행여 이 아름다운 모습을 놓칠 새라 연신 카메라 셔터를 눌렀다. 그런데 아무리 멋지게 찍으려고 해도 그 아름다움이 눈으로 보는 것만 할까.

그런데 하룻밤 새 무슨 일이 벌어진 것일까. 도톰하게 올라오던 수줍은 젖 몽우리가 노란 솜털이 보송보송하게 솟은 어린 것을 속에 안고 농익은 여인내의 그것처럼 활짝 벌어졌다.

지난해에는 도토리만한 봉우리가 두 개나 올라 왔었다. 하루도 빠짐없이 문안 인사를 드렸건만 도통 자랄 생각을 하지 않았다. 그러더니 어느 날 갑자기 고개를 탁 꺾으며 그만 그 자리에 꼬꾸라져 버렸다. 여간 서운 한 일이 아니었다. 그러더니 올해도 두 개의 봉우리가 다시 솟아났다. 작년의 일도 있고 해서 별 다른 기대를 하지 않았다. 봉우리 하나는 작년과 마찬가지로 그만 꺾여 버리고 남은 봉우리가 점점 부풀어 오르는 것이었다. 갓난아기 주먹만큼 부풀 더니 하룻밤 사이에 활짝 입을 벌리고 속살을 드러낸 것이다. 그것도 한 없이 깨끗한 순백의 색으로.

이 녀석을 구하려고 백방으로 수소문을 했었다. 새 집을 지어 이사를 왔을 때 친구가 생수 병에 여리디 여린 백련을 담아 가지고 왔었다. 집을 지을 때 마당 한쪽에 조그마한 연못을 만들었다는 이야기를 듣고 친구가 남편의 고향인 고창 송곡 리의 저수지에서 나를 생각하며 선물로 가지고 왔다. 그것도 순수하고 깨끗한 백련으로.

정성을 다해 심어 놓은 보람을 느낄 만큼 무럭무럭 자라 주었다. 욕심이 지나치면 화를 부른다고 했던가, 녀석이 얼마나 왕성하게 자라는지 연못을 조금 넓히고 싶어 공사를 시작했다. 일꾼을 사서 하면 빨리 끝낼 수 있었을 텐데, 본인이 직접 해야 의미가 있다며 남편은 며칠을 연못 공사에 매 달렸다. 그 사이에 그만 잘 자라던 녀석이 시들시들 말라 버렸다. 그래도 혹시나 하는 마음에 다시 제 자리에 심었는데 그만 싹이 올라오지 못하고 말았다. 친구를 볼 면목이 없었다.

다시 연못을 고치기로 했다. 이번에는 조금 큰 빨간 고무 통을 두 개 샀다. 연못에 물을 다 퍼내고 그곳에 고무 통 두 개를 나란히 놓은 다음 한쪽 통에는 커다란 돌을 몇 개 넣고 한쪽에는 흙을 반쯤 채워 넣었다. 전에 만들었던 연못 보단 크기는 작지만 훨씬 합리적인 구조가 되었다.

돌을 넣은 곳에는 원래 연못의 주인인 빨간 붕어가 살 집이 된 것이다. 그리고 나머지 한쪽에 연을 심기로 했다. 친구가 가져온 연을 제대로 키우지 못한 것에 대한 아쉬움이 참 많이 남았다. 화원에도 가보고 또 여기저기 돌아다녀도 보았으나 마음에 맞는 녀석을 구하지 못했다. 그러다 어느 해 사월 초파일 김제 청운사라는 절에 가서 연등도 달고 맛있는 밥도 먹으며 하소백련지를 둘러보았다. 마침 그곳에서 연을 파는 것이었다. 지성이면 감천이라더니 부처님의 은혜를 받았는지 그렇게 보고 싶어 했던 백련을 구할 수가 있었다. 초파일에 절에 가서 연등도 켜고 맛있는 절밥도 먹고 스님의 귀한 설법도 들으니 이렇게 좋은 일이 생기는구나하며 감사한 마음으로 서둘러 집으로 돌아왔다.

행여 새로 구한 연이 잘못 될 새라 부리나케 비어 있는 빨간 고무 통에 연을 심었다. 그리곤 주문을 외웠다. '부디 건강하게 자라서 우리에게 우아한 얼굴 한번 보여 주렴!' 하면서.

그 뒤로 몇 년은 이파리만 무성하게 자랐다. 연못 전체를 뒤 엎을 만큼, 그러더니 작년에 봉긋하게 봉우리가 두 개 올라왔는데 꽃을 피우지는 못했다. 드디어 올 여름에 기다리고 기다리던 꽃을 피운 것이다.

우아하고 고귀한 자태를 뽐내고 있는 녀석과는 다르게 나는 온갖 호들갑을 떨었다. 연신 사진을 찍고 그것들을 아들과 딸, 그리고 친구들에게 카카오 톡으로 바쁘게 퍼 날랐다. 곧바로 여기저기에서 카 톡 카 톡 하며 댓글들이 올라왔다. 마치 내가 그 백련인 냥 어깨가 으쓱해졌다.

무슨 일이든 지나치게 관심을 갖고 이래라 저래라 간섭하면 오히려 반대 방향으로 가는 일이 허다하다. 꽃도 마찬가지인 모양이다. 부지런을 떨며 물도 자주 주고 화분도 이리저리 자주 옮기고, 화단에 심어 놓은 것들도 이쪽 저쪽으로 옮겨 심으면 견디지 못하고 시들어 버리거나 아예 죽어 버리고 만다. 무심한 듯, 그리고 무조건 믿어주고 기다려주면 언젠가는 제 할일을 하게 되는 것이 아닐까 생각한다. 물론 무심한 듯 하다고 해서 아예 관심이 없는 것은 아니다, 오히려 지나친 관심보단 그쪽이 훨씬 괜찮다는 이야기이다. 우리 집 연못에 피어 난 백련도 둘레에 있는 나무들에 살짝 가려있어 그냥 지나치기 일쑤였다. 매일 들여다 볼 때 보다는 어쩌다 한 번 보니 도토리만한 꽃망울이 올라왔고 또 어느 때는 조금 더 부풀어 오르기를 계속했다. 그러다가 꽃을 피운 것이다.

'화무십일홍花無十日紅'이라더니 며칠 간 나를 들뜨고 흥분하게 만들었던 연꽃이 하루가 다르게 변해갔다. 그러더니 그만 꽃잎이 하나 둘씩 물 위에 떨어져 나뒹구는 것이다. 아무리 예쁜 꽃도 열흘을 못 간다더니 이 녀석은 고작 사나흘 간 머물렀다. 대신 노랗게 품었던 어린 것은 튼실한 연밥으로 변해가고 있었다. 짧은 시간이었지만 나에게 무한한 기쁨과 자긍심을 안겨 준 우리 집 백련에게 감사 한 마음을 전하고 싶다.

(2016. 7. 20.)

복숭아를 먹으며

요즈음 복숭아가 제철인 듯,
지난 목요일부터 금요일까지 이틀 동안 '덕진 종합경기장' 주차장에서 '전주복숭아 축제'가 열렸다.

축제가 열린다하면 어디에서 그 소식을 듣고 오는지 많은 사람들이 몰려 그야말로 잔치판은 시끌벅적하다. 한 쪽에서는 먹을거리를 파는 음식점이 차려저서 여기저기에서 빨리 달라는 소리, 서로 술잔을 주거니 받거니 하며 흥에 겨운 목소리들이 축제장을 더욱 들썩이게 만든다.

축제장 한 가운데를 향하여 설치된 무대에서는 축하공연이 한창이다. 그 소리에 끌려 누구든 한 번쯤은 그곳에 가서 구경하고 싶은 마음이 저절로 생기게 만든다.

우리도 주말을 빼곤 날마다 그곳에 있는 수영장에 다니기에 시시때때로 열리는 축제장에 빠짐없이 기웃거리곤 했다. 그 날도 수영장에서 열심히 운동을 하고 나오는데 신나는 민요 가락이 우리 내외의 발걸음을 축제장으로 이끌었다. 마침 밥 때가 되어 축제장 한쪽에 차려진 '먹거리 장터'는 이미 많은 사람들로 북적였다.

무대에서는 한복을 곱게 차려 입은 국악인들이 한창 흥을 돋우고 있고, 커다란 음악 소리를 듣는 사람의 가슴은 쿵쾅쿵쾅 뛰게 만들었다.

많은 사람들 사이를 비집고 여기저기 기웃거리다가 한곳에서 복숭아 한 상자를 사가지고 집으로 돌아 왔다.

집안으로 들어오자마자 포동포동 살이 오른 아기 피부 같이 예쁜 복숭아 두 개를 씻어 둘이 한입씩 베어 먹으니 달콤함이 목을 타고 내려가며 복숭아 향에 취해 둘이 동시에 '야! 맛있다.'는 말을 연신 중얼거리며 곧바로 먹어 치웠다. '전주복숭아'는 맛있기로 이미 오래전부터 소문이 난 과일이다. 특히 '평화동'과 '삼천동' 일대에서 나오는 복숭아는 그 중에서도 제일이었다. 지금이야 그곳에 아파트가 우후죽순처럼 들어 서 있어서 어디가 복숭아 과수원이 있었는지 도저히 짐작 할 수도 없다.

아주 오래 전 근무지를 부안에서 전주 평화동으로 옮겼었다.

해마다 복숭아꽃이 만발하면 온통 분홍 꽃 천지였다. 그야말로 무릉도원武陵桃源이었다. 그때부터 우리 교무실은 초긴장 상태가 되었다. 조금씩 시간이 지날수록 직원조회시간에 교감, 교장의 당부는 점점 길어지고 나중에는 서로 눈짓만으로도 무슨 말을 하려는지 알게 되곤 했다. 그러다가 꽃이 지고 풋 복숭아가 나오면 모든 선생님들이 교실로 들어가 자기 반 아이들을 지키는 일을 해야 했다.

'교장 나오라고 해!'

느닷없이 큰 소리가 나면 드디어 올 것이 왔다, 생각하고 자기 반 학생들 챙기느라 여념이 없었다. 손에는 농기구를 들고 있는 채, 장화를 신고 밀짚모자를 쓴 나이 지긋한 농사꾼이 교무실로 성큼성큼 들어오면서 큰 소리를 하면, 교무실에 남이 있는 선생님들은 일제히 일어나고 교감 선생님은 그 분을 모시고 얼른 교장실로 들어가 문을 닫았다.

점심시간에 개구쟁이 사내아이들이 '복숭아 서리'를 한 것이다. 그것도 아직 맛이 들으려면 한참 기다려야 하는 먹지도 못하는 풋 복숭아를….

때론 주인에게 들키지 않는 날도 있었다. 그런 날에는 그 녀석들은 친구들을 불러 모아 놓고 무슨 큰 일이나 한 것처럼 한껏 부풀려 큰 소리로 자랑하곤 했다. 그 뒤에도 해마다 똑 같은 일이 벌어지곤 했다. 그러다 도시가 개발 붐을 타고 '평화동' 일대는 온통 아파트천지가 되었고, 그 개발 붐은 '평화동'을 거쳐 '삼천동' 일대까지 도시로 만들었다. 지금은 복숭아 과수원 보기가 점점 어렵게 되었다.

6월에서 8월까지가 복숭아가 제일 맛있는 철이라고 한다. 짧은 기간에 수확해야 하고 소비해야 하니, 복숭아 과수원을 하는 사람들은 그때 부모님 상을 당해도 갈 수가 없다는 말이 나올 정도로, 순간에 모든 일들이 이루어지는 아주 바쁜 농사라고 들었다. 그 때 '풋 복숭아'를 따서 먹지도 못하고 선생님들에게 호된 꾸지람을 들었던 개구쟁이 사내아이들은 어디서 무엇을 하고 있을까.

아마도 나처럼 머리카락이 희끗희끗 새치가 나기 시작한 중년들이 되어 이 계절에 복숭아를 사 먹으면서 자기와 꼭 닮은 아들에게 옛 이야기를 하며 '그땐 그랬었지.'하고 추억에 잠겨 있을까?

(2019. 7. 27.)

횡재한 날

단골가게에서 문자가 왔다.

'온 누리 상품권으로 10% 할인 받으세요.'

무슨 말일까, '온 누리 상품권'을 가져오면 할인 해 준다는 말일까? 남편과 둘이 머리를 맞대고 한참을 궁리했다. '온 누리 상품권'이란 말은 뉴스에서 많이 들었다. 그런데 그것을 직접 본적도 어디에 써야 되는지도 관심이 없었다. 스마트 폰에게 물어보았다. '전통시장에서 사용할 수 있고 10% 할인된 상품권은 시장 근처 마트에서 구입할 수 있다'고 아주 친절하게 안내 해주었다.

무작정 남부시장에 갔다.

시장에 들어서니 아주 옛날 어릴 적에 엄마와 함께 명절 장보기를 하러 왔을 때가 기억 저편에서 올라왔다. 그때는 모두들 장바구니를 들고 다녔었다. 가벼운 장바구니를 들고 엄마 뒤를 바짝 붙어 따라 다녔다. 그 당시엔 명절 때면 시장 통에 발 디딜 틈도 없이 사람들이 많았었다. 그러니 잠깐 한 눈을 팔면 엄마를 잃어버리기 십상이었다. 신발가게에 들려 예쁜 고무신을 한 켤레 사서 장바구니에 담고 흔들흔들하며 여기저기 구경하느라 정신이 팔려 있었다. 콩나물 가게에서 콩나물을 사서 바구니에 넣으면서 보니 예쁜 고무신이 감쪽같이 사라진 것이다. 어린 마음에 얼마나 놀랐었는지 그만 울음을 터트렸던 것이 생각났다.

내가 어렸을 적에는 누구나 할 것 없이 모두 힘들고 어려운 시절이었다. 장독대에 있는 고추장, 된장을 퍼 가는 것은 다반사였고, 빨랫줄에 널어놓은 빨래마저도 걷어가곤 했었다. 그러니 어린 것이 흔들거리며 들고 가던 장바구니에서 고무신 한 켤레 쯤 없어지는 것은 아마도 식은 죽 먹기보다 더 수월했을 것이다. 시장을 돌아다니면서 그 생각이 떠올라 나도 모르게 혼자 웃었다. 그런데 어찌된 일인지 명절이 돌아오는데도 시장은 한산했다. 간간히 지나다니는 사람이 있을 뿐 가게 문조차 열지 않은 곳도 이따금 눈에 띄었다. 요즈음 경제가 어렵다고 하더니 그래서일까? 그래도 명절인데 너무 한가하다는 생각이 들었다. 그런데도 유난히 붐비는 곳이 있었다. 한과를 만드는 가게였다. 시골 할머니들의 사랑방이기도 한 그곳에만은 많은 사람들이 옹기종기 모여 있다. 차례상에 올릴 제수를 마련하고 또 객지에서 오는 손자들에게 간식거리를 장만하려는 것 같아, 모처럼 명절 분위기를 느낄 수 있어서 마음이 푸근했다. 여기저기 기웃거리다 보니 배에서 꼬르륵 밥 달라는 신호를 보내왔다. 골목길에서 처음 마주친 곳에 있는 음식점으로 무작정 들어갔다. 점심때가 한참이나 지났는데도 음식점 안은 제법 많은 사람들이 있었다.

또 실내도 깔끔하게 꾸며져 있어서 내심 잘 들어왔다는 생각을 했다.

'특 순댓국 하나에 콩나물국밥 하나요.' 이내 반찬이 놓이고 뚝배기에 펄펄 끓는 음식이 나왔다. 남편이 순댓국을 숟가락으로 휘휘 저어 보더니 나를 슬쩍 바라본다,

'여기 소주 한 병 주세요.' 내가 냉큼 소주를 시켰다.

그의 얼굴 가득 미소가 번진다. 국물 속을 보더니 깜짝 놀라며, '암뽕(암퇘지의 새끼 보)도 들어 있네~' 라며 연신 입이 귀에 걸리고 얼굴 가득 행복한 미소가 펴졌다. 이마와 콧등에 땀방울이 송글송글 맺히도록 연거푸 술과 국밥을 먹으며 오늘 큰 횡재를 했단다. 나도 콩나물국밥이 맛있어서 그릇 바닥이 보이도록 국물까지 먹어 치웠었다. 나오면서 계산을 하는데 음식 값에 또 한 번 놀라며 역시 시장에 오길 잘 했다고 마주 보고 웃었다.

'온 누리 상품권'을 싸게 판다는 곳을 찾아 여기저기 돌아다니는데, 길에 있는 전봇대에 매달린 현수막에 커다랗게 써 놓은 것이 보였다. '온 누리 상품권 10% 할인행사' 그리고 판매처까지 자세히 쓰여 있다. 근처 새마을금고에 가서 이것저것 서류를 작성하고 상품권을 샀다. 전국 전통시장에서 다 사용할 수가 있다고 안내를 해 주었다.

오는 길에 트럭에 생선을 놓고 파는 곳에서 제법 통통하고 굵은 조기를 샀다. 물론 덤으로 한 마리를 더 얹어 주고 상품권으로 계산을 했다. 할인된 상품권에 덤까지 얻고 보니 기분이 절로 좋았다. 바로 옆에는 할머니 한 분이 깨끗하게 다듬어 놓은 시금치와 미나리를 팔고 있어

푸짐하게 두 보따리를 챙기니 여러모로 오늘은 부자가 된 날이었다. 그제야 단골 가게에서 온 문자의 의미를 알 수 있었다. 역시 단골가게 주인의 친절한 배려에 감사했다.

'won stop shopping'이라며 많은 사람들이 편리한 대형 마트를 주로 이용하고 있다. 물론 나도 그들 중 하나이다. 더운 여름에는 시원한 피서 장소이기도 하고, 추운 겨울에는 따뜻하니 추위도 피할 수 있어 좋고, 비가 오나 눈이 오나 날씨 걱정도 없으니, 이 보다 더 편리한 곳은 없다. 그러나 아무리 오랜 세월을 다녀도 매번 새로 온 손님 마냥 친절하게 대하지만 단골 손님으로 생각하는 것은 아닌 것 같다. 단골이라는 말은 그 곳에서는 통용되지 않는다. 그리고 덤이라는 것은 상상 할 수도 없다. 기계에서 찍혀 나오는 데로 계산하고 나오면 그만이니까. 그러나 가끔씩 가는 전통시장은 서로 흥정도 하고 한번 가고 두 번가면 벌써 서로 알아보고, 또 단골이 되어 믿고 물건을 살 수도 있다. 특히 덤으로 얹어 주는 것에 얼마나 많은 정이 오고 가는지…. 그렇다고 전통시장에 문제가 없는 것은 아니다. 넓은 곳을 여기저기 많이 옮겨 다녀야 되고, 특히 날씨가 덥 거나 추울 때는 장보러 가는 것도 쉬운 일이 아니다. 전국의 전통시장마다 손님을 끌어 모으기 위해 여러 가지 좋은 방법들을 쓰면서 노력하고 있지만, 한 눈에 살 물건들을 다 보며 살 수 있는 마트보다 무엇인가 특별한 것을 마련해야 되지 않을까. 그래도 다행인 것은 전통시장에 젊은 사업가들이 모여 들고 있으며, 야시장을 개장하여 밤에도 사람들을 모이게 하는 노력이 있어 전통시장이 앞으로 더욱

번영할 것이란 기대를 해본다.

특히 우리 고장 전주는 한옥마을과 가까운 곳에 남부시장이 있어 더욱 많은 관광객들이 그것도 젊은이들이 모여들고 있으니, 얼마나 다행인지.

'온 누리 상품권 할인행사' 덕분에 시장에서 맛있는 음식도 먹고 싸고 좋은 물건도 사고 덤도 챙기고, 모처럼 남편과 시장 데이트도 하니 정말 횡재하여 부자가 된 날이었다.

(2016. 2. 2.)

6부
음력 정월 열 이튿날

꽃신을 신고 길 떠나신 시어머니

지금 쯤 꽃신을 신고 가벼워진 몸으로 훨훨 날아다니며,
그간 걸어 다니지 못하고 집에만 있던 답답한 마음도 실컷 풀면서
우리들을 내려다보시며 즐거워하시고 계시리라.

어머니가 신고 가신 꽃신은 참 예쁘기도 하고 깃털처럼 가벼워 보였다.

그리고 내 기도를 들어 주신 냥 서너 시간의 혼란 속에 모든 것을 훌훌 털어버리셨다.

훌훌 털어 버렸다고는 하지만 어찌 이승에 한 점 미련이 없으셨을까! 구순이 넘게 한 이불을 덮고 지낸 남편이라기보다는 차라리 친구 같이 다정한 분에게 따뜻한 눈길도 주지 못하고, 한마디 말도 건네지 못하고 떠나셨으니, 남겨진 사람들의 슬픔을 무엇에 견줄 수 있을까. 홀로 남겨진 오랜 친구 같은 낭군님은 지금도 외롭고 쓸쓸하며 때론 방 한쪽에 꽃신을 신고 날아가신 님이 앉아 있는 듯 하 단다.

아마도 매일 밤 꿈속에서 어여쁜 꽃신을 신고 날아다니시는 마나님을 만나시리라 짐작한다. 홀로 남아 애처롭게 먼저 가신 어머님을 생각하시는 아버님을 뵈올 때마다 50대 중반에 너무나 믿고 의지하며 사랑하던 님을 떠나보내고 여기서 훌쩍, 저기서 훌쩍, 때론 통곡을 하시던 내 어머니 생각이 많이 났다. 지금의 내 나이보다 10년은 더 젊은 나이에 홀로 사시다가 18년을 고난의 시간으로 보내고 꽃신 신고 낭군님의 곁으로 가신 내 어머니는 지금 쯤 어느 곳에 인도환생 하셨을까.

내 어머니가 눈에 눈물 마를 날이 없이 누가 볼세라 눈이 짓무를 때까지 우셨지만, 지금 방에 혼자 우두커니 천정만 바라보고 계시는 내 시아버지는 차마 눈물도 흘리지 못하고 계시리라.

생각하니 생과 사의 간극이 찰나인 것을….

20대 중반 꽃다운 나이에 처음 뵈었던 시어머니는 참으로 냉랭한 분이셨다. 친정에서 고명딸이라고 경제적으로 부유하진 못했지만 부모님으로부터 넘치는 사랑을 받고 자란 나는, 6남매의 맏이라는 중매쟁이의 말을 들었을 때 내 바로 위의 오빠를 생각했었다. 내가 단지 큰 며느리가 되기 싫어서 이 결혼을 망설인다면 어느 집 처자가 우리 집 큰 며느리로 들어 올 생각을 할까, 참으로 단순하고 어리석기 짝이 없는 생각이었다.

그렇게 맺어진 우리는 시댁에서 같이 살진 않았지만 참으로 마음고생을 많이 하며 살았었다. 아이들 둘을 건사하랴, 술과 사람을 좋아하는 남편 뒷바라지 하랴, 나 또한 직장 생활을 하랴, 젊은 시절에는 제대로 된 화장 한번 해보지 못하고 지냈었다. 이런 나의 처지는 시어머니에게는 전혀 문제가 아니었다. 나는 오로지 큰 며느리 역할을 해야만 하는 사람에 불과 했었다. 자연스럽게 나 혼자만이 고부간의 갈등으로 마음고생을 하며 시집살이를 해야 했었다. 다행히도 그런 나의 처지를 이해하며 감싸주신 시아버지의 사랑, 또 시어머니로부터 나를 보호하기 위해 애쓰던 남편의 보살핌으로 견디어낸 시간들이었다.

그럭저럭 시간이 지나고 어느 덧 나도 60대 중반을 훌쩍 넘긴 나이가 되었다. 젊은 시절에 마음고생을 시킨 시어머니와 언젠가는 마음을 터놓고 이런저런 이야기를 할 시간이 있으려니 생각 했었다.

현실은 TV드라마가 아니었다. 식구들이 둘러 앉아 지켜보는 가운데 한 사람 한 사람에게 하고 싶은 말을 다 하고, 또 일일이 인사를 나누며 눈을 감는 모습은 드라마에서나 가능한 일이었다.

비가 억수로 내린 토요일 그날,

남편은 목욕탕에 가서 이발도 하고 호성동에 들려 어머니 아버지도 뵙고 서너 시쯤 집에 오겠다며 늦은 아침을 먹고 집을 나섰다. 커다란 집에 덩그러니 혼자 남아 있으려니 심심하기도 하고 무료하기도 하여 거실로 안방으로 돌아다니다가, 마당에 나가 쪼그리고 앉아 풀도 뽑아보고, 대문 밖에 있는 우리 집 개에게 괜히 말을 건네 보기도 하며 시간은 보내고 있었다. 서너 시쯤 온다던 남편은 오지 않고 전화벨이 울렸다. 지금 어머니가 전북대 병원 응급실에 와 있다면서…. 평소에 다리가 불편하여 외출은 통 하지 못하시고 집안에서만 보내고 계셨다. 소화가 안 되어서 소화제를 자주 드시는, 90이 넘은 여느 노인들처럼 약 봉투가 여기저기 몇 개씩 널려 있었긴 했지만 식사도 잘 하시고 나이에 비해 건강한 편이셨다.

그날 큰 아들이 모처럼 마음먹고 좋아하시는 추어탕까지 사 가지고 갔는데 점심도 드시지 않고, 누워 계시다가 갑자기 호흡이 곤란해지고 손발이 서늘하게 식으면서 눈동자가 약간 이상했단다. 119에 전화를 하자, 마치 집 앞에서 기다리고 있던 것처럼 달려와 인공호흡을 해도 차도가 없어 병원에 오신 것이란다. 인공호흡기를 꽂고 계신다는 말에 허겁지겁 챙겨 병원에 가니 이미 이 세상에 계시지 않은 것처럼 보였다.

그렇게 서너 시간 만에 홀연히 천상의 세계로 가신 것이다. 그 순간 40여 년 간 나를 불편하게 했던 시어머니라는 사실도 같이 날아가 버렸다.

한 인간의 생이 마감되는 것이 이렇게 간단한 것일 줄 몰랐다. 아무런 생각이 나질 않고 눈물도 나질 않았다.

어머니가 꽃신을 신고 그렇게 홀연히 날아가신 지 보름이 넘었다.

매일 조석으로 기도를 한다. 빠른 시일 내에 인간의 몸 받아 이 세상에 다시 오시기를. 그리고 홀로 계신 시아버지께서 지금처럼 아파트 단지 내를 걸어 다니시며 운동도 하고 모임에도 빠짐없이 참석하시며, 즐겁게 사시기를 바라고, 오래오래 우리들의 곁에 머물러 주시기를 온 마음을 다 하여 기원한다.

(2018. 5. 25.)

24일 만에 시어머니 곁으로

'큰 아는 몸이 약하니 거기 의자에 앉아 있거라.'

어머니 입관 식 때 아버님이 나에게 건 낸 말씀이었다.

한 시간 넘게 진행된 입관 식에서 피로와 슬픔이 겹쳐 몸을 제대로 가누기가 어려웠지만, 누구 하나 나에게 다정하게 말하며 부축 해 주는 이가 없었다.

40년 넘게 '너는 왜 그러느냐.'라는 푸념 한 번도 없이 언제나 인자하고 너그럽게 대해 주셨다. 마치 친정아버지처럼.

어머니 가신 지 딱 24일째 되는 날 밤에, 셋째 아들과 한방에 나란히 누워 주무시다가 홀연히 어머니 곁으로 가기 위해서 머나 먼 길을 떠 나셨다. 갑작스럽게 당한 일이라 모두들 어리둥절하며 어찌 할 바를 모르고 있었다. 마치 지구상에 혼자 떨어진 듯 모두들 당황하고 황망하기 그지없었다.

안간힘을 다해서 버티어 내신 날들이었다. 두 분이 서로 위하고 염려

하고 사시다가 한 분이 홀연히 이승을 뜨시니 더 이상 삶의 애착이 없으셨는지, 자식들이 보기에는 식사도 그런대로 잘 하시고 예전처럼 아파트 단지 내를 산책도 하시며, 어머님 초상 때 오신 친구 분들을 만나 고맙다며 식사 대접도 하시면서 지극히 편안하게 지내셨다. 남들보다 배는 더 많은 자식들이 있는 덕분에 하루도 혼자 지내시는 일이 없었다. 사골 국을 끓여 온다, 전복죽을 쑤어 온다, 화성에 사는 작은 시누이는 전주에 내려와서 며칠을 같이 보내기도 하고, 또 큰 아들은 매일 아침 안부 전화를 해 드리곤 했다. 그러나 이 모든 일들이 다 부질없었던 듯 며칠 전 가래가 끓고 기침이 난다고 하여 병원에 다녀오시더니 그만 혼자만이 가야 되는 길을 가신 것이다. 그럴 줄도 모르고 자식들은 곧 돌아 올 아버님 생신을 이번에는 좀 더 뜻있게 해 드리자며 의논도 했다. '효도 하려고 하나 부모님은 기다려 주시지 않는다.' 고 하더니 딱 우리들에게 하는 말 같았다.

아버님은 옛날 옛적에 초등학교 교사를 시작으로, 6.25한국전쟁에는 경찰로 참전하시고, 경찰 서장으로 퇴직하신 후 '농지개량조합' 조합장으로 근무하시며 농민들을 위해 많은 봉사를 하셨다.

아버지 슬하에 10남매를 모두 대학교육까지 시켰으니 그 노고가 얼마나 크셨을까.

돌아가신 후 유품을 정리하다 통장을 발견했다. 형제들이 그 통장을 보고 또 한 차례 눈물바다가 되었다. 입금은 있어도 출금이 없는 생활비 통장이었다. 겨우 자동이체로 공과금만 출금 되었을 뿐 어디에도 당신 이름으로 돈을 찾은 흔적이 없었다.

당신보다 먼저 세상을 뜬 막둥이 아들이 남기고 간 손자들의 앞날을 위해 한 푼도 쓰지 못하고 오로지 저축만 하신 통장이었다. 누가 이러한 부모님의 깊은 마음을 헤아릴 수 있을까.

'자식이 죽으면 가슴에 묻는다.' 더니 그 말이 딱 맞는 말이다.

다른 집처럼 많은 재산을 남기시진 않았지만 이렇게 간절한 마음으로 모아, 남겨 주신 유산을 보면서 아버님의 대단하심을 새삼 느꼈다. 어느 집이나 부모님이 돌아가시면 효자가 된다더니 모든 형제들이 이구동성으로 아버님이 우리에게 직접 남기신 유언은 아니지만 그 분의 뜻에 따르자고 의견을 모아 줄 때, 또 한 번 아버님의 높으신 은혜를 느끼게 되었다.

자식들 뿐 아니라 누구에게나 인정이 많으신 분이라서 친척 중에 아버지에게 은혜를 입지 않은 사람이 없을 정도였다. 그리고 현직에 근무하실 때에도 목소리 한번 높이신 적이 없으셨단다.

돌아가시기 전날, 같이 저녁을 먹으며 '아버지 이제 아프지 마세요.'라는 내 말에 웃음으로 답하신 시아버지가 곁에 계시지 않으니 이제 우리 형제들은 천애의 고아가 된 것이다.

큰 아들인 우리는 남아 있는 모든 형제들끼리 아버지가 평소에 원하셨던 것이 무엇인지를 생각하며 어려울 때나, 힘들 때는 물론이고 좋은 일들이 있을 때에도 서로 얼굴을 마주보며 우애가 든든한 형제로 남기를 바란다. 요즈음에 피곤하면 '큰 아는 몸이 약하니까 거기 의자에 앉거라' 하시던 목소리가 너무도 생생하게 들리는 것 같다.

아버님, 사랑하는 어머님과 함께 그곳에서도 행복하게 사시다가 빠른 시일에 사람의 몸 받아 인도환생하시기를 일심으로 기원합니다. 아버님 사랑합니다.

(2018. 6. 14.)

이제야 철이 드는 것일까

'어머니가 남겨 주신 것들을 벌써 다 먹었네.'

오늘 아침 찰밥을 찌면서 남편에게 한 말이었다.

시부모님이 한 달 사이에 모두 돌아가시고 난 뒤 두 분이 사시던 아파트를 정리하러 가서 냉장고에 있는 것들 중에 이것저것 챙겨 왔다.

시아버님께서는 짭조름한 젓갈을 특히 좋아 하셨다. 매 끼니 마다 빠지지 않는 반찬 중 하나인 조개젓이 조그마한 플라스틱 병에 가득 들어 있었다. 얼마 드시지도 못하신 것 같아 마음이 짠했다. 남편도 그런 시아버지의 식성을 닮은 듯 젓갈을 참 좋아 한다. 내가 워낙 음식을 싱겁게 먹으니 그렇게 간이 센 음식을 먹을 기회가 좀처럼 없었다. 특히 고혈압 약을 먹는 처지이니.

그러던 차에 남기신 조개젓을 집으로 가지고 와 냉장고에 넣고 한동안 잊은 채 그냥 두었다. 어느 날 남편이 냉장고에서 조개젓을 꺼내 한 젓가락 먹어 보더니 '이렇게 짠 음식을 드셨다니….'한다. 마침 가을무가 있어 채를 썰고 조개젓을 넣어 고춧가루, 다진 마늘 등에 버무려 밥상에 차려 놓으니 아주 맛있게 잘 먹었다.

한동안 밥상에 조개젓이 오를 때마다 아버지가 참 좋아 하셨던 반찬이라는 말과 함께 문득문득 시아버님의 살이 생전 모습이 생각이 났다.

반면 시어머니께서는 고기반찬을 좋아 하시니, 서울에 살고 있는 딸이 가끔 곰국이며 불고기 등을 해다 냉동실에 가득가득 채워 놓곤 했었다. 그것들 중 미처 드시지 못하고 남긴 불고기를 시누이가 '큰 언니 가져다 드세요.'하며 싸 주었다.

불고기를 팬에 구워 먹으면서도 '어머니는 고기반찬을 참 좋아 하셨는데….' 가끔 음식을 하다가도 '어머니가 보시면 한 말씀 하셨을 텐데….' 나도 모르게 이런 말들이 나왔다.

지난 정월 보름 날 어머니가 남기신 팥으로 찰밥을 쪘다. 그 어른께서도 찰밥을 참 좋아 하셨다. 그 팥으로 찰밥을 찌면서도 '어머니는 팥을 조금만 넣고 찰밥을 찌셨는데….'라며 혼자 중얼 거렸다.

생각해보니 내가 '전주이씨' 딸로서 살았던 세월보다 '전주최씨' 집안 며느리로 살았던 세월이 훨씬 길었다. 그러니 나도 이젠 완전한 '전주 최씨'집안 사람이 된 것일까? 아니면 두 분 시부모님께서 돌아가신 지 얼마 지나지 않아서일까, 요즈음에는 친정 부모님 생각 보단 시부모님 생각이 더 자주 난다. 하긴 친정이라고 해야 부모님이 다 돌아가시고 나니, 특별히 친정집이라며 찾아 갈 곳도 마땅치가 않게 되었지만…. 오히려 우리 집을 친정이라며 찾아오는 딸이 있으니 나는 '최씨' 집안사람이며 딸의 친정어머니가 된 것이다.

남편과 나란히 앉아 이런저런 이야기를 하다가도 '그러고 보면 아버님은 참 건강하신 분이었지.' '어머니도 늘 아프다고 하셨지만 그 만한 연세에 아프지 않은 노인도 있었을까!'라며 두 분 이야기를 자주 하게 되었다.

'며느리 사랑은 시아버지'라고 했듯이 시아버지의 큰 며느리인 나에 대한 사랑은 유별 나셨다. 평소 허약한 몸으로 늘 감기를 달고 살았던 나에 대한 염려가 각별하시어 사나흘 만에 한번 정도는 꼭 아들에게 전화를 걸어 나에게 별일 없는지 안부를 묻곤 하시던 다정하고 자상하신 분이셨다.

시어머니는 누구에게나 그 다지 살 가운 분은 아니셨다. 그것은 딸이라고 해서 예외는 아니었다. 당신의 마음에 들지 않으면 딸이든 며느리든 가리지 않고 나무라시고 핀잔을 주시기 일쑤였다. 그런 연유로 돌아가시고 나면 그닥 그립다거나 생각이 나거나 하는 일은 없을 줄 알았는데….

40여 년이 훨씬 넘는 세월 동안 그야말로 미운 정 고운 정이 다 들었던 모양이다.

특히 음식을 만들 때나 상을 차릴 때 하시던 말씀이 생각이 나서 가끔 혼자 피식하고 웃을 때가 있다.

지난봄에 거두어 두었던 완두콩을 냉동실에 보관 했다가 요즈음 밥을 지을 때 조금씩 섞어서 해 먹으니 귀한 때 먹는 것이어서 그런지 고소한 것이 없던 입맛도 살아나게 한다. 밥을 지을 때마다 '어머니가 완두콩을 참 좋아하셨는데….'

'완두콩이 나올 때면 멥쌀을 빻아 드문드문 완두콩을 넣은 백설기를 해 드셨는데….'

지난 3월 초에 밭에 두 이랑이나 완두콩을 심었다. 해마다 수확한 완두콩을 깍지를 따고 잘 씻어 넉넉하게 가져다 드리면 참 좋아하셨다.

나도 이젠 누구나 공식적으로 인정하는 '노인'이 된지 몇 년이 흘렀다. 이 나이에야 철이 드는 것일까? 돌아가신 시부모님 생각이 많이 나고, 그립기도 하고 한편으론 고맙기도 하다.

지금 어느 곳, 어느 세상에, 어떤 모습으로 *인도환생人道還生 하셨을까!

(2019. 3. 17.)

---

*인도환생(人道還生) : 사람이 죽어 저승에 갔다가 이승에 다시 사람으로 태어남, 또는 그런 일,

친정어머니 생각

양치질을 하다 닳아빠져 솔이 양옆으로 바짝 누운
칫솔을 보고 있노라면 돌아가신 친정엄마가 문득 생각이 난다.
생전에 우리 엄마 칫솔도 이렇게 생겼었는데….

유난히 이가 희고 쪽 고르게 나서 건치 미인소리를 듣기도 했었다.

오죽하면 아버지가 그런 고운치아에 반해서 결혼을 했을까. 총각시절 경찰이셨던 아버지는 마령지서에 발령이 나서 그곳에서 근무를 하셨다. 가끔 동네 장터에서 서커스 공연이 열리는 날은 질서를 유지한다는 명목으로 야간 근무를 서곤 하셨단다. 또 엄마는 놀기 좋아하고 구경하는 것을 좋아하는 분이라 그런 좋은 구경꺼리를 놓칠 리가 없다. 그렇게 몇 번 순사가 동네 처녀를 눈여겨보기 시작했는데 웃을 때 유난히 치아가 예뻐서 첫 눈에 그 여인을 색싯감으로 점을 찍었단다. 그런데 문제는 객지 사람이고 워낙 나이가 많아서 혹 유부남일지도 모른다는 오해를 받았고, 그 때 엄마의 나이는 꽃다운 이팔청춘 딱 16살이었다. 우여곡절 끝에 설을 쇠고 막 17살이 된 처녀는 한 남자의 아내가 되었다.

38년을 사시면서 그 당시 우리 부모세대라면 누구나 겪었던 숫한 고생을 겪으면서도 두 분은 여느 부부보다 다정하게 사셨고 어떤 부모님 보다 우리들에게 자상하신 분들이었다. 나도 이제 나이가 들어가니 '내가 죽고 난 뒤 우리 아이들은 나의 어떤 모습을 기억 해줄까.'라는 생각을 가끔씩 하곤 한다. 나도 시도 때도 없이 내 부모님 생각이 난다. 그럴 때마다 나는 아버지 돌아가시고 홀로 서기를 매우 힘들어 하시며 가끔 우리 집에 오셔서 남 몰래 눈물을 훔치던 엄마의 모습이 떠오른다. 마음이 워낙 여리신 분이라 자식들 중 누군가 서운한 이야기를 해도 뒤돌아서 몰래 눈물을 흘리곤 했었다. 심지어 아버지 살아 계실 때마져도,

그런 분이 50대 중반의 나이에 모든 것을 믿고 의지했던 남편을 먼저 보내고 나서 그 서러움이 얼마나 컸을까.

아버지 살아 계실 때 엄마는 마냥 아이 같았다. 물론 젊어서 고생 하실 때는 강철 같은 생활력으로 집안을 일으키는 데 커다란 역할을 하셨지만. 나이 드신 후에는 아버지는 엄마를 마치 왕비인 냥 떠 받들었다. 사업을 하실 때에도 대금을 받게 되면 퇴근 시간이 아니어도 곧장 엄마에게 달려와 돈을 건네주며 엄마가 좋아하는 모습을 보시고 같이 즐거워하시기도 했다. 혼자 외국에 출장을 다녀오실 땐 아무 것도 사오지 않으면서도 엄마가 쓰시는 화장품을 꼭 챙겼던 분이셨다. 그러니 어떻게 아버지를 마음속에서 떠나보낼 수가 있었겠는가. 그렇게 힘들어 하실 때 나는 직장 생활 한다는 핑계로 자주 곁에 있어 주지 못한 것이 후회가 된다. 지금도 여름철에 닭을 삶아 백숙을 해 먹을 때면 항상 엄마 생각이 난다. 워낙 먹는

것을 좋아 하셨던 분이다. 특히 닭을 삶으면 어찌나 맛있게 드시는지 옆에만 있어도 입안에 침이 저절로 고이는 느낌이었다.

언젠가 여름휴가 때 변산 해수욕장에서 야영을 한 적이 있었다. 지금이야 캠핑을 즐기는 시대가 되어 마치 집을 옮겨 놓은 듯 편리한 도구를 챙겨 캠핑 하는 일이 다반사가 되었지만, 그때는 겨우 비 가림 정도나 하는 텐트가 고작이었다. 하룻밤을 즐겁게 보내고 다음날 좋아하는 닭 미역국을 끓여 아침을 먹으려는데 비가 주룩주룩 내렸다. 그래도 그때 먹었던 닭 미역국이 세상에서 제일 맛있었다며 두고두고 이야기 하시곤 했었다. 아버지 돌아가신 지 18년 만에 아버지 곁으로 가셨다. 예쁜 옷 입기를 좋아 하시고 거울을 보며 입술연지를 빨갛게 바르고 친구들과 화투놀이를 참 좋아 하셨다. 아직도 건강하게 살아 계시는 친구 분들도 많이 계시는데, 두 분은 무엇이 그리도 급하셨는지….

나도 나이 먹으니 양치질 할 때 엄마가 하시던 대로 하는 내 모습을 보고 깜짝 놀랄 때가 많다. 걸음걸이며 하는 행동들이 점점 엄마를 닮아간다.

부모님을 생각할 때마다 후회하는 마음이 너무나 크다. 핑계 대지 말고 내가 피곤하더라도 많은 시간을 곁에서 같이 보낼 것을, 그리고 시간을 내어서라도 1박 2일 여행이라도 다녀 올 것을, 후회는 끝이 없다. 후회하며 사는 것이 인생이라고 하지만, 그리고 후회하면 이미 때가 늦었다고 하는 것도 알지만, 그때는 왜 그랬는지, 오늘도 칫솔질을 하면서 언제까지나 거울 속에 엄마를 닮은 내 모습을 바라보고 있다.

(2015. 7. 23.)

친정아버지

'엄마! 나예요.'

일주일 또는 열흘 만에 꼭 전화를 한다, 별일 없느냐며.

장가가면 사돈 된다는 우스갯소리가 있지만 우리 아들은 아닌 것 같다. 서울에 살 때는 더욱 자주 안부 전화를 하곤 했었다. 그러더니 스코틀랜드 에딘버러에 유학을 가서도 여전히 자주 전화해서 목소리를 들려 주곤 한다. 물론 멀리 떨어져 사는 자식이니 설령 집에 무슨 일이 있다한들 시시콜콜 이야기하기가 그리 쉽지는 않다. 그래 우린 잘 지내니 걱정하지 말아라 하는 정도일 뿐.

엊그제 전화가 걸려 왔을 때 아버지가 건강 검진을 받은 이야기를 했다. 대장 내시경을 했는데 용정을 다섯 개 떼어 냈다, 지방간의 수치가 조금 높게 나왔다, 식도염이 있다고 했다 등등.

이런 이야기도 하지 않고 그냥 넘어 가기 일쑤인데 아들이 언젠가 한 이야기가 마음에 걸려서 때로는 자세한 이야기를 하곤 한다.

잘 알고 지내는 형의 아버지가 돌아가셨단다. 그것도 건강상 아무런 문제없이 잘 지내고 있다고 만 알고 있었는데, 어느 날 갑자기 '간암'에 걸리셨다는 연락을 받고 귀국을 했는데 얼마 후 돌아가시고 초상을 치르고 왔다고 한다.

그때처럼 아버지 생각이 간절했었고 그때만큼 아버지의 건강이 염려되어 본적이 없었단다.

아무런 일 없이 잘 살고 계시는 줄 알았던 아버지가 어느 날 갑자기 간암에 걸리고 또 그 길로 돌아가셨으니 그 자식은 얼마나 두고두고 후회를 하며 살아갈까, 제발 나에게 그런 후회를 하는 자식이 되게 하지 말아 달라고 했다.

그 말을 듣는 순간 돌아가신 친정아버지가 불현 듯 생각이 나고 울컥해져서 더 이상 길게 통화하지 못하고 전화를 끊었다.

정말 오래 사실 것 같았던 아버지가 환갑을 겨우 넘긴 나이에 돌아 가셨다. 그때 내 나이 30대 초반, 아직은 경제적으로 완전한 자립을 이루지도 못했었고, 아이들도 모두 초등학교 저학년이었었다.

지금 생각하면 가장 후회되는 일중 하나가 아버지를 집에 모셔와 따뜻한 밥 한 끼 차려 드린 적이 없다는 것이다. 평소에 병약했던 고명딸이 두 아이를 키우면서 직장 생활하는 것을 못내 안타까워하셨다. 그리고 가끔 친정에 나들이를 하면 추위를 몹시 타는 딸에게 아랫목을 선뜻 내 주시는 아주 자상한 아버지셨다. 건강을 위해 비가 오나 눈이 오나 하루도 빠짐없이 걷기 운동을 하셨는데, 우리 아이들이 태어 난 뒤부터는 운동 코스를 풍남동 친정집에서 인후동 우리 집까지로 바꾸고 하루도 빠짐없이 오셨다. 이른 새벽에 오셔서 한참 단잠에 빠져있는 어린 손주들의 모습을 보고는 바로 되접어 돌아가시곤 했다. 차라도 한 잔 하고 가시라고 붙잡아도 출근해야 되는 딸이 염려되시는 듯 한사코 뿌리치고 가시곤 했다.

자식인 나에게도 혹여 폐가 될까봐 염려하셨는데 이러한 일은 남에게도 다름이 없었다. 시내버스를 타면 머리카락이 하얀 아버지에게 자리를 양보하는 젊은 사람들이 많았다. 그러면 한사코 거절을 하시며 하루 종일 힘들게 생활하느라 피곤할 텐데 그냥 앉으라며 다독이시곤 했다. 주변에 힘들게 생활하는 사람들을 보면 어떻게라도 도움을 주시곤 했다. 물론 이런 사실은 아버지가 살아 계실 땐 몰랐었다. 돌아가셔서 초상을 치를 때야 비로소 알게 된 일이었다. 우리에게는 생면부지인 조문객들이 와서 아버지 영정사진에 절하면서 흐느끼는 모습을 보고 난 뒤에야 생전에 어떻게 지내셨는지를 알았다. 옛 말에 정승 집의 개가 죽으면 초상집 문턱이 닳도록 조문객들이 몰려와도, 막상 정승이 죽으면 개 새끼 한 마리 얼씬거리지 않는다는 자조 섞인 말이 있었다. 그러나 나의 아버지는 그런 정승이 아니신 것이다. 돌아가신지 30여년의 세월이 더 자났건만 그 연배이신 어른들의 기억 속에 지금도 살아 계시는 분이다. 내 나이도 아버지가 돌아가실 때의 나이를 훨씬 넘었다. 이제 조금 한가하고 여유 있는 시간을 갖게 되니 살아생전 아버지에게 밥 한 끼 직접 해드리지 못한 것이 두고두고 후회가 되었다.

아들의 전화를 받고 '그래 너에게 만은 한스러운 일을 만들어 주지 말아야지'하는 생각이 들었다. 아들의 전화 내용을 남편에게 전하려니 또 눈물이 나와서 다 못하고 방에서 나와 버렸다. 주책없는 눈물이 계속 볼을 타고 흘러내렸다.

누구나 지나간 세월은 후회의 연속인 것 같다. 그때 좀 더 잘 할 것을, 그때는 내가 왜 그랬을까, 후회는 끝도 없이 이어진다. 나는 다른 사람들보다 더 많은 후회를 하면서 살아 온 것 같다.

아버지에게 잘 사는 모습을 보여주지 못한 후회, 딸에게 많은 기대를 하셨는데 거기에 보답하지 못한 후회, 건강하지 못해 늘 부모님께 근심 걱정 꺼리를 만들어 드린 것에 대한 후회, 등등 이루 말로 다 할 수 없을 만큼 많은 후회가 밀려온다.

그래도 당신의 딸이 남에게 손가락질 당하지 않고 떳떳하게 살아왔다고 언젠가 만나는 날 말씀 드릴 수 있을 것 같아 그나마 다행이다.

내가 내 부모님을 절절한 심정으로 그리워하고 후회하는 이 마음을 내 자식에게는 남겨주지 말자, 그리고 건강하게 지내며 내 지식에게 효도할 수 있는 시간을 주어야겠다.

세상살이가 팍팍해서, 인정이 매 말라서, 많은 사람들이 극단적이 생각을 많이 한다. 부모가 자식을, 자식이 부모를, 차마 글로는 표현하기 힘든 일들이 그냥 일상처럼 일어나고 있는 것이 현실이다.

그래도 다행인 것은 부모를 공경하고, 자식을 사랑으로 키우며, 어려운 이웃을 돌보며 배려하는 사람들이 더 많다는 사실이다. 모두가 사랑으로 행복한 세상을 만들었으면 좋겠다.

(2016. 3. 31.)

음력 정월 열 이튿날

유부남이면 어떻게 하려고 알아보지도 않고
혼례를 시키느냐는 걱정이 많았었다고 했다.

그도 그럴 것이 신랑의 나이가 24살, 그 당시로는 아이 한둘 정도는 있음직한 나이였고, 신부는 이제 갓 17을 넘긴 어린 처자였기 때문이었다. 그것도 아이가 어리니 한 살이라도 더 먹어야 한다며 미루고 미룬 혼인이었다.

버스마저 흔하지 않았던 그 시절, 깊은 산골짜기 아주 작은 산골마을에서 혼자 몸으로 근무를 하던 순경의 집안 내력을 알 길이 없었던 것이다.

처자는 나이는 어리지만 체격이 좋아 혼기가 꽉 찬 과년한 처녀로 보였었다. 산골에서 10남매 중 막내로 컸으니 세상 물정도 모르고 천방지축 제 멋대로 마치 선 머슴처럼 컸을 것이다. 특히 위로 7명의 형제자매를 모두 잃고 큰 오빠는 일본으로 떠나고, 나이 차가 많은 언니가 땅에 내려놓으면 땅으로 꺼질세라 애지중지 키운 귀한 딸이었다.

어느 날 저녁 동네에 서커스가 들어오니 이 처자는 겁도 없이 장마당에 설치되어 있는 서커스 천막에 들어가 재미나게 구경을 하고 있었다. 그런 모습을 지켜보던 한 사내가 있었으니, 그 마을 지서에 근무하던 나이 많은 늙다리 총각이었다. 서커스를 보며 웃는 처자의 잇속이 어찌나 예쁘던지 그만 한 눈에 홀딱 반해 버렸다. 그날 이후로 매일 매파를 보내 홀로 계신 노모와 친정살이를 하는 언니를 졸라대기 시작 하였고 드디어 승낙을 얻어냈다. 그러나 처자의 나이가 워낙 어린지라, 겨우 설을 쇠고 나이 한 살을 보태고 난 뒤 동네에서 조촐한 혼례를 치르게 되었다. 첫날밤을 지내고 이른 아침에 나와 보니 온통 새 하얀 세상이 되어, 그들은 앞으로 행복하게 잘 살 거라는 기대를 안고 신접살림을 시작했다.

그 날이 바로 음력 정월 열 이튿날이었다.

아버지 돌아가신 지 30여년이 넘으니 이젠 아버지의 생신날도 까마득하게 잊어버렸다. 그리고 어머니 돌아가신지 어언 20년이 가까이 되니 뜨거운 여름에 태어 나셨지, 하고 기억 할 뿐 날짜가 정확하지가 않다. 그런데도 꼭 이 날만은 세월이 지나도 새록새록 내 품안으로 들어온다.

지금 같으면 이제 갓 고등학생이나 되었을까 하는 나이에 한 남자의 여인이 되어 시골 지서를 돌아다니며 온갖 고생을 다 이겨 내셨으니, 그 마음고생, 몸 고생은 얼마나 심하셨을까. 짐작하기도 어렵다.

아버지의 어머니에 대한 사랑은 첫눈에 반했을 때나 돌아가실 때나 변함이 없어 눈물 겨울 정도였다.

지서, 지금의 지구대에 근무하면 밤낮없이 격무에 시달릴 터인데도 퇴근하여 대문 안에 들어오시면 마당 한쪽에 세워둔 비를 들고 마당을 쓸 면서 현관으로 들어오셨다. 그리고 현관문을 열면서 방비와 걸레를 들고 쓸고 닦으면서 집안으로 퇴근을 하셨단다. 우리들이 어렸을 적에는 아버지가 갓난아기의 똥오줌을 다 가려 주셨다고한다. 그렇다고 사람 사는 일이 어찌 맑은 날만 있었겠는가. 때로는 비바람도 천둥 번개도 몰아치고 폭설에 갇히기도 하는 것이 아닐까. 그래도 그런 고비 고비마다 아버지의 큰 사랑으로 견디며 박봉에 시달리던 가계를 건사하셨다.

해외여행이 자유롭지 못하던 시절 일본에 출장을 다녀오시면서 공항에 마중 나온 어머니에게 한 첫 말씀이 '즈그 엄마 화장품 많이 사왔어!'였다. 꾸미기를 좋아하신 어머니에게는 최고의 선물이었다. 그 뒤에 어머니 친구들 모임에서는 그 한마디가 오래오래 유행어가 되기도 했었다. 서울에 출장을 가실 때에도 늘 곁에는 어머니가 계셨었다. 나이차이가 많으신 두 분은 때로는 예상치 못한 오해를 받기도 하셨다. '분명 애첩일 거야, 그러니 저렇게 붙어 다니지.'하면서.

뜻하지 않은 큰 병으로 병원에 계시면서도 '즈그 엄마는 과부상이 아니니 걱정 마, 나는 괜찮을 거야.' 하면서 어머니를 위로 하시곤 하셨다. 그러나 끝내 병을 이기지 못하고 어머니 품에서 편안하게 눈을 감으셨다. 행복한 세월을 뒤로 하고 꿈에도 못 잊을 여인을 홀로 남겨둔 채…. 어머니 혼자 살아 계실 때 가끔 나는 남편에게 '살아생전 너무 사이좋게 살지 말아야 겠다.' 고 푸념 섞인 이야기를 했었다. 아버지 없이 혼자 계시는 세월을 못 견뎌 하시는 모습이 너무 애처로웠다. 마음고생이 심해지자 몸에는 자연스레 병이 찾아 들었고, 이미 생에 대한 끈을 놓아 버린 어머니는 결국 오랜 기다림(?) 끝에 아버지 곁에 나란히 눕게 되셨다.

가끔 거울을 보면 거울 속에서 돌아가신 아버지와 어머니의 모습이 보인다. 그것도 아주 선명하게, 나이 먹으면 좋든 싫든 부모님의 모습을 닮아 간다더니….

두 분 돌아가신지 이미 오랜 시간이 지났건만 지금도 산소에 가면 철없는 어린 자식마냥 하염없이 눈물이 흐른다. '그곳이 좋아? 편해!'하면서, 메아리 없는 어린 냥을 늘어놓곤 한다.

올해도 어김없이 정월 열 이튿날이 왔다. 나 혼자 이 생각 저 생각에 주책없는 눈물이 흐른다.

'보고 싶어요, 꿈 속에라도 한 번 만나 주세요.'

그렇게 길지 않은 세월 두 분처럼 사랑으로 살고 싶다.

(2017. 2. 14.)

어떤 죽음

"어? 저것이 왜 저러지?"

더위를 피해 그늘 진 평상에 앉아 남편과 함께 이런 저런 이야기를 하고 있는데 갑자기 어미고양이가 나타났다. 보통 때 같으면 사람이 있으면 슬금슬금 피해서 다른 곳으로 갈 텐데 입가에 침을 질질 흘리며 뛰어 온 것도 아닌데 숨이 턱에 차서 헐떡거린다. 그리고 걸음마저도 갈팡질팡 이다. 그러더니 화단을 가로 질러 감나무 밭으로 쏜살 같이 달려갔다. 그런 모습을 본 우리 집 개가 요란하게 짖어댄다.

옆집 배나무 과수원에 언제부터인가 길고양이 한 마리가 살고 있다. 오래전부터 암 고양이인 이 녀석은 매년 새끼를 낳아 잘 기르고 어느 정도 크면 모두 멀리 분가를 시키고 홀로 살고 있었다. 그러다 이번에도 어김없이 새끼를 무려 4마리나 낳아 잘 키우고 있었다. 이곳에는 먹잇감이 풍부하다. 두더지는 물론이고 족제비까지도 사냥해서 새끼들을 먹여 아주 예쁘게 키우고 있었다. 제법 먼 곳까지 어미를 따라 나갔다 돌아오기도 했다. 그러나 스스로 사냥하기에는 아직 이른 듯 보였다. 그런데 어찌 된 영문인지 그렇게 허겁지겁 달아 난 뒤로는 어미의 모습을 볼 수가 없다.

짐작컨대 누군가 동네에서 약을 놓은 것이 아닌가 한다. 요즈음에 들짐승들로 인한 농작물의 피해가 이만 저만이 아니다. 그래서 생각한 방법으로 약을 놓지 않았을까 하는 생각이 든다. 그렇다고 하더라도 마음이 아프다. 사람이나 짐승이나 새끼를 키우는 어미 마음은 다 같을 텐데….

어미의 도움이 한창 필요할 텐데, 죽어가는 어미의 심정이 어떠했을까. 그 많은 새끼를 놓고 어떻게 눈을 감았을까.

나도 가끔은 그 녀석들을 미워 할 때가 있었다. 창문 바로 앞 베란다에 올라와 시끄럽게 울어 댈 때는 짜증도 나고, 특히 아기 울음소리처럼 울 때는 괴기스럽기 까지 했다.

나는 평소에 짐승을 별로 좋아하지 않는다. 집에 있는 개에게도 끼니 때 밥을 주는 것은 남편의 몫이다. 그리고 한 번도 그 녀석들을 내 손으로 쓰다듬어 준적도 없다. 그런데 어찌 된 영문인지 계속 그날 어미고양이의 모습이 눈에 밟힌다. 그리고 어리 디 어린 새끼고양이 네 마리를 보면 나도 모르게 발길이 그쪽으로 향한다. 물론 녀석들은 내 발자국 소리에 소스라치게 놀라 도망 치곤 하지만.

얼마간은 어미가 사냥해놓은 두더지도 두어 마리가 있었고, 또 족제비도 잡아다 한쪽에 놓아두어서 그런대로 잘 견디고 있었다. 그러나 그런 먹이들이 다 떨어지고 난 뒤가 걱정이다. 시간이 흘러도 어미고양이는 영영 돌아오지 않았다. 그리고 사냥 해 놓은 먹이도 다 떨어지고 새끼들은 하루가 다르게 야위어 가고 반질반질 윤기가 나던 털도 꼬질꼬질하니 볼

품없이 변해 버렸다.

어느 덧 나도 손자를 볼 만큼 나이를 많이 먹었는데도 때론 돌아가신 어머니가 몹시 그리울 때가 있는데, 아직 젖도 떼지 못할 정도로 어린 고양이들의 마음이야 오죽 하겠는가.

확인 된 바는 없지만 들에다 약을 놓은 마을 사람의 마음을 이해 할 수는 있다. 그러나 지나가는 길에 무심코 연못에 던진 돌에 개구리 엄마가 맞아 죽어서 새끼 개구리들이 졸지에 엄마 없는 고아가 된 것처럼, 오직 나만을 위해 다른 사람이야 어찌 되든 상관 할 바 아니다 라는 생각으로 혹 다른 이의 마음에 씻을 수 없는 상처를 준 일은 없는지 생각한다.

부디 어미 없는 새끼 고양이 네 마리가 씩씩하게 잘 자라서 차마 눈도 마음 편히 감지 못하고 죽었을 엄마의 몫까지 오래 오래 건강하게 살았으면 좋겠다.

(2015. 7. 4.)

잃어버린 나의 봄

지난 1월 초에 아이들이 타고 갈
비행기 표를 예매했다는 소식을 전해 들었다.
그 순간 머리가 멍해지고 가슴이 먹먹했다.

순식간에 하루가 가고 눈 깜짝할 사이에 한 달, 두 달이 흐르더니 이윽고 공항에 가야 할 시간이 되었다. 미처 잠에서 빠져나오지 못한 듯 눈을 비비며 일어나는 아이들에게 간단한 요기를 챙겨 주었다. 공항으로 가는 차 속에서도 셋째는 여전히 눈을 감고 단잠에 빠져 있었다. 공항에 도착하니 언제 그랬냐는 듯이 세 아이가 이리 뛰고 저리 뛰고 하면서 좋아한다. 아직 세상 물정을 까마득히 모르는 6살, 11살, 13살 이렇게 삼남매가 출국장으로 나갈 시간이 다 되었다. 가슴이 마구 뛰고 눈물이 나려는 것을 가까스로 참고 한 아이씩 꼭 안아 주었다. 아이들은 얼굴 가득 웃음을 머금고 가볍게 손을 흔들며 뒤도 바라보지 않고 아빠와 함께 출국장으로 들어가 버렸다.

마치 세상이 텅 빈 듯 했다.

그럭저럭 마음을 달래며 애면글면 어느 덧 한 달이 훌쩍 지나가고 그새 그곳에서 두 아이는 동네 가까이에 있는 초등학교로, 막내둥이는 조금 떨어진 곳에 있는 어린이집으로 잘 다니고 있다는 소식과 함께 종종 사진이 스마트 폰으로 전해 졌다. 속으로 참 다행이다, 하며 마음을 놓았다.

가까스로 아무렇지도 않은 듯 일상으로 돌아 와 생활하던 중, 시어머니께서 위독하다는 소식을 전해 왔다. 부랴부랴 챙겨서 병원에 도착하니 이미 이 세상 분이 아닌 듯 기계에 의지해서 겨우 들숨 날숨으로 연명하고 계셨다. 이윽고 의사선생님의 사망확인이 떨어지고 우리는 두 세상으로 갈라서게 되었다. 나이는 많으셨으나 여느 노인들처럼 요양병원에 들락거리거나 정신이 왔다 갔다 한 적도 없이 무탈하게 잘 지내고 계셨기에 아무도 이런 일이 오리라고는 미처 짐작하지도 못했었다. 나이 드신 분들의 앞날은 아무도 장담할 수 없다더니, 바로 시어머니를 두고 하는 말이 아닌가 생각했다. 시간은 흐르는 것, 어느덧 시어머니 삼우제를 시아버지의 온 마음을 다 쏟는 정성으로 무사히 마쳤다. 자식들은 홀로 계셔야 하는 아버지를 마음으로 걱정하며 지냈다. 아버지, 당신께서도 자식들이 마음을 쓰지 않도록 운동도 다니시고 모임에도 참석 하시며 우리들 마음을 편하게 해 주셨다. 그간 형제들이 누구라고 할 것 없이 수시로 드나들며 아버지를 보살펴 드렸고, 반찬이고 간식이고 모자람이 없이 챙겨 드렸다. 그리고 그러한 것들을 마다하지 않으시고 편안하게 지내셨다. 그러나 이러한 것들이 어찌 당신 부인이 하는 것에 비할 바가 될 것인가! 그러던 중 어머니 가시고 20여일이 지난 어느 날 밤중에 갑자기 호흡이 곤란해지며 그만 어머니 곁으로 홀연히 떠나 버리셨다. 이게 무슨 일일까. 어머니 돌아가신 지 얼마나 지났다고, 형제들은 모두 다 어찌 할 바를 모르고 망연자실해 있었다. 지난 5월에 어머니가, 6월에는 아버지가 그렇게 허무하게 세상을 뜨실 줄 짐작이나 했을까? 아버지께서 남겨 놓으신 적금통장을 보고 우리는 모두 눈시울을 붉혔다. 며칠 전 어머니의 49제를 지내고 어머니를 이제 우리들의 몸과 마음에서 놓아 드렸다. 그곳에서 생전에 못다 한 부부의 정을 나누시며 곱게 지내시다가 다시 이 세상으로 오실 것을 염원했다. 이 달 중순께 아버지의 49제를 앞두고 있다. 생각해보니 올 초 4 · 5 · 6월, 나에게 파릇파릇한 봄은 눈물이었다. 눈물이 마르면서 바라 본 풍경은 어느 덧 나뭇잎이 무성하고 마당에서는 연일 뜨거운 열기가 솟아오르고 있는 계절이 되었다. 그런대도 나는 아직도 파릇파릇 생기 있는 봄을 그리워하고 있다. 아니 그 보다는 더 앞섰던 계절을 생각하는지도 모르겠다. 그 계절에는 이런 슬픔이 없었으니까.

주말을 맞이하여 세 아이를 앞세우고 대문으로 들어서는 딸과 사위를 맞이하며 허둥대는 내 모습이 그려지기도 한다. 그 이이들로 집안이 온통 사람의 향기를 폴폴 풍기는 듯, 때로는 가슴을 활짝 펴고 코를 벌름거려도 본다. 그러나 어디에도 아이들의 향기와 시끌벅적한 소리는 없다. 대신 멀리 고속도로를 달리는 자동차 소리와 가끔 짝을 찾아 울어대는 뻐꾸기 소리만 요란할 뿐이다.

더 이상 찾아뵐 부모님도 계시지 않는다. 때로는 '가야되는데'하며 귀찮아하던 내 모습도 찾을 수가 없다. 시댁에 가는 길에 만날 수 있는 내가 좋아하는 빵집도 들릴 일이 없게 되었다. 모든 것들이 때가 있다는 말을 요즘처럼 뼈저리게 느끼는 날들이 없었다. 아이들이 가까이 살 때 자주 가볼 걸, 어머니가 말도 안 되는 억지소리를 하실 때 그러려니 하고 그냥 듣고 있을 걸, 큰 며느리라고 특별한 마음으로 대 하시던 시아버지를 조금 더 곁에서 보살펴 드릴 걸, 이런 일들을 이 봄날이 모두 앗아가 버린 것 같다.

사진 속에서 웃고 떠드는 아이들의 모습을 자주 볼 수 있지만, 직접 안아 주거나 만지거나 같이 얼굴을 마주보며 이야기 할 수 없는 공허한 메아리만 들리고 있을 뿐이다. 가까이에 있는 선산에 다녀오지만 그곳에 부모님은 계시지 않는다. 차디찬 비석만이 나를 바라보고 있다.

지나간 날들은 항상 후회뿐인 모양이다. 해마다 봄은 나에게 포근한 세상을 안겨 줄 것이다. 그러나 당분간은 그 포근함이 나와는 상관이 없는 봄날이 될 것 같다. 그래도 노력하리라. 예전처럼 포근하고 따뜻한 봄날이 되도록, 그리하여 다시는 지난 일을 후회하는 일이 없도록 열심히 살아야 겠다 고 다짐해본다.

(2018. 7. 4.)

이제 겨우 중년인데

서너 달 만에 미용실에 다녀왔다.

옛 말에 '집과 여자는 갖추기 나름이다.'더니 거울 속에 비친 내 모습이 생경하다. 머리카락도 같이 나이가 들어가는 듯 조금만 길어도 푸석거리고 볼썽 사납게 생겼었는데, 요술쟁이 같은 미용사의 손이 한번 지나가자 마치 청순한(?) 소녀가 거울 속에서 나를 바라보고 있는 듯한 착각 속에 빠져 들었다.

음력이나, 양력으로도 병원진료비, 지하철요금, 극장 요금까지 할인을 받는 나이가 된지 몇 년 지났지만 아직도 마음속에 철없는 소녀가 들어 앉아 있는 것 같다. 하긴 UN에서 발표한 나이를 보면 나는 아직도 중년의 초입에 들어섰을 뿐이다.

이제 겨우 중년에 들어왔는데 세상은 참 빠르게 변하고 있다. 내가 어렸을 적에 요즘 같은 겨울이면 낮이 짧아 점심으로는 으레 아침에 먹고 남은 찬밥 한 덩이에 김치를 송송 썰어 넣고 물을 넉넉하게 부어 김치죽으로 때우곤 했었다. 그러다가 거기에 두부나 계란을 넣는 날에는 입이 호강을 하며 더 먹고 싶다고 했지만 이미 냄비의 바닥이 보였다. 지금은 먹을거리가 넘쳐나서 일부러 다이어트를 한다고 굶는 사람이 많을 만큼 풍족한 시대가 되었다. 또 난방이 부실했던 탓에 윗목에 놓아두었던 *자리끼가 밤새 꽁꽁 얼어 있기 일쑤였다.

그땐 겨울이 참 길기도 했었다. 긴긴 겨울밤에 자다가 오줌이라도 마려우면 몸을 비비 꼬며 참다 곁에서 자고 있는 동생이나 언니를 깨워 마당 끝에 있는 변소에 다녀오곤 했었다. 그때 어른들은 미국 사람들은 화장실이 안방에 있어 아랫목에서 밥을 먹고 윗목에서 볼일을 보는 참 이상한 사람들도 다 있다고 했는데, 지금은 우리가 그렇게 편리한 생활을 하고 있다. 또한 '변소'라는 말 대신에 어쩐지 세련되어 보이는 '화장실'이라는 이름으로 바꿔 부르게도 되었다.

방학 때 친척집에 가려면 어디든 걸어가야 할 정도로 도로며 교통사정이 좋지 않았었다. 지금은 시내버스 한 정거장 정도의 거리도 걷지 않는데, 그땐 어지간한 거리는 일삼아 걷곤 했었다. 내가 청년기에 접어 들었을 때는 아침은 집에서, 점심은 서울에서, 그리고 저녁은 집에 돌아 와서 먹는 시대, 곧 전국이 일일 생활권이 되었다고 얼마나 좋아 했었는지, 그러나 지금은 서울에서 아침을 먹고 도쿄에서 우동으로 점심을 먹고 다시 서울로 날아오는 시대가 되었다. 일일 생활권이 되면서 '고속버스'가 등장했고 그 버스의 안내양은 마치 비행기 스튜어디스처럼 참 곱게 생긴 아가씨들이었다. 손님들에게 차내에서 사탕도 주고, 물도 주곤 했었는데….

미국 영화에서나 보던 대문 앞 승용차가 우리 집 앞에도 버젓이 세워져 있다. 어디 한 대 뿐인가 어떤 집은 식구 수대로 승용차가 있기도 하다.

내 나이 이제 겨우 중년인데 세상이 이렇게 빠르게 변하고 있다. 급한 연락이 있으면 전보를 치기도 했었고, 그러다가 몇 집 건너 집 전화를 놓고 거리 곳곳에 공중전화가 서 있기도 했었다. 지금이야 공중전화는 관리비가 더 나가는 큰 애물이 되어 버렸지만. 이제는 집 전화보다는 각자 손에 스마트 폰을 들고 온 세상을 다 돌아다니는 시대가 되었다. 내 손안에 쥐고 있는 스마트폰이 바로 지구촌이다. 비행기를 타고도 몇 시간이나 걸려서 닿을 수 있는 곳에 살고 있는 사람과도 마치 곁에서 이야기 하듯 서로 얼굴을 마주 보며 소식을 주고받는 시대에 살고 있다. 또한 교통과 인터넷, IT 산업의 발달로 '2018. 평창 동계올림픽'이 열리고 있는 평창에는 세계 여러 나라 사람들이 모이고, 또 대회에 참가한 선수들의 모습이 실시간으로 온 지구촌에 알려지고 있다.

내 나이 중년, 정말 한창 세계를 향하는 손짓이 무르익어가야 하는 나이인데 이렇게 빠르게 변하는 세상에 나도 같이 변하고 있는지 내 스스로에게 묻고 싶다. 혹여 '여자가 되가지고' 아니면 '여자인 내가 어떻게'하며 살고 있진 않는지 반성 해 본다.

내가 '장수노인'까지 산다면 앞으로도 몇 십 년은 더 살아야 되는데, 오늘이 가장 젊은 때라 생각하고 새로운 도선에 주서 하지 않고 용기 있게 나서야 되겠다. 그래서 옛날처럼 '뒷방 늙은이' 취급을 받으며 지나가는 세월만 한탄 하지 않고 시대를 앞서가진 못할망정 뒤처지는 사람이 되지 않게 노력하면서 멋진 중년을 보내고 싶다.

(2018. 2. 23.)

〈참고〉
UN이 발표한 새로운 연령구분
0세~17세 미성년자 / 18세~65세 청년 / 66세~79세 중년
/ 80세~99세 노년 / 100세 장수노인

*자리끼 : 밤에 자다가 마실 준비로, 잠자리의 머리 맡에 두는 물

쓰러진 사과나무

'공 든 탑이 무너지랴' 했는데, 십년 넘게 한 울안에 같이 살면서
봄이면 야들야들 솜털 같은 모습을 보이며 온통 하얀색 꽃을 피워
우리를 즐겁게 해 주었고, 또 수많은 벌들에게
먹이도 나누어 주었으며, 시간이 지나면서 하얀 꽃잎들이
어느새 상큼한 초록의 열매를 달기 시작했다.

그러다 가을이 되면 발그레 물이 들어 내 입속에 침이 고이게 만들어, 우리의 눈까지 즐겁게 해주며 늘 변함없이 그 자리에 서 있던 녀석이 엊그제 세차게 내린 비바람에 그만 맥없이 길게 누워 버렸다.

자리도 같이 키워야 하는데 미련퉁이 같이 몸피만 한없이 키우더니 그런 변을 당한 것이다. 미련한 것은 몸피만이 아니다. 욕심껏 파란 열매를 달고 있더니 그만 제 무게를 감당 못한 것이리라.

녀석이 넘어진 자리를 보니 십년 넘는 세월 동안 무엇을 했을까, 턱없이 못난 뿌리가 보는 사람의 마음을 더 슬프게 했다.

오래 전에 남편과 함께 해외여행을 했던 곳에서 담장 밖으로 하얀 꽃이 너울너울 춤을 추는 것을 보고 우리도 집을 짓게 되면 꼭 저런 나무를 심자고 했던 적이 있었다. 그 나무가 바로 사과 나무였다.

사과나무 한 그루를 심어 놓으면 봄이면 사과 꽃이 흐드러지게 피어 담 너머로 향기를 퍼트리며 오고가는 사람들에게 즐거움을 줄 것이고, 가을이면 빨갛게 익은 사과를 따서 우리 집에 오는 사람이면 누구에게든 하나씩 손에 들려주고 싶었다.

집을 지을 터만 닦았을 뿐인데, 봄이면 남부시장 중앙시장 또 삼례 5일장의 나무시장마다 돌아다니며, 똑같은 사과나무 묘목 두 그루를 사다가 앞으로 집을 지을 땅 맨 끄트머리에 한 그루, 또 다른 쪽에도 한 그루를 심었다. 될 나무는 떡잎부터 알아본다고 둘이 서로 시샘이나 하듯 잘 자라 주었다. 집을 다 짓고 난 뒤에 한 그루는 대문 밖에 있는 텃밭 가장자리로 옮겨 심고, 또 한 그루는 좋은 자리를 찾아 주려고 몇 차례 옮겨 심다가 지금 연못 가 화단 끄트머리에 심어 주었다. 특히 연못가에 심어 놓은 사과나무는 튼튼하게 잘 자라 주어서 해마다 키가 몰라보게 크더니 갈수록 꽃도 많이 피고 열매도 많이 달려 있었다. 특히 4월이면 붉은 꽃봉오리가 점점커지며 많은 사람들의 마음을 유혹하듯 하얀 꽃을 피워 온통 꽃 세상을 만들어 주었다. 넘쳐나게 핀 하얀 사과 꽃에서는 달작 지근한 사과향이 퍼지는 듯 온 동네 벌들을 불러 모았다. 벌들의 유희가 끝날 즈음이면 봉긋하게 솟은 것이 수줍은 소녀의 젖꼭지만큼 도드라져 눈에 띠기 시작한다. 더불어 넉넉한 그늘을 만들어 주어 마당을 만들 때 들여 놓았던 평퍼짐한 바위가 제법 쉼터로 안성맞춤인 자리가 되었다. 가끔 마당에 어느 누구에게도 환영 받지 못한 잡초들을 뽑다가 다리가 아프면 그 바위에 앉아 쉬기도 하고, 밭에서 막 따온 방울토마토를 남편과 나란히 앉아 먹기도 하면서 땀을 훔치기도 했다. 그러다가 톡하고 미처 매달릴 힘이 없어 떨어지는 못난이에게 사정없이 뒤통수를 쥐어 박히기도 했다.

어느 해 가을에는 사과가 크진 않지만 제법 맛있게 잘 익어 여럿이 나눠 먹고도 남아 사과식초를 담기도 했었다. 나도 처음으로 담아 본 사과식초였는데 사과향이 나면서 식초의 새콤함과 상큼함이 어우러져 아주 맛있는 식초가 되어 내가 아끼는 양념 중 하나가 되었다.

그렇다고 매년 많은 열매를 맺진 않았다. 해 걸이를 하듯 스스로 열매 맺는 것을 조절하는 것이 생각 없는 사람보단 낫다. 텃밭 가장자리에 심어 놓은 사과나무도 뒤질세라 열심히 자라서 집 앞을 지나다니는 사람마다 탐스럽게 사과를 매달고 있는 모습을 보며 칭찬을 아끼지 않았다.

이렇게 아무 탈 없이 잘 자라던 나무가 장맛비 하루 만에 그만 뿌리 채 넘어지고 또 한 나무는 가지가 찢겨나가는 아픔을 겪었다. 그러나 더 큰 문제는 뿌리 채 뽑혀 길게 누워있는 사과나무였다. 둘이만 살고 있는 우리 집에 그렇게 크고 무거운 나무를 일으켜 세울 만한 사람이 없다는 것이다. 그러니 넘어진지 며칠이 자나도록 그 자리에 그냥 그대로 누워 있을 수밖에. 그 나무를 볼 때마다 안타깝고 불쌍하다. 하지만 그 녀석은 아직도 자신이 살아있는 줄 아는 모양, 생기가 팔팔하니 나뭇잎 하나도 말라서 떨어지지 않고 그대로 달려있다. 그 모습을 보는 우리는 더 속이 상했다. 속절없이 그 자리에서 마르기만을 기다리고 있을 수밖에….

마치 연고자가 없이 혼자 쓸쓸하게 생을 마친 노숙자가 오랜 시간이 지나서야 발견된 안타까움을 보는 것 같다.

세상에 생명이 있는 모든 것들은 생을 마감할 때는 무엇인가 이유가 있을 것이다. 그런데 우리 집 사과나무는 아무런 이유 없이 느닷없는 죽음을 맞이한 것이다. 그것도 본인은 아직도 자기가 죽어있는 것조차 모르는 것처럼 푸르름을 지키고 있으니….

식물들도 세상에 있어야 하는 이유가 있었을 텐데 우리의 잘못으로 뿌리 채 뽑힌 사과나무에게 다음 생에는 부디 좋은 주인을 만나 행복하길 빌어본다.

(2019. 7. 3.)

반갑지 않은 선물

입이 방정이었다. 모두들 감기로 고생을 했다며 동생 댁 들이 안부 전화를 여러 차례 해주었다. 그럴 때마다 제법 큰 소릴 쳤다.

지난봄부터 몇 달간 홍삼진액으로 몸보신을 했더니 끄떡없었다며 당당한 자신감을 보였었다. 그러면서 한 술 더 떠서 '그러게 몸조심을 좀 하지 그랬어!' 라는 말까지 얹어주었다.

냉정한 알람이 연신 울렸다. 몸은 천근만근, 물에 푹 잠겼다 나온 솜뭉치가 따로 없었다. 겨우 자리를 털고 일어나다가 다시 털썩 주저앉았다. 마치 지옥으로 빠져 들어가는 것 같았다. 지난 밤 추위에 떨며 한 숨도 못 잤던 것 같았다. 곁에 누워있는 남편은 드르렁드르렁 코까지 골아 대며 잘도 자고 있다. 마지못해 일어나자 '조금만 더 자지 그래.' 하면서 다시 코를 곯는다. 마당은 아직도 깜깜했다. 고양이 세수 하듯 세수를 하고 단단히 껴입고 마당을 가로 질러 별채에 갔다. 전등을 켜고 방에 전기보일러를 넣었다. 전기 프라이 펜에 기름을 두르고 차게 식은 전을 다시 지졌다. 전기밥솥에 미리 씻어 놓은 쌀을 넣고 밥솥의 메뉴에 쓰여 있는 백미를 눌렀다. 그리고 아침에 쓰기위해 미리 끓여 놓았던 국 냄비에도 다시 전기코드를 꽂았다. 내 정신이 아닌 듯 했다. 그 일들을 어떻게 했는지 도무지 가물가물하다. 겨우 일을 마치고 안채로 들어와서 아침 차례 상에 놓을 것들을 미리 챙겼다. 그리고는 방에 들어가 나도 모르게 깊은 잠에 빠져들었다. 나중에 들은 이야기이지만 계속 끙끙 앓는 소리를 했단다. 잠결에 시부모님, 시동생들이 들어오는 소리를 들었던 것 같기도 했다.

자리에서 일어나려고 아무리 용을 써 보아도 소용이 없었다. 온 몸은 열기로 펄펄 끓었고 몸은 추위로 사정없이 떨렸다. 해열제 한 알을 겨우 삼키고 서야 정신을 차렸다. 설 날 아침에 차례 지내는 것도, 식구들 아침상 차리는 것도 모두 손아래 동서들 차지가 되었다. 제일 윗사람으로 도통 체면이 말이 아니었다.

저녁 늦은 시간에야 설을 쇠러 친정에 온 딸이 끓여 준 누룽지를 먹고 거실에 나와 앉았다. 다음 날 인터넷으로 수소문하여 휴일에 문을 여는 병원을 찾아 진료를 받았다. 평소에 지병이 있어 어지간하면 다른 병원에서 약을 처방 받지 않는데 어쩔 수 가 없었다. 의사선생님의 자상한 질문에 겨우 답하고 주사를 맞고 처방전을 가지고 약을 지어 집으로 돌아왔다. 참 신통하기도 하지, 주사 한 대에 씻은 듯이 다 나은 것 같았다. 그래도 설날이니 떡국을 먹어야 할 것 아니냐며 떡국을 끓여 손자들과 나누어 먹었다.

한 일주일 호되게 앓고 나니 조금씩 회복되는 기미를 보이는데, 이 녀석이 뚝 떨어지질 않고 끈질기게 몸에 붙어 따라 다녔다. 매번 명절이면 이렇게 반갑지 않은 선물을 받게 된다. 그러니 연로하신 시부모님이나 시동생들과 동서들에게 여간 면목이 없는 것이 아니다.

명절이 지나고 나면 항상 인터넷을 뜨겁게 달구는 기사가 '명절증후군'에 대한 이야기와 이혼율이 증가 했다는 소식이 대부분이다. 또 홈쇼핑 구매가 부쩍 늘어난다는 소식도 있다. 쌓였던 불만을 물품 구매하는 것으로 푸는 것이 아닐까 생각한다.

어렸을 적에는 마냥 좋기만 하던 명절이 막상 나이를 먹고 보니 나에게도 커다란 부담으로 다가 왔다. 명절이 오기 보름도 전부터 마음이 무겁고 모든 일에 예민해 지기 시작한다. 더욱이 큰 아들이기에 명절에 차례를 지내로 오는 식구도 만만치 않다. 아마 이런 증상도 '명절증후군'에 해당 될 것 같다. 그러나 오랜 세월 지나고 보니 일 년에 두 번 지내는 명절인데 내가 조금 수고 하면 되겠지 하는 느긋한 마음이 생겼다. 또 나의 이런 마음을 알아주는 남편이 있어 더욱 고마울 따름이다. 평소에 병약한 나를 위해 남편은 나 보다 더 많은 고생을 자청한다. 또한 형제들도 그러한 형수의 형편을 알고 있기에 모두들 나서서 자기 일처럼 해 주니 좋다. 특히 나를 더 기쁘게 하는 것은 설 명절에 시부모님께 세배를 하면 시아버님께서 며느리들에게 큰돈은 아니지만 세뱃돈을 하사 하시는 것으로 며칠 전부터 쌓였던 몸과 마음의 피로가 싹 풀린다.

올해도 어김없이 반갑지 않은 선물을 받았지만 곁에서 걱정 해 주는 가족과 부모님 그리고 형제들 덕에 즐거운 명절을 보낼 수가 있었다. 특히 남편의 이해와 도움이 나에게는 틀림없는 명약이다. 이렇듯 주부들에겐 남편의 한마디 위로와 도움이 세상 무엇보다 더 큰 보약이 될 것이다.

예전에 어렸을 때처럼 마냥 즐거운 명절을 보내며 가족이나 친척들과의 끈끈한 정을 오래오래 간직하고 살았으면 좋겠다.

(2017. 2. 17.)

아니요 라고 말할 수 있는 용기

'청산리 벽계수야 수이 감을 자랑 마라.
일도창해하면 다시 오기 어려우니,
명월이 만공산하니 쉬어간들 어떠리.'

왕족으로 지조가 높다고 자타가 공인하는 벽계수를 이 한편의 시조로 나귀에서 떨어뜨린 그녀는 서경덕을 사모하여 여러 번 유혹하였으나 끝내 뜻을 이루지 못하였다고 한다. 후세 사람들은 이런 서경덕을 박연폭포, 황진이와 함께 '송도삼절'이라 부르며 그의 곧은 성품을 칭송하였다.

흔히들 '출세한 남자치고 바람피우지 않은 사람은 없다.'라며 우리 윗대의 어른들은 남자들의 바람기에 대하여 한없이 관대했었다.

또한 내가 한참 직장생활을 할 때 만 해도 여성은 '직장의 꽃'이라하며 하대하거나 무슨 노리개 정도로 생각하는 일이 비일비재 했었다. 나 또한 수치심을 일으키는 언사로 참으로 부끄러운 처지에 빠진 경우가 한 두 번이 아니었지만, 그때의 사회적 분위기는 그 까짓것 하며 눈 한번 질끈 감고 참아내기 일쑤였다. 회식 자리에서는 '술은 장모가 따라도 여자가 따라야 제 맛'이라며 으레 술시중을 들게 하곤 했었다. 이러한 일들은 비단 나 같은 6~70대에 한한 이야기는 아닌 것 같다. 적어도 4~50대 여성들이라면 누구나 겪었음직한 이야기이다.

그러나 지금은 시대가 변했다. 그리고 사람을 단지 남녀노소로 한정지어 생각하기보다는, 어느 계층 어떤 직종이든 동등한 인격체로 여기며 같이 나아가야 할 동반자로 생각해야 되는 시대가 된 것이다.

그럼에도 나는 너의 상사이고 너는 나의 아랫사람이니 나에게 속한 만큼 내 마음대로해도 된다는 낡은 사고방식을 가지고 있는 사람들이 사회 전반에 걸쳐 있다는 것이 참 불행한 일이다.

이것은 지금 들불처럼 번지고 있는 'ME TOO'운동에만 한정된 이야기는 아니다.

나는 '갑'이고 너는 '을'이고, 나는 '금 수저'를 물고 태어났고 너는 '흙 수저'다 라는 은연중에 일어나는 차별적인 사고방식을 떨쳐 버려야 된다. 특히 직장에서 '갑'의 위치에 있는 남성이 '을'의 자리에 있는 여성을 함부로 해서 평생 씻을 수 없는 상처를 주었다는 것에 더욱 분노한다. 만약 그녀들이 '갑'의 위치에 있어도 그런 행위를 했을까? 정말 비굴하기 짝이 없다.

내가 지금하고 있는 이 일은 정말 좋아서 하는 일이고, 꼭 필요한 일이라는 절실한 마음을 가지고 일하고 있는 여성을 대상으로 저질러진 일이란 것에, 모든 사람들이 분개하고 있는 것이다.

일본군 성노예로 팔려 나간 우리의 할머니들, 일본이 강대국이란 '갑'

의 위치에 있었기에 가능한 일이었다. 그분들이 지금도 분노하고 있는 것은 솔직한 마음을 담은 진정어린 사과이지, 돈 몇 푼으로 보상하라는 것은 아니다. 이러한 역사적 사실에 우리 모두가 실망하고 분노하고 있는데, 하물며 요즈음 같은 시대에 나약한 여인들을 자신의 욕구를 채우는데 이용했다면, 모든 사람들에게 지탄의 대상이 되어 마땅하다고 생각한다.

무릎을 꿇고 두고두고 평생에 걸쳐 사죄해서 피해자들이 받았던 몸과 마음의 상처를 씻어 주어야 할 가해자가, 자신의 자존심을 소중하게 여기며 스스로 죽음을 선택한 사람을 우리는 동정하며 용서 할 수 있을까?

황진이의 유혹을 끝내 뿌리치지 못한 벽계수, 그를 지탄하는 사람은 없다, 왜냐하면 그들은 동등한 관계라 할 수 있다. 황진이는 직장에서 '을'이 아니었다. 그러나 그녀의 유혹을 뿌리친 서경덕, 우리는 그를 지조 있는 선비로 칭송한다. 아름다운 여인의 유혹 마저도 뿌리칠 수 있었던 것은 선비로써의 자존심과 어떠한 유혹에도 넘어가지 않는 철저한 이성의 소유자였기 때문일 것이다. 순간의 욕정을 참지 못하고 저지른 만행, 그것도 한 번의 실수가 아닌 매번 반복되는 짓거리를 누가 실수라며 용서할 것 인가.

용기 있게 나선 많은 피해자들에게 아무 생각 없이 내 뱉은 말이 제2차 피해를 입힌다는 사실을 알아야겠다. 간혹 많은 사람들이 모인 장소에 가면 'ME TOO'운동에 대해 괜히 긁어 부스럼이라고 생각하는 사람들을 종종 볼 수 있다. 그들에게 묻고 싶다. '당신의 자녀라고 해도 그럴 수 있겠나.'하고.

들불처럼 일어나는 'ME TOO'운동을 시작으로 어떤 상황에서도 '아니요'라고 용기 있게 맞설 수 있는 사회, 또 서로를 따듯하게 위로해 주는 사회가 되었으면 좋겠다. 우리 사회도 '양성평등'의 사회가 이루어져서 '여자가', '여자라서'라는 차별 대우를 받지 않았으면 하고 바란다.

그리고 이러한 'ME TOO'운동이 역풍을 맞는 일이 없이 앞으로 누구에게나 평등하게 살아가는 세상, 더 이상 억울한 일을 당하는 일이 없는 사회, 일하는 데 있어서도 차별이 없는 세상이 되어 언제 어디서나 아픔 없는 사회로 거듭 나기를 바란다.

그리고 서경덕 같은 멋진 신사가 많이 나올 수 있는 사회를 희망한다.

(2018. 3. 10.)

여류 화가가 자기 삶속에서 건져 올린 수필들
- 이진숙 첫 수필집『바람과 새들이 준 선물』출간에 부쳐 -

김학(수필가, 신아문예대학 수필창작 지도교수)

1. 수필가 이 진숙의 문학 환경

수필가 이 진숙은 청빈한 경찰관인 전주이씨 아버지와 가난한 살림에도 꿋꿋이 생활하는 장수황씨 어머니 사이에서 3남1녀 중 둘째로 태어났다. 이 진숙은 경찰인 아버지의 근무지를 따라 초등학교를 무려 다섯 군데나 옮겨 다니다가 전주에서 졸업을 했고, 전주기전여중 · 고를 거쳐 익산 원광대학교를 졸업했다.

이 진숙은 미술을 전공하여 33년 동안 전라북도 중등학교에서 미술교사로서 학생들을 가르쳤다. 이 진숙은 교직에서 명예퇴직을 하고 전주시내 한적한 곳 장동에 터를 마련하여 2층 집을 짓고 살면서 그림을 그리고 틈틈이 글을 쓰는 한편 텃밭을 가꾸며 남편과 함께 전원생활을 즐기고 있다.

이 진숙은 제대로 된 연애 한 번 못해보고 조선시대 여인처럼 조신하게 살다가 20대 중반에 중매로 임실군 운암 출신 전주 최씨인 최 득

성을 만나 결혼을 하고, 맞벌이를 하며 아들 하나 딸 하나를 낳았다. 이 자녀들은 전주에서 고등학교까지 마치고 대학은 서울로 진학을 했었다.

아들 최 기룡은 대학에서 유리공예를 전공하고 영국 에딘버러 디자인대학에 유학하여 박사학위를 받고 지금은 그 모교에서 교수로 활동하고 있다. 또 대학시절 캠퍼스 커플로 만난 며느리 원 미선은 에딘버러 디자인대학에서 석사학위를 받고 영국에서 보석디자이너로 활동하고 있다.

딸 최 지은은 대학에서 신문방송학을 전공하고 회사에 다니며 핀란드 총각과 연애결혼을 하여 1남 2녀를 낳았다. 딸은 한국에서 회사에 근무하다가 온가족이 남편의 나라인 핀란드로 돌아갔다. 딸은 핀란드에 가서도 회사에 다니며 핀란드 제2의 도시 에스뽀에서 행복하게 잘 살고 있다. 아들은 영국에 살고 딸은 핀란드에서 사니, 우리나라에는 노부부만 함께 살고 있는 셈이다.

수필가 이 진숙은 자기 계발을 위하여 꾸준히 노력하는 사람이다. 화가로서 크게 성공할 수 있었듯이 교직에서 명예퇴직 후 전북대학교 평생교육원에서 수필공부를 시작하여 종합문예지『대한문학』2015년 봄호에서 수필부문 신인상을 수상하여 당당히 수필가로 등단했다. 마침내 등단 5년 만에 첫 수필집을 출간하게 된 셈이다.

화가로 활동하던 이 진숙이 수필가란 또 하나의 타이틀을 자랑하게 된 셈이다. 수필가 이 진숙은 이번 첫 수필집『바람과 새들이 준 선물』에서 70편의 수필을 6부로 나누어 한 권의 수필집을 엮었다. 이제 이쯤에서 수필가 이진숙의 수필 속으로 들어가 보자.

2. 이 진숙 수필 들여다보기

수필은 작가와 독자의 힘겨루기라 해도 지나친 말이 아니다. 작가와 독자 사이에 펼쳐지는 고도의 심리전이라는 이야기다. 수필가는 모름지기 독자의 심리상태를 예상하고 그에 대처하면서 수필을 빚어야 한다는 이야기다. 읽을거리가 풍부한 오늘의 독자는 겨자씨 같은 결점만 발견되어도 읽던 책을 금세 덮어버리려고 한다. 수필가는 독자의 그런 심리상태를 파악해야 하고 독자들에게 그런 빌미를 주지 않게 작품을 빚어야 한다는 말이다. 독자가 처음부터 호기심을 갖고 작가에게 끌려오도록 유도하지 않으면 안 될 것이다. 한 편의 작품을 다 읽은 뒤에 독자가 머리를 끄덕이거나 무릎을 치며 공감의 미소를 자아내도록 해야 할 것이다. 거기까지가 수필가가 해야 할 몫이라고 생각한다.

> 공항이 이렇게 슬픈 곳인 줄 처음 알았다. 매번 설렘을 가득 안고 출국하여 아름답고 소중한 추억을 한 아름 안고 돌아오곤 하는 곳인 줄만 알았는데….
>
> 「보고 싶다」의 서두

요즘엔 누구나 해외나들이가 일상화 되고 있다. 수필가 이 진숙도 여느 사람들과 다를 바 없을 것이다. 그런데 서두를 왜 이렇게 비장하게 표현했을까? 서울에 살던 핀란드 사위가 자녀 3남매를 데리고 핀란드로 떠나게 되자 그 이별의 슬픔을 그렇게 표현한 것이다.

이른 새벽부터 서둘렀다. 행여 공항에 가는 길이 막힐세라, 세 녀석은 졸린 눈을 비비면서 식탁에 앉아 간단한 요기를 했다. 전날부터 가지고 갈 짐들을 차에 실어놓은 터라 간단히 가방만 챙겨서 출발했다. 가는 내내 차속에서 3남매는 엄마와 신나게 노래하며 마치 즐거운 가족여행을 떠나는 분위기였다. 일찍 서둔 덕에 여유 있게 도착하여 수화물을 부치고 아이들 간식을 챙겨주고 나니 이제 들어가야 할 시간이란다. 갑자기 가슴이 탁 막히고 숨이 잘 쉬어지질 않았다. 애써 웃으며 아이들과 사진을 찍고, 사위에게 잘 가라는 포옹을 하는 순간, 눈시울이 뜨거워졌다. 애써 참고 또 참으며 웃는 얼굴로 출국장으로 들어가는 아이들에게 손을 흔들었다. 주차장으로 가는 내내 남편도 나도 남아있는 딸도 아무 말이 없었다. 서울로 돌아오는 차속에서 속절없이 눈물이 흘렀다.

「보고 싶다」 중에서

손자손녀를 외국으로 떠나보내는 외할머니의 마음을 진솔하게 잘 드러내고 있다. 이들 외손자외손녀 3남매는 태어나서 외할머니 뒷바라지를 받으며 자랐으니 얼마나 깊이 정이 들었겠는가?

수필가 이 정림은 『수필쓰기』라는 자기 수필이론서에서 수필가들에게 이렇게 충고했다.

첫째. 수필은 소리 내어 통곡하기보다는 슬픔을 안으로 삭이는 글이다.
둘째. 수필은 기쁨을 활짝 드러내기보다는 입가에 미소를 살짝 띄게 하는 글이다.

셋째. 분노를 폭발시키기보다는 조용히 잠재우는 글이다.

넷째. 수필은 고독을 천하게 드러내기보다는 안으로 스며들게 하는 글이다.

수필쓰기의 정도를 일깨워주는 가르침이라 하지 않을 수 없다.

> 쭉쭉 뻗은 소나무 한 그루 한 그루에 수십 차례, 아니 수백 차례의 붓질로 내가 생각한 소나무가 화면에 나타나는 순간이 그렇게 행복할 수가 없다. 밖의 날씨가 더워서 온 세상이 다 녹아내릴 것 같아도 내 손끝에서 태어나는 소나무를 보면 시원한 청량음료를 마신 듯했다. 몸이 피곤하여 2층 작업실에 오르는 계단이 힘들어도 손에 붓만 잡으면 언제 그랬느냐 는 듯 새로운 힘이 솟구친다. 누군가 예술은 마치 마약과도 같다고 했다는데, 하지 않고는 견딜 수 없는 무엇인가가 오늘도 2층 작업실로 나를 이끈다.
>
> 「그림을 그리며」 중에서

화가로서 한 폭의 그림을 완성할 때마다 느끼는 심정을 진솔하게 잘 묘사하고 있다. 화가들은 그래서 피곤해도 캔버스 앞에 앉아 그림을 그릴 것이다. 수필가들은 현재에서 과거로 추억여행을 떠나기도 하고, 또 미래로 상상여행을 떠나기도 한다.

수필가 이진숙의 단독주택은 뜨락이 넓어서 온갖 꽃들이 다투어 아름다움을 자랑한다. 수필가의 집이요 화가의 집이니 그러려니 싶다.

매일 매일이 설렘의 연속이다. 현관 바로 옆에 있는 장미조팝나무는 하루가 다르게 팝콘을 만들어 내느라 분주하다. 덩달아 옆집 배 과수원에서도 팝콘 터지는 소리가 기분 좋게 들린다. 화단 한쪽에 있는 외동백은 나무에서 꽃을 피우더니 이내 바닥에도 그득하게 붉은 꽃을 피워내고 있다. 마당 가득 자두 꽃향기가 그윽하니 우리에게 어서 오라고 손짓을 하는 듯하다.

닭장주변에는 머위가 지천으로 널려있고, 언덕에 있는 두릅나무는 '지금이 딱이야' 하는 듯 연녹색 봉오리가 솟아있다. 또 돌보지 않아도 솟아오른 취나물이 눈에 띈다. 그 아랫녘에 원추리도 파릇한 것이 입맛을 돋우고 있다. 텃밭에 있는 쪽파도 뒤질세라 새벽에 단비를 맞고 더욱 새파랗게 올라와 있다. 하루가 다르게 변하는 모습에 나는 덩달아 매일 열리는 그들의 축제에 한몸이 된 양 즐기고 있다.

「우리 집은 지금 축제 중」 서두

울긋불긋 꽃 대궐을 이룬 이 진숙의 단독주택 봄 모습을 사실적으로 묘사하고 있다. 상상만 해도 아름다운 화원을 떠올릴 만큼 감동적인 정경이다. 수필가 이 진숙은 스스로 가야할 길을 확실히 알고 있고 흐트러짐 없이 그 수필의 길을 뚜벅뚜벅 걸어가고 있어서 믿음직스럽다. 수필은 평범한 일상에 의미의 옷을 입히는 문학이라고 하지 않았던가?

"역사가 기억에, 철학이 이성에 의지할 때, 문학은 상상을 바탕으로 전개된다. 상상력이 들어가지 않은 문학은 이미 문학이 아니다."

프란시스 베이컨의 이 말은 수필을 공부하는 이들에게 금과옥조 같은 이야기가 아닐 수 없다.

5년 만에 아들 내외가 집에 왔다. 아니 처가에 왔단다. 5년 전에도 하나뿐인 처남이 장가를 간다며 왔었다. 그러더니 이번에는 장인어른의 칠순이라며 왔다. 우리 내외는 그간 서너 차례 아들 내외가 살고 있는 에딘버러에 가서 그들과 같이 오랜 시간 여행도 했었고, 또 재작년에는 모처럼 딸의 계획으로 태국에서 가족여행에도 함께 했었다. 나는 또 지난해 10월에 프라하에서 아들 내외와 같이 여행을 했었다. 하지만 며느리의 부모님은 그들이 에딘버러에 유학을 가서 영주권자가 된지 2년이 지나도록 한 차례도 그곳에 간 적이 없었다. 그러니 딸을 보고 싶은 심정이 오죽했을까?

다행스럽게도 그간 두 번의 큰 행사 덕분에 그나마 딸과 사위의 얼굴을 볼 수 있었으니 다행이다. 처가의 모든 행사를 다 끝내고 드디어 아들 내외가 여동생과 함께 전주로 내려왔다. 서울에서 출발했다는 전화를 받고 기다리는 시간이 마치 전주에서 에딘버러까지 비행기를 타고 열두어 시간을 가는 것만큼 지루했다.

「Welcome to Korea」 서두

오랜만에 외국에서 돌아온 아들을 기다리는 엄마의 마음이 진솔하게 잘 그려지고 있다. 수필가 이 진숙은 어떤 글감을 만나더라도 멋진 수필로 빛을 줄 아는 능력을 갖추었다. 수필가 이 진숙은 수필공부를 하러 오는 날에도 수강생들과 함께 점심식사를 함께 하지 않았다. 남편 홀로 두고 밖에서 어울려 식사를 할 수 없기 때문이다. 강의 날이면 남편이 승용차를 몰고 와서 아내를 모셔 간다. 집에서 부부가 함께 점심식사를 하기 위해서다.

우리 내외는 맞벌이를 했다. 그러니 젊은 시절에는 아이를 키우며 직장생활을 한다는 핑계로 겨우 아침 한 끼 차려주는 것이 다반사였다. 물론 남편도 직장생활 하면서 토요일 일요일도 없이 지낼 때가 태반이었고…. 특히 '대두 한 말' 이라는 별명이 붙을 정도로 술을 좋아하는 사람이었기에 으레 퇴근 후는 술에 떡이 되어 돌아오기 일쑤였다. 이렇게 30년도 넘는 세월을 각자의 생활로 바쁘게 살다보니 나는 남편에게 살가운 아내가 아니었다. 그러다가 공기업에 다니던 남편이 나보다 먼저 정년퇴직을 하고 집에 혼자 남게 되었다, 이른 아침에 내가 출근하고 나면 텅 빈 집에 홀로 남아 있을 남편을 생각하면 마음이 편지 않았다. 그래도 다행인 것은 먼 훗날 집을 지을 요량으로 근교에 땅을 조금 마련해 두었는데, 매일 그곳으로 출근하여 혼자 점심을 해 먹고 퇴근시간에 맞춰 집으로 돌아오곤 했다. 그런 남편을 보면서 많은 생각을 했다. 내가 직장을 정년퇴직으로 마무리하는 것도 보람 있는 일이지만 평생 곁에 있어야 할 남편을 외롭게 하지 말자는 생각이 들었다. 또 평소에 나는 '뒷모습이 아름다울 때 퇴장하자'라는 생각을 해 왔었다. 그리고 과감하게 명예퇴직을 선택했다.

「삼 세끼 내 남편」 중에서

이 단락만을 보더라도 수필가 이 진숙은 얼마나 남편을 사랑하는지 알 수 있다. 현대판 신사임당이라 해도 과언이 아닐 듯하다. 요즘의 여성들이 퇴직한 남편을 일컬어 일식이, 이식이, 삼식이라 비아냥거린다는데 아직도 이렇게 남편을 배려하는 아내가 있다니 얼마나 다행인가? 그런 심성의 소유자이기에 독자가 감동할 수 있는 수필을 쓸 수 있는 게 아닐까 싶다.

윤 오영 선생은 일찍이 시를 복숭아(挑)에, 소설을 밤(栗)에, 수필을 곶감(乾柿)에 비유한 적이 있다. 곶감은 감으로 만들지만 그렇다고 감이 곧 곶감은 아니라고 했다. 감의 껍질을 벗겨서 시득시득하게 말리면 속에 있던 당분이 겉으로 나타나 하얀 시설(柹雪)이 앉는다. 그 시설이 앉은 다음 혹은 납작하게 혹은 네모지게 혹은 타원형으로 접어야 한다고 했다. 수필은 이렇게 해서 만든 곶감이라는 것이다. 곶감을 접는다는 것은 바로 수필의 형태를 일 컫는다 고 했다. 수필은 이렇게 해서 만든 곶감이라는 것이다. 곶감을 접는다는 것은 바로 수필의 형태를 말한 것이다.

수필가 이 진숙은 산책을 즐긴다, 특히 집에서 가까운 전주수목원을 자주 찾는다. 수목원 가는 길에 보이는 정경을 그의 눈은 하나도 흘려보지 않는다.

흔히들 '요양원' 이나 '요양병원' 을 현대판 '고려장' 이라고 심하게 비판하는 사람들도 있다. 그들이 내세우는 이유 중 하나는 들어가면 살아나올 수 없으니 '고려장' 이라 다름없다고 한다. 그 말에 틀렸다거나 맞는다고 할 수도 없다. 내가 지나가는 길에 있는 것 중 가장 야릇한 곳이기도 하다. 드디어 수목원 들어가는 길이 훤하게 내 눈에 보였다. 지금은 넝쿨장미가 한창인 듯 담장에는 넝쿨장미가 넘치게 피어 있다. 가로수도 가장 아름다운 청록색으로 빛나는 때인 양 시원한 그늘을 만들고 있다. 나는 가끔 나 혼자 수목원에 온다. 수목원 오는 길에 내 눈에 보이는 것들은 나에게 소중한 길동무들이다. 수목원에 들어가 몸과 마음을 깨끗이 씻고 또 나의 소중한 길동무들을 만나고 다시 집으로 돌아오니 옷이 흥건하게 젖어 있다.

「수목원 가는 길」 결미

웃음과 칭찬은 사람만이 활용할 수 있는 가장 중요한 무기다. 이 두 가지 무기를 잘 활용하면 세상살이에서 큰 도움을 받을 수 있다. 갓난 아이는 하루 평균 300번을 웃는데 어른이 되면 17번밖에 웃지 않는다는 통계가 있다. 그만큼 순수성을 잃었기에 웃을 일이 줄어든 것이리라.

'웃으면 복이 온다.' '웃는 얼굴에 침 못 뱉는다.' 웃음과 관련된 속담도 많다. 모름지기 웃음이란 무기를 잘 활용하는 사람이 되어야 할 것이다. 그런 사람이라야 더 좋은 글을 쓸 수 있는 자료를 많이 얻을 수 있을 것이다. 수필가 이 진숙은 잘 웃는 사람이다. 희끗희끗한 머리카락의 할머니가 항상 얼굴에 웃음을 띄고 있으니 인상 좋은 할머니로 보이기 마련이다.

어머니가 신고 가신 꽃신은 참 예쁘기도 하고 깃털처럼 가벼워 보였다. 그리고 내 기도를 들어주신 양 서너 시간의 혼란 속에 모든 것을 훌훌 털어버리셨다. 훌훌 털어버리셨다고는 하지만 어찌 이승에 한 점 미련이 없으셨을까! 구순이 넘게 한 이불을 덮고 지낸 남편이라기보다는 차라리 친구 같이 다정한 분에게 따뜻한 눈길도 주지 못하고 한마디 말도 건네지 못하고 떠나셨으니, 남은 사람들의 슬픔을 무엇에 견줄 수 있을까?

「꽃신을 신고 길 떠나신 시어머니」 중에서

남편을 두고 구순에 눈을 감으신 시어머니의 이야기를 담담하게 묘사하고 있다. 화자는 시아버지의 며느리 사랑과 남편의 아내사랑에 힘입어 고부갈등을 이겨낼 수 있었다는 후일담이 눈길을 끈다. 어느 집에서나 있을 수 있는 일이 아니던가?

어느덧 나도 60대 중반을 훌쩍 넘긴 나이가 되었다. 젊은 시절에 마음고생을 시킨 시어머니와 언젠가는 마음을 터놓고 이런 저런 이야기를 할 시간이 있으려니 생각했었다. 현실은 TV드라마가 아니었다. 식구들이 둘러 앉아 지켜보는 가운데 한 사람 한 사람에게 하고 싶은 말을 다 하고, 또 일일이 인사를 나누며 눈을 감는 모습은 드라마에서나 가능한 일이 었다.

「꽃신을 신고 길 떠나신 시어머니」 중에서

수필가 이 진숙의 이목구비는 언제나 열려있다. 수필가로 등단한 뒤부터 그 기능은 더 눈부시다, 거미가 망을 치고 먹이를 기다리듯, 벌과 나비가 꿀을 따러 꽃을 찾아 나서듯 수필소재를 찾는다. 그의 눈에 보이고, 그의 귀에 들리며, 그의 코로 맡게 되고, 그의 혀로 맛보게 되며, 그의 머릿속에 떠오르는 것들은 모두 수필이란 비단으로 짜여진다. 그는 앞으로도 영원한 수필 사냥꾼으로 살아가게 될 것이다.

3. 수필가 이 진숙이 가야할 길

사냥할 때 진돗개는 한 번 목표물을 물었다 하면 결코 놓지 않는다고 한다. 숨이 끊어질 때까지 물고 늘어진다는 이야기다. 수필가라면 이런 진돗개 정신을 본받아야 할 것이다. 수필가가 펼쳐놓은 그물에 한 번 걸렸다 하면 그것이 어떤 소재이던 결코 놓치지 말고 한 편의 수필로 완성해야 하기 때문이다. 이 진숙 수필은 수필 이론이 몸에 밴 뒤 빚어낸 수필들이다. 오랜 창작활동에서 터득한 문리(文理)가 아닐까 싶다. 구성이 짜임새 있고, 내용 전개나 결미도 함축성이 담겨져서 독자의 감동을 자아내기에 충분하다.

수필가 이진숙은 앞으로 더 많은 여행, 더 많은 독서, 더 많은 대화로 견문을 크게 넓혀 보라고 권하고 싶다. 수필의 소재는 아무 곳에나 있는 것 같지만 그것을 찾아낼 줄 아는 눈이 없으면 불가능하다. 수필이란 안경을 끼고 찾는 사람의 눈에만 보이기 때문이다.

수필가 이진숙의 첫수필집 『바람과 새들이 준 선물』출간을 축하하며 앞으로 제2, 제3의 수필집을 잇달아 출간하기를 바라마지 않는다. 문운창성을 빈다.

이진숙 수필집
바람과 새들이 준 선물

인쇄 2020년 7월 21일
발행 2020년 7월 30일

지은이 이진숙
발행인 서정환
펴낸곳 수필과비평사
주소 서울시 종로구 삼일대로 32길 36(익선동 30-6 운현신화타워) 305호
전화 (02) 3675-5633, (063) 275-4000, 275-0484
팩스 (063) 274-3131
이메일 sina321@hanmail.net essay321@hanmail.net
출판등록 제300-2013-133호
인쇄 · 제본 신아출판사

ISBN 979-11-5933-277-7 03810

값 13,500원

이 도서의 국립중앙도서관 출판예정도서목록(CIP)은 서지정보유통지원시스템 홈페이지(http://seoji.nl.go.kr)와 국가자료공동목록시스템(http://www.nl.go.kr/kolisnet)에서 이용하실 수 있습니다. (CIP제어번호: CIP2020029850)

Printed in KOREA